Zu diesem Buch

Martina Rellin hat sich mit Frauen aus dem Osten darüber unterhalten, was sie wirklich bewegt, wie sie ihr Leben meistern und wie es ihnen dabei ergeht. In der Tradition von Maxie Wander schreibt Martina Rellin ein verblüffendes und authentisches Buch, das Aufschluss über Unterschiede und Gemeinsamkeiten in Ost und West gibt. Bei aller Vielfalt der Lebensentwürfe prägt die Ostfrauen, die in diesem Buch zu Wort kommen, vor allem eines: die tief empfundene Freude, ihr Leben selbst in die Hand zu nehmen.

Die Autorin

Martina Rellin, geboren 1962, lebt mit ihrer Familie im Brandenburgischen bei Berlin und in Leipzig. Von 1994 bis 2001 war sie Chefredakteurin der ostdeutschen Zeitschrift «Das Magazin». Ihr Buch «Ich habe einen Liebhaber. Frauen erzählen …» (2001) wurde ein Bestseller. Weitere Veröffentlichungen: «Wir sind die neuen Liebhaber» (2002), «Mein Liebhaber» und «Ich habe einen Liebhaber. Die Gebrauchsanweisung» (2005).

Mehr über die Autorin unter www.martinarellin.de

Martina Rellin

Klar bin ich eine Ost-Frau!

Frauen erzählen aus dem richtigen Leben

Rowohlt Taschenbuch Verlag

3. Auflage Februar 2007

Veröffentlicht im Rowohlt Taschenbuch Verlag,
Reinbek bei Hamburg, Juni 2005

Umschlaggestaltung ZERO
Werbeagentur, München
(Foto: Ute Mahler, OSTKREUZ)
Satz bei Pinkuin Satz
und Datentechnik, Berlin
Druck und Bindung Clausen & Bosse, Leck
Printed in Germany
ISBN 978 3 499 61912 0

Inhalt

Liebe Leserinnen und liebe Leser,

«Der Osten jammert» und «Ost-Frauen sind die Verliererinnen der Einheit» – seit der Wende sind diese beiden Sätze in Variationen immer wieder zu lesen oder zu hören. Sie ärgern mich schon lange, denn sie sind nicht wahr.

Für verschiedene Bücher habe ich in den vergangenen Jahren mit Frauen und Männern aus Ost und West gesprochen, auch viel bei Lesungen diskutiert, und dabei stellte ich fest: Die mit Abstand lebenspraktischsten und tatkräftigsten Menschen in diesem Land sind keineswegs diejenigen, die man – gemessen an ihrer Präsenz in den Medien – dafür halten könnte, also Männer aus Wirtschaft und Politik, West-Männer zumeist. Nein, die wirklich Tatkräftigen in diesem Lande, die Aktiven, die neue Ideen ausprobieren, experimentierfreudig und risikobereit tun, was sie für richtig halten – das sind Frauen, und zwar meist aus dem Osten!

Bei einer Lesung sprach ich mit einer Ärztin, die nach der Wende mit ihrem Mann in den Westen gezogen war, sich dort ein kleines Imperium aufgebaut hat und ausgestattet ist mit allen Insignien, die man der erfolgreichen West-Karriere-Frau zuordnen würde: großes Haus, teure Autos, tolle Schulen für die Kinder, große Reisen. Diese

Ärztin, Mitte 40, sagte nicht: «Ich möchte, dass meine Tochter einmal mindestens so gut verdient wie ich.» Stattdessen betonte sie: «Für meine Tochter wünsche ich mir, dass sie die wirklich wichtigen Dinge im Leben erkennt: Zeit haben, Freunde haben. Geld ist nicht alles. Da merkt man es doch, wie tief ich bestimmte Werte verinnerlicht habe. Auch wenn ich schon so lange im Westen bin, kommt es doch immer wieder durch: Klar bin ich eine Ost-Frau.» Ich wusste sofort: Das wird dein nächstes Buch.

Wer lange Vorworte hasst, kann von hier aus gleich zum letzten Absatz mit dem Dank übergehen und dann loslesen, die Geschichten erklären sich von allein. Ich möchte aber gerne erzählen, wie aus einer Idee ein fertiges Buch wurde und warum ich das, was die Frauen berichten, für so wichtig für unser ganzes Land halte.

Mittlerweile scheint es, als werde das Thema Ost-Frau von Tag zu Tag aktueller. Weil die Ost-Frauen, wie sie in diesem Buch zu Wort kommen, Antworten haben auf Fragen, die uns seit Monaten immer stärker beschäftigen. Es fing an mit der Veröffentlichung der *PISA*-Studie im vergangenen Jahr, die enthüllte, wie katastrophal es um die Bildung unserer Kinder bestellt ist. Die Politiker wurden nervös: Mehr Ganztagsschulen seien nötig, mehr Vorschulen, mehr Plätze in der Tagesbetreuung für Kinder bis sechs Jahre, mehr Hortplätze. Die Bedenkenträger sagen: Ist das denn überhaupt gut für die Kinder? Sie möchten die Kinder am liebsten von der Mutter zu Hause betreut wissen, nach dem im Westen gängigen Modell. Entsprechend meinen 75 Prozent der Westdeutschen, dies sei für Kinder am besten. «Unsinn», denkt die klassische Ost-Frau, und die Kosmetikerin Petra bringt es auf den Punkt: «Starke Mutter, starke Kinder!»

Allesamt erleben die Frauen in diesem Buch ihre Berufstätigkeit als vereinbar mit Kindern und Familie. Kein Wunder: Zu DDR-Zeiten waren mehr als 90 Prozent der Frauen berufstätig. Und die Mehrheit der Frauen im Osten möchte im Beruf bleiben: Im Jahr 2001 hatten im Osten 72,5 Prozent der Frauen im Alter zwischen 15 und 65 Jahren Arbeit, oder sie suchten einen Job. Im Westen lag der Anteil zur selben Zeit bei 63,2 Prozent, Tendenz seit Jahren steigend, wobei im Westen viel mehr in Teilzeit oder mit geringfügiger Beschäftigung gearbeitet wird.

Gerade die Ost-Frauen praktizieren die Lebensform «Vollzeitarbeit mit Kind». Dieses Modell liefert die Antwort auf die Frage, die für unser Land jüngst auch das Nachrichtenmagazin *Der Spiegel* in einer Titelgeschichte stellte: «Hilfe, sterben wir aus?» Weniger Kinder werden geboren, mindestens zwei pro Frau wären nötig, damit die Bevölkerungszahl nicht weiter schrumpft. Die durchschnittliche Kinderzahl liegt bei gerade mal 1,35 pro Frau, die absehbare Folge: Sozialsystem in Not, Renten in Gefahr.

Schon heute bekommen 40 Prozent der westdeutschen Frauen mit Hochschulabschluss oder Promotion lieber kein Baby, weil sie meinen, Karriere und Kinderwagen seien inkompatibel. West-Frauen, die es trotzdem wagen, gelten schon als bestaunenswert. Und so gibt nicht zufällig eine Frau aus dem Osten, die Berliner Fotografin Sylvia, die wunderbare Antwort auf die ungläubige *Spiegel*-Frage «Wie schaffen Sie das?» Sie sagt: «Ich habe das Selbstbewusstsein und die Leidenschaft für meine Arbeit von meiner Mutter gelernt.»

Auch in meinen Gesprächen für dieses Buch habe ich immer wieder gemerkt: Da ist etwas, was es bei den Frauen im Westen Deutschlands *noch nicht* und im Osten Deutschlands *noch immer* gibt: das tief verinnerlichte Wissen, dass Arbeit Selbständigkeit verleiht, dass Kinder zum Leben dazugehören, dass es keine Schande ist, seine Kinder in Tageseinrichtungen betreuen zu lassen oder nach der Schule in den Hort zu schicken. Kurz: dass zur sozialen Frage immer auch die Frauenfrage gehört.

Das Verrückte ist: All das konnte man im *Spiegel* sehr wohl lesen, unter der Überschrift «Rabenmütter gibt es nicht». Genau, und zwar – in Frankreich! Im Beispielland Frankreich gehen fast alle Kinder zwischen drei und sechs Jahren zur Ecole maternelle, französische Mütter und Väter sind davon überzeugt, dass die Vorschule den Kindern nicht schadet.

Vive la France, es lebe Frankreich und die vorbildlichen Französinnen, das kann einem glatt und bewundernd über die Lippen kommen, das klingt auch chic. Dagegen: Vom Osten lernen? Weniger schick vielleicht, aber nicht weniger wahr.

Dass der Westen des Landes vom Osten was lernen kann, ist als Erkenntnis noch lange nicht salonfähig. Aber es geht nicht um die eitle Frage: Wer ist besser, schlauer, Ost oder West? Die Wirtschaft stockt, Sozial- und Gesundheitssystem im Land stehen kurz vor dem Kollaps, die Stimmung ist am Boden – doch wir leisten es uns, Kraft und Energie aus dem östlichen Landesteil brachliegen zu lassen.

Die Wende hat den Menschen im Osten eine Meisterleistung abverlangt: Jeder Einzelne musste sich gesellschaftlich wie privat neu orientieren, manches überdenken, verwerfen oder doch als wertvoll erkennen, vieles dazulernen, Neues akzeptieren. Unter anderem die tief greifende Erkenntnis: Alles kann sich von heute auf morgen wandeln. Dies irgendwie gemeistert zu haben, dazu die Möglichkeit, den Alltag in zwei unterschiedlichen Gesellschaftssystemen zu kennen und vergleichen zu können, das hat der Osten dem Westen voraus.

Experten sehen durchaus, welches Potenzial in Wissen und Erfahrungen der Ostdeutschen schlummert, sie bescheinigen den Menschen im Osten eine höhere Flexibilität im Denken und Handeln. Der Soziologe Ulrich Beck, bekannt durch seine Begriffsprägung *Risikogesellschaft*, sieht die Ostdeutschen für bevorstehende Krisen in Gesellschaft und Wirtschaft besser gewappnet als die Westdeutschen: «In mancher Hinsicht ist Ostdeutschland die Zukunft. Insgesamt halte ich die Bereitschaft, neue Lösungen zu akzeptieren, dort für größer als in den alten Bundesländern.»

Es fällt offenbar schwer in diesem Lande, einzugestehen, dass wir 1989/90 eine historische Chance verpasst haben: ein Gesellschaftssystem, das bestehen bleibt, zu verbessern mit Komponenten, die sich in einem Gesellschaftssystem bewährt haben, das verschwindet. Nach der Wende, in Vorbereitung der Vereinigung des Landes und auch danach, wurde in Windeseile abgewickelt und getilgt, was noch nach Sozialismus klang: Kombinate und LPGen, Polikliniken und Polytechnische Oberschulen, alles ersetzt durch westliche Pendants.

Damals wurde nicht wirklich geprüft: Was könnte man, möglicherweise in veränderter Form, als Bereicherung für das neue, gemeinsame Deutschland gebrauchen? Ein Rufer wie der damalige West-Berliner Ärztekammerpräsident Ellis Huber, der eine Bresche für die Polikliniken und fest angestellte Ärzte schlug, stand allein. Heute sagt die Allgemeinmedizinerin Sibylle in diesem Buch: «In der Poliklinik habe ich das gemacht, wofür ich ausgebildet worden bin, nämlich Patienten betreuen. Alles andere haben andere gemacht.» Mit Blick auf unser Bildungssystem meint die ehemalige Lehrerin und heutige Gastwirtin Heidi: «Nach der Wende konnte man ja den Eindruck kriegen, dass wir in der DDR mit der Schule alles falsch gemacht haben – jetzt, nach *PISA*, geht es wieder in diese Richtung: Ganztagsschule, Hortbetreuung.» Und Brigitte, die sich bei der Bahn für die Rechte der Arbeitnehmer einsetzt, erinnert sich an früher: «Es gab *eine* Bahn, die Zuständigkeiten waren nach Regionen abgegrenzt, in denen man sich an der Basis auch persönlich kannte. Es ist doch was anderes, wenn ich zum Hörer greife und sage: ‹Lieschen, kann ich bei dir dit und dit bestellen?›» Probleme erkennen, benennen, aber trotzdem nicht verzagen, stattdessen im eigenen Umfeld das machen, was möglich ist – das tun die Ost-Frauen aus diesem Buch in ihrem Leben.

Wir haben uns getroffen und erzählt, ganz ohne Frageliste. Denn ich wollte das aufschreiben, was Frauen wirklich beschäftigt, und das ist das, worüber sie von sich aus reden wollen.

Worum es den Frauen in unseren Gesprächen ging, allen und immer wieder und in allen Variationen: um Arbeit. Um ihre Arbeit, die sie lieben, die ihnen wichtig ist, die sie vermissen, wenn sie sie verlieren. Fast alle Frauen in diesem Buch waren zeitweise selbst arbeitslos oder kennen zumindest die Angst davor gut. Arbeitslosigkeit gibt Menschen das Gefühl, nicht gebraucht zu werden, außen vor zu stehen, und das wird im Osten tiefer empfunden als im Westen, wo es Arbeitslosigkeit nicht erst seit 1989 gibt.

Viel stärker als West-Frauen legen Ost-Frauen Wert auf

die eigene Berufstätigkeit, auch wenn sie Kinder haben. Die Anerkennung als Berufstätige in der Gesellschaft und im Beruf selbst ist ihnen wichtig, das West-Rollenmodell «Mutti bleibt zu Hause und Papi verdient» ist ihnen fremd. Schon die Startbedingungen sind dafür im Osten heute noch besser als im Westen: Laut Familienministerium gab es Ende der 90er Jahre im Osten für rund 35 Prozent der Kinder unter drei Jahren Krippenplätze – im Westen nur für drei von hundert Kindern!

Aber das Thema Arbeit ist ja bei weitem nicht alles: Die Frauen haben von ihren Familien erzählt, von ihren Männern, den Kindern, den Freunden, sie sprachen über ihre Wünsche und Hoffnungen. Nicht selten wird das heutige Leben gespiegelt in den Erfahrungen vor der Wende. Aber genauso ist es eine logische Fortsetzung des Lebens in sozialistischen Zeiten, in einer anderen Gesellschaft.

Institutionen kann man abwickeln, Straßen neu benennen. Unzweifelhaft freuten sich Männer wie Frauen aus der DDR über die Reisefreiheit, neues Konsumangebot und auch über die Möglichkeiten der Demokratie. Aber das, was den einzelnen Menschen im Kern ausmacht, ändert sich nicht durch einen Wechsel des Gesellschaftssystems. Aus der zögerlichen Frau wird nach der Wende keine mutige, aus der forschen keine verzagte. Auch haben die Frauen die Werte, die ihnen wichtig sind, durch die Wende nicht verändert.

Nicht alle Frauen, die ich darum bat, mir für ein Buch aus ihrem Leben zu erzählen, waren sofort begeistert: «Warum *ich* denn? Bin ich denn interessant?» Und ob! Wie Promis leben und denken, wissen wir mittlerweile doch zur Genüge. Oder wir erfahren das, was wir erfahren sollen. Wie das Leben nebenan aussieht, wollen uns die einschlägigen Nachmittags-Talk-Sendungen einreden – wer einmal zugesehen hat, hofft, dass das alles nicht wahr ist. Ich bin froh, dass ich so viele spannende Frauen gefunden habe, die gesagt haben: «Gut, ich erzähle.»

Es fiel den Frauen nicht unbedingt leicht, plötzlich Dinge öffentlich zu machen, die Freunde, Nachbarn und Kollegen bisher von ihnen nicht wussten. Nicht jede Frau wollte sich oder ihr nahe stehende Personen daher mit vollem, richtigem Namen genannt wissen. Diese Bitte habe ich gerne berücksichtigt – andere Frauen stehen mit Vor- und Zunamen im Buch, doch tut dieser kleine Unterschied der Wahrheit des Erzählten keinen Abbruch.

Bei allen Unterschieden im Temperament finden sich bei den Frauen in diesem Buch viele Ähnlichkeiten. Arbeitnehmervertreterin Brigitte sagt über sich, dass sie polarisiert – sie ist eine Kämpferin, die sich für andere Menschen einsetzt. Karin wurde als Radiomoderatorin ebenfalls vorgeworfen, sie polarisere. Polarisieren – was heißt das? Jemand fällt mit seiner Meinung, seinem Tun auf, die einen sind dafür, die anderen dagegen. Bei Frauen heißt der eigene Kopf Polarisieren, bei Männern nennt man es Power.

Eines durchzieht viele der Berichte wie ein roter Faden: Die Frauen, die erzählen, haben eine gute Schul- und Berufsausbildung, häufig auch akademische Ausbildung, im Wortsinne genossen. Und auch wenn das Gelernte, die damit erreichte Position im Beruf und in der Gesellschaft, mit der Wende in Frage gestellt oder radikal umgestoßen wurde: Die Ausbildung, das Wissen und das damit verbundene Selbstbewusstsein führten dazu, dass die meisten nach einer kurzen Phase der Irritation entweder das Alte beherzt fortgesetzt oder mit Kraft etwas Neues begonnen haben. Oder sie suchen noch gelassen das, was in der neuen Gesellschaft zu ihnen passt. Verbiegen, das ist ganz klar, wird sich keine dieser Frauen.

Die Wende hat allen einen Salto abverlangt: rückwärts, vorwärts und manchmal einen doppelten in beide Richtungen. Das trainiert dann auch für einfache Sprünge, die Menschen aus dem Westen schnell ermüden. Nach der Wende kam bei der Erzieherin Conny und ihrem Mann, dem Bauingenieur, eine Bekannte der Eltern vorbei und sagte: «Ihr habt doch ein Pferd – könnt ihr nicht Kutschfahrten für die Patienten machen?» Die Kremserfahrten wurden ausgebaut, und die Pferde fressen mittlerweile das eigene Gras und Heu – Bio-Qualität, denn die Erzieherin und der Ingenieur sind mittlerweile Bauern, Ökobauern, um genau zu sein.

Klar gibt es auch im Westen solche Frauen, die mit Energie ihr Leben in die Hand nehmen. Klar gibt es auch Ost-Männer (und West-Männer), die das tun. In diesem Sinne sind sie selbstverständlich auch erfolgreich im Lebensprinzip Ost-Frau, das gekonnt Arbeit und Familie und Lebensfreude vereint.

Wer die Geschichten von den Ost-Frauen gelesen hat, sich ihre Männer, Kinder und Freunde dazu vorstellt, der wird künftig allen Berichten misstrauen, die Menschen im Osten als Jammerer entlarven möchten. Das Max-Planck-Institut lieferte dazu bereits letzten Sommer eindeutige Zahlen: Psychisch geht's den Menschen im Osten besser als im Westen – das Risiko der Wessis, von Depressionen heimgesucht zu werden, ist um 52 Prozent höher als das der Ostdeutschen, und Krankheiten mit psychischen Ursachen treffen Westdeutsche mit einer um 37 Prozent größeren Wahrscheinlichkeit! Wenn man dann noch weiß, dass Frauen generell die größere Fähigkeit zum Glücklichsein zugebilligt wird, haben wir Grund genug, die lebensfrohe Ost-Frau in uns allen zu suchen.

Mir bleibt nur noch, allen, die an diesem Buch beteiligt waren oder mir dabei geholfen haben, von Herzen zu danken. Besonders natürlich den Frauen in diesem Buch, die mir viel ihrer kostbaren Zeit gegeben haben, die geduldig mit mir waren, offen und vertrauensvoll, die mich an ihrem Leben haben teilhaben lassen – damit Sie, liebe Leserinnen und Leser, dies nun lesen können. Viel Freude dabei wünscht

Martina Rellin

Jutta, 45, Primaballerina

Nachname Deutschland/DDR

Oder: Sind *Sie* das?

Ihr Wirken in und mit der Komischen Oper schien auf Lebenszeit angelegt – aber auch für eine Primaballerina bedeutete die Wende: neue Pirouetten. Allerdings selbst gesprungene – die Entscheidung fürs Kind, für die Kündigung, für völlig neue Arbeit. Hinaus aus dem Glashaus in den Alltag, wo ihr Publikum sie beim schnöden Behördengang willkommen heißt: «Ich habe Sie früher so gerne tanzen gesehen.»

Ich bin eine geborene Deutschland – der Name kommt von den Hugenotten, die sind hier Ende des 16., Anfang des 17. Jahrhunderts eingewandert, den Namen Deutschland hat meine Familie wie eine Auszeichnung verliehen bekommen. Einmal, 1988, waren wir mit der Komischen Oper zu einem Gastspiel in der Großen Oper in Düsseldorf. Mit dem Sommernachtstraum, ich tanzte die Titania. Im Programmheft stand ich mit meinem Titel: *Primaballerina Jutta Deutschland*. Hinter Deutschland ein Schrägstrich: Deutschland/DDR. Das haben die ganz automatisch so ergänzt, bei den anderen Tänzern stand nichts. Dieses Programmheft hab' ich heute noch.

Beim letzten Gartenfest des Bundespräsidenten hatte ich zu tun mit Beckmann. Beckmann ... Dem Beckmann von der Fernsehsendung. Beckmann – wie heißt der noch mit Vornamen? Egal. Er sagte jedenfalls etwas wie: Wenn Sie Deutschland heißen, müssen Sie immer aufstehen, wenn die deutsche Nationalmannschaft ein Tor schießt. Na ja.

Jutta, Jutta. Meinen Vornamen – irgendwie mag ich den nicht, der klingt so trocken. Meine Mutter hat mir erzählt, meine Oma, das Oberhaupt unserer Familie, wollte als Namen, wenn *es*, also ich, ein Mädchen wird: Gloria. Ruhm und Ehre. Gloria Deutschland! Meine Mutter durchfuhr es bei der Entbindung: nein. So ist Gloria an mir vorbeigegangen. Aber meiner Mutter fiel Jutta ein. An der Oper haben mich immer alle Jule genannt, privat bin ich Juttchen. Ich bin immer erschrocken, wenn jemand Jutta zu mir gesagt hat.

Geboren bin ich 1958 in Bad Freienwalde. Da gab's diese – was war das noch – Pioniergruppe? Nein. Laiengruppe? Wir haben getanzt … Kindertanzgruppe! Ja, da isses, das Wort. Die Gruppe wurde von einer profilierten Tänzerin geleitet, einer Palucca-Schülerin, Dagmar Krüger, die war mit Horst Krüger verheiratet, dem Chef von der Horst-Krüger-Band.

Ich glaub', ich hab' mit sieben angefangen. Dagmar Krüger hat mein Talent entdeckt, sie ist zu meinen Eltern gegangen und hat mit ihnen gesprochen. Wir waren keine künstlerische Familie, das heißt – doch: Meine Mutter hat Musik gemacht, meine Eltern haben uns Schwestern auch dazu angehalten.

Meine Schwester ist zehn Jahre älter, meine Mutti hat mich mit 50 gekriegt. Sie hatte ein Kind verloren, im Ferienlager, ich glaube, sie hat sich deswegen immer noch ein Kind gewünscht. Ich war das Nesthäkchen, entsprechend umsorgt. Ich hatte eine traumhafte Kindheit, wohl behütet. Ich war Schlüsselkind, wie alle anderen, wir hatten viel Freiraum. Ich habe nie mit Puppen gespielt, immer mit Jungs. Ich habe Schule geschwänzt, hatte in Betragen eine vier.

Meine Schwester ging zum Studium – und kriegte mit 18 ihren ersten Sohn. Meine Eltern wollten, dass sie auf jeden Fall das Studium weitermacht. Der Sohn kam zu meinen Eltern – da war es nicht so schlimm für meine Mutter, dass ich wegging, nach Berlin ins Internat der Staatlichen Ballettschule. Hunderte Kinder aus der ganzen Republik bewarben sich da jedes Jahr, nicht mehr als 30 wurden genommen – es war der Traum von vielen Mädchen und Jungen, und ich hatte das Glück.

Ich war weg, meine Mutter hatte wieder ein Kind, um das sie sich kümmern konnte, und meine Schwester kriegte zwei Jahre später ihren zweiten Sohn, es gab die Pille noch nicht. Auch das zweite Kind hat meine Mutter betreut, sie war ja damals schon 60, aber sie wirkte 20 Jahre jünger, sie war eine taffe Frau.

Wenn ich mir vorstelle, meine eigene Tochter mit zehn Jahren wegzugeben – das kann ich mir eigentlich gar nicht richtig vorstellen. Neulich habe ich gehört, wie sie mit einer Freundin telefoniert hat: «Ja, ich bin dann um 13 Uhr da.» Sie hat selbständig eine Verabredung gemacht, ohne mich zu fragen! Sonst kam immer erst: «Mami, darf ich?» Ihr Selbstbewusstsein ist jetzt so, dass sie allein entscheidet, das ist gewöhnungsbedürftig, Ich darf sie dann aber fahren. Gott sei Dank hat meine Tochter keine Veranlagung zum Tanzen.

Wenn man da hinkommt, ins Internat, können sich die Kinder gar nicht vorstellen, was auf sie zukommt. Ich denke, das ist heute nicht anders. Erst nach drei Jahren merkt man: Es ist anstrengend. Disziplin ist das erste Grundgesetz, die Großen bringen es den Kleinen bei. Es ist dann Handwerk, das man lernt, im letzten Ausbildungsjahr, dem siebten, kommt das Künstlerische. Auftritte gab es natürlich für uns von Anfang an, ich kannte das ja schon aus der Kindertanzgruppe: In Bad Freienwalde gab's das Kurtheater, eine Freilichtbühne …

Von Anfang an wird dir beim Ballett gesagt: Der Beruf – und für mich ist es ein Beruf – der Beruf ist kurzlebig, orientiert euch. Ich hab' das nie getan! Für mich war nur tanzen, nur, nur, nur. Es gab für mich nur die künstlerische Arbeit, die Auseinandersetzung mit der Rolle.

Zur Wende war ich 31. Und Primaballerina. Das ist ein Titel, den dir der Intendant verleiht, von deinem Land, das gilt auf Lebenszeit. In Berlin gibt's zwei von uns, Steffi Scherzer und mich. Steffi tanzt bis heute und hört gerade auf.

Bei mir war zur Wende was anderes akut: Seit ich 30 war, wollte ich Mutter werden – ich hatte meinen zweiten Mann kennen gelernt. Einen Kinderwunsch – den hatte ich bis dahin nicht gehabt, nicht gekannt. Nun wollte ich. Es hat fünf Jahre gedauert, mit ärztlicher Unterstützung, also ich meine nicht künstlich, aber wir haben uns eben untersuchen lassen, ob alles in Ordnung ist. Als ich irgendwann den Gedanken losgelassen habe: ein Kind … das war 1992, ich war 35, hatte tolle Angebote, Tourneen, Gastspiele – da wurde ich schwanger. Es war eine neue Zeit, eine neue Gesellschaftsordnung und ich voll mit Ideen, Plänen: Ich will, ich will, ich will. Es purzelten die Angebote, ich war gefragt … Schwanger!

Stop, Jutta, habe ich mir da gesagt. *Jetzt* ist deine Zeit.

Ich habe mich fürs Kind entschieden. Gott sei Dank. Das war die Zeit der Abwicklung der Opernhäuser … Ich habe noch bis 40 getanzt, ich habe nach Elli schnell wieder angefangen – aus dem Glashaus ins Leben … Wenn man seinen Beruf gelebt hat, immer, immer, immer, eins zu eins, und du bekommst dann ein Kind, das Kind ist da – ich dachte, ich krieg mich nicht wieder ein. Ich weiß noch, als ich wieder zur Arbeit ging, kam mir das Opernhaus vor wie ein ruhender Punkt.

Ellis Vater, das ist der Filmemacher Peter Vogel. Ein sehr – wie soll ich sagen – profilierter Filmemacher, er hat große Literaturverfilmungen fürs Fernsehen gemacht, fürs Fernsehen, nicht fürs Kino. Christa Wolf, Stephan Hermlin, Thomas Mann. Der Polizeiruf 110 ist seine Entwicklung, den dreht er heute noch. Ich kucke kaum Fernsehen, ich lese lieber Bücher, aber Peters Krimi seh ich mir an. Wenn man bedenkt: Polizeiruf war etwas völlig Neues in der DDR, so aus dem Leben gegriffen und total beliebt – und oh Wunder: Die Wende hat ihn nicht hinweggeschwemmt.

Ich habe Peter kennen gelernt durch den Film, er hat damals seine erste Reihe gedreht über Widerstandskämpfer im Nationalsozialismus. Da war auch die Tänzerin Oda Schottmüller dabei, sie hat deutschen Ausdruckstanz gemacht, in der Tradition von Mary Wigman. Sie gehörte zur Roten Kapelle, 1943 wurde sie im Zuchthaus Plötzensee hingerichtet.

Ich habe auch bei Peters Thomas-Mann-Verfilmung mitgemacht, danach kam noch ein Film, dann sind Peter und ich zusammengezogen. Wir lebten beide damals im Nikolaiviertel, ich Poststraße 7, er Poststraße 18. Wenn ich einmal entschieden habe, ich mache was, dann ist das so.

Ich habe meine sieben Schlüpfer genommen und bin von der Post 7 nach Post 18 gezogen, das war's dann.

Wenn es die Wende nicht gegeben hätte, dann wäre ich vielleicht Ballettmeister oder vielleicht Choreographin geworden, vielleicht wäre ich auch mehr in die Schauspielerei gegangen, wer weiß? Ich habe auch früher gerne Dinge ausprobiert, auch die Modeaufnahmen mit Ute Mahler sind so entstanden, das Titelfoto von diesem Buch ist auch aus der Serie, die muss so Anfang der 80er Jahre entstanden sein, für die *Sibylle.* Ute kam auf mich zu, wir hatten schon viel fotografiert, und sagte: «Mensch Juttchen, du musst auch mal Mode machen.» Früh um vier wird das gewesen sein, ich im Kleid am Trabi, wir waren ganz allein in den Straßen, in Prenzlauer Berg, Ute wollte dieses Morgenlicht. Wir haben auch auf dem S-Bahnhof Prenzlauer Allee fotografiert, am Ende des Bahnsteigs stand eine einsame Bank. Eine Omi kam die Treppe runter, setzte sich auf die Bank – die haben wir mitfotografiert.

Es war schon etwas besonderes, an der Komischen Oper zu sein. Wir waren ein Aushängeschild der DDR, ein Exportschlager. Das Ensemble, mit dem du tourst, das Stück – das ist sozusagen das Produkt, das du vorstellst. Ob in Thailand, Vietnam, Japan oder Amerika – du hast dich darstellen können. Das, was ich an der Komischen Oper hatte, konnte mir in Deutschland – in Ost wie West – niemand sonst bieten: Ich hatte Komponisten, Choreographen, es wurden Ballette für mich erfunden.

Zur Wende hab' ich mich verkrochen. In der Zeit danach blieben manchmal die Tänzer weg. Du kamst früh in den Ballettsaal, da fehlte einer, der blieb einfach für zwei, drei Tage in Westdeutschland, weil er sich das mal ankucken wollte. Auch vorher passierten ja Sachen wie:

Wir sind mit dem Ensemble in Finnland, und am ersten Tag bleiben zehn Tänzer weg, da mussten wir die ganze Vorstellung umstellen. Aber eben nicht das ganze Leben.

Ich hatte bei der Komischen Oper einen lebenslangen Vertrag, mit einem sehr guten Gehalt. Aber Geld ist kein Grund zu bleiben, oder? 1997 habe ich gesagt: Ich gehe. Ich habe meine Ballettschule eröffnet und bald erkannt, dass nicht jede gute Tänzerin auch eine gute Pädagogin ist. Ich musste zugeben, dass ich mit Kindern nicht klargekommen bin. Oder mit den Eltern. Mit Müttern, die fragen: «Meine Tochter ist fünf, wann kann sie denn endlich Spitze tanzen?» Ich habe mich umorientiert und die Ballettschule abgegeben.

Danach habe ich mit Profis gearbeitet, einen Tänzerstamm aufgebaut, eine Ballettcompagnie, eine freie Truppe, zwei drei Jahre haben wir trainiert und haben unsere Inszenierungen gezeigt.

Freie Tänzer jobben fast alle, sind Floristinnen, Kellner, Garderobiere, um ihre Miete bezahlen zu können. Zu DDR-Zeiten war das natürlich anders, da kam am Ende der Ausbildung die Auswahlkommission, machte die Sichtung, und es wurden Tänzer für die Ensembles ausgewählt: Wer kam nach Erfurt, Dresden, Berlin. Und wenn man dann nach 15 Jahren aufhörte, tat man das natürlich berentet mit 500 bis 1000 Mark, das war ja nicht gerade wenig. Ich habe die Truppe jedenfalls so weit vorangebracht, dass von 16 Tänzern zehn übrig blieben – drei sind jetzt in Amerika, einer in Neuseeland, zwei an der Komischen Oper.

Ich habe irgendwann völlig umgedacht, mir gesagt: O. k., Jutta, jetzt hast du eine Karriere beendet, so rund. Du hast ein Kind. Du weißt: Du bist keine Pädagogin. Du kennst die Welt rauf und runter, du bist fit mit Profis – und was kannst du nicht? Es kamen damals Angebote aus allen Schichten und Ecken: «Frau Deutschland, können Sie nicht mal?»

Jetzt habe ich eine Agentur, einen Arbeitsplatz im Büro, von dem aus ich organisiere, meine Projekte leite, das Ganze nennt sich Event-Design, wir gestalten Ereignisse, alleine und mit anderen. Event-Design – früher hätten wir Künstlerische Umrahmung gesagt. Ich pendel zwischen Büro, Ballsaal und meinen Kunden, meinen Auftraggebern. Gott sei Dank ist die Zeit jetzt wieder sensibilisiert, es geht nicht mehr länger um Shows mit Licht und Laser, es ist wieder der Bezug zu Menschen gefragt, der ist mir wichtig.

Auch wenn ich jetzt was anderes mache als früher, vom Metier her bleibt es die Bewegung, mit der ich arbeite, ich gehe jetzt aber auch rein in die Bereiche Musik und Sport, früher war es nur der Tanz. Für das Gartenfest des Bundespräsidenten – das stand unter dem Motto *Sport tut Deutschland gut* – hab' ich die Eröffnungsveranstaltung des Abends organisiert mit einem musikalischen Bezug zum Thema: Wir hatten Gesang, ergänzt und umrahmt von Cheerleadern, es gibt ja auch Choreographien zu Sport, zum Beispiel ein getanztes Tennismatch … Ich hatte bei alldem auch immer die jungen Sportler im Blick zu behalten.

Für mich ist das alles immer noch etwas völlig Neues, du arbeitest wie ein Teufelchen, also selbst und ständig, das bin ich ja durchaus gewohnt, aber es ist Schwerstarbeit, nicht körperlich, sondern geistig. Ich mache unglaublich intensive inhaltliche Arbeit, ich will meine Farbe zu einem Event geben – wenn ein klassisches Konzert auf dem Programm steht, dann sehe ich das als Herausforderung, mit meiner Phantasie etwas Eigenes dazu zu entwickeln, ebenso, wenn ich einen Abend für eine Autopräsentation gestalte.

Also, sagen wir's mal so, wie ich es neulich von Eberhard Esche gehört habe. Es gibt zwei neue Nachrichten. Die erste: Das Theater stirbt. Die zweite: Das Theater ist immer der Spiegel der Gesellschaft. So ist es. Aber wenn die Gesellschaft stirbt, dann suche ich nach Wegen, wie man sie wieder lebendig machen kann. Das können sehr kleine Dinge sein, das kann auch bei einer Autopräsentation sein, wo man es vielleicht nicht unbedingt vermutet. Vielleicht habe ich da ein Geheimnis, ich weiß nicht, vielleicht ist es auch keins: Bei einer Abendveranstaltung bringe ich den Betrachtern alltägliche Dinge so dar, dass sie sie beim Zuschauen für sich wieder entdecken. Ich hatte so eine Veranstaltung, für wen, weiß ich im Moment gar nicht, ich sehe den Raum aber vor mir ... Also, ich finde die Arbeit von Floristinnen immer wieder so wunderbar und faszinierend, was unter ihren Händen entsteht. Da habe ich an diesem Abend Tanz und Floristinnen zusammengeführt, wir hatten ein riesiges Wasserbecken, 20 mal 20 Meter mit zehn Zentimeter hohem Wasser, so eine große Gummiwanne, extra angefertigt. Wir hatten die Floristinnen, Pflanzen, Tanz, sphärische Klänge.

Es ist ja alles schon einmal da gewesen, wir erfinden ja nichts wirklich neu. Im Moment gehen wir zurück in die Zeit des Barock und bedienen uns da: Die Kultur der Feste, des Karnevals, der Lesungen – es gab große Feuerwerke im Barock, Wasserspiele, Brunnen, was alles. Auch die Verkaufskultur. Ich habe gerade *Das Parfüm* von Patrick Süßkind gelesen, ich weiß auch nicht, warum ich so spät dazu gekommen bin. Wie da die Geschäfte beschrieben werden, dieses Handwerk, diese hohe Kultur des Verkaufs. Das finde ich phantastisch, allein, wie in diesem Buch die Geschäfte beschrieben sind, das ist herrlich. Aus dieser Zeit schöpfe ich viele Dinge.

Oper, Theater, das Offizielle – das interessiert mich zur Zeit weniger. Ich finde, es geht einfach nicht mehr: Dieses Am-Tropf-hängen-und-Warten, dass sich schon eine Lösung findet, dass sich Geld findet, dass doch nichts geschlossen oder abgebaut werden muss, dass sich was tut … Früher, im Barock, auch zur Goethezeit, funktionierte die ganze Kunst mit Mäzenen. Wir brauchen da ein anderes Denken. Die staatlichen Theater, so wie wir sie heute haben, sind doch klar eine Entwicklung des Kalten Krieges. In der Bundesrepublik hat man die Theater staatlich geführt und hoch subventioniert, in der DDR-Verfassung war festgehalten, dass dem humanistischen Erbe die große Verantwortung des Staates gilt. In Berlin waren wir doch nach der Wende mit Oper überflutet: drei Häuser! Die waren Kinder ihrer Zeit.

Wir haben einen Verfall der Gesellschaft, der Kultur, der Wissenschaft, des Gesundheitswesens, ja. Aber das hat die Generation meiner Mutter auch schon gesagt, dass alles immer schlechter wird. Für mich ist entscheidend: Jetzt, jetzt, jetzt, *die* Minute. Die nächsten Tage, ja, die kommen auch, aber was zählt, ist der Augenblick, in dem wir hier sitzen.

Vor zwei Jahren habe ich angefangen, mich wieder aufzubauen – ich war psychisch und physisch am Ende, ich wog noch 38 Kilo – irgendwann bin ich im Krankenhaus aufgewacht. Für mich war das damals alles zu viel gewesen: Ich war raus aus dem festen Engagement, meine

Tochter war da, es kam meine Selbständigkeit mit der Ballettschule – dann der Alzheimer meiner Mutter und die Verantwortung zu entscheiden: Pflegeheim ja oder nein. Meine Mutter wohnte nämlich damals bei uns, auch Peters Vater. Von ihrem 82. bis 92. Lebensjahr hat meine Mutter bei uns gelebt, anfangs war das sehr angenehm, sie hat sich sehr eingebracht mit ihren Möglichkeiten. Die Betreuung von Elli, das wäre zu viel gewesen, aber meine Mutter hat viel im Haushalt gemacht, geputzt, auch viel mit anderen Rentnern unternommen, aber ab 88 hatte sie dann Altersdemenz, o Gott, nein, nein, nein. Ich achte jeden, der sagt: Es geht nicht, ich muss Mutter in ein Pflegeheim geben. Bei mir blieb damals auch meine Ehe auf der Strecke. Das war toll von meinem Körper, dass er mir die Grenze gezeigt hat. Heute wiege ich schon wieder 46 Kilo. Das war immer die Gnade meines Körpers, dass ich beim Tanz nie Probleme mit dem Gewicht hatte, ich musste immer aufpassen, dass ich nicht zu dünn wurde.

Seit zwei Jahren ist, wie gesagt, vieles anders, da ist Neugier auf Menschen, Offenheit für Nähe, sicher auch geschuldet dem Zusammenleben mit Peter. Es war eine Weile so, dass ich selber auf der Strecke geblieben bin, ich war nur für andere da. Erfolg macht einsam. Diese Einsamkeit habe ich im Unterbewusstsein gespürt. Die Anerkennung ist da, die war immer da, aber der Respekt steht im Wege. Ich meine: bei Männern, um sich zu nähern. Für mich als Frau, die in der Öffentlichkeit steht, ist es ganz schwer, einen Liebhaber zu finden. Ich hätte auch gerne einen Liebhaber. Fällt mir gerade so ein, wo ich auf dein Buch kucke …

Ich meine, in der Tierwelt gibt es doch auch diesen Prozess, diesen Entwicklungsprozess. Man lernt sich kennen, ist verliebt, man bekommt ein Kind, und alles pendelt sich irgendwie ein, ist auch abgeschlossen. Also, o. k. ich bin offen für Neues, es ist einfach so.

Ich bin keine klassische Gattin. Klassische Gattinnen sitzen zu Hause, haben einen enormen Einfluss, auch bei Filmleuten, bei der Besetzung ... Ich habe nicht den Status einer Gattin, ich fahre auch nicht zu Filmfestivals. Ich mag das nicht, wenn man sagt: «Das ist mein Mann», «das ist meine Frau.» Ich kann sagen: «Das ist meine Tasse.» Ich sage, wenn ich Peter vorstelle: «Das ist der Peter Vogel.» Er ist doch eine Persönlichkeit, er hat meinen Respekt. Und ich seinen auch.

Bis zur Wende warst du als Frau geachtet – es kam die Wende, und plötzlich standen Vertreter vor der Tür, die dir eine Versicherung verkaufen wollten und fragten: «Ist Ihr Mann zu Hause?» Da fühlst du dich als Frau degradiert, und das spüre ich heute noch in ähnlichen Situationen.

Auf Usedom wollen wir nächsten Sommer ein Konzert als Riesenevent veranstalten: ein Konzert mit Orchester, Ballett. Es gibt ja einen Trend zum geballten Musikhören. Das soll das Sommerhighlight der Insel werden. Usedom, Heringsdorf, Zinnowitz, Ahlbeck, die Kaiserbäder: Das ist ja neu, das ist schick, auch elitär. Ich habe Urlauber aus Westdeutschland getroffen, die letztes Jahr noch auf Sylt waren, aber jetzt sagen: Hier ist alles neu, nicht in den 60er oder 70er Jahren stehen geblieben. Und die Natur ist auch viel schöner.

Mit meinem ersten Mann war ich viel in Ahrenshoop. Eigentlich war ich schon immer an der Ostsee, im Ferienlager da oben, ich bin da oben groß geworden, es ist meine zweite Heimat. 1990 bis 96 waren wir alleine am Strand. Die Ostdeutschen waren nicht mehr da, die waren auf Ibiza oder Mallorca, die Westdeutschen waren noch nicht da. Jetzt ändert es sich: Wochentags ist es aber immer noch leerer als am Wochenende, klar, dann kommen die Berliner, die ihre alte Badewanne Usedom wiederentdecken.

Es kommen die Betuchten, viele Alte, oft haben sie ein Enkelkind dabei. Klar, für eine Familie mit zwei Kindern ist Ostsee viel zu teuer, zwei Wochen Türkei im Oktober für wenige Euro ist für die viel attraktiver. Ich finde schon, an der Ostsee gibt es noch viel unberührte Natur, es gibt Neues zu entdecken. Und die oberen Zehntausend machen es wie früher: Die haben ihre Ferienwohnung an der Ostsee, da verbringen Hausfrau und Kinder den Sommer, der Mann kommt im Urlaub nach. Das sind dann klassische Gattinnen, die, die auf ihren Mann, auf seinen Beruf extremen Einfluss haben. Anders als bei uns.

Ich mag meine berufliche Selbständigkeit. Ich finde das jetzt viel spannender, als wenn man wie früher den roten Teppich ausgerollt kriegt, den Parkplatz freigehalten kriegt – die Primaballerina kommt. Es ist schon oft schwierig, den Kunden von einer Idee zu überzeugen, die du nicht zeigen kannst, im Zweifelsfalle ist ja jede Veranstaltung neu. Aber ich gehe gerne Klinkenputzen, ich mag das Tippeltappel, du kümmerst dich um mögliche Kunden, lernst sie kennen, sprichst mit ihnen, dieser ganze Vorgang ist spannender als die Arbeit auf der Bühne. Die ist körperlich anstrengend, ja, aber meine neue Arbeit ist geistig anstrengender, und: Man ist selbst verantwortlich. Das ist meine Erfahrung. Ich merke auch bei meiner Arbeit jetzt: Man trägt eine Verantwortung, das Qualitätslevel ist ganz oben, das entspricht ja auch meiner Herangehensweise.

Natürlich gibt es auch den Angstfaktor, aber Angst kanalisiere ich, indem ich mir sage: Jetzt. Jetzt und hier.

Wenn ich in die Zukunft kucke, könnte mir auch manchmal angst und bange werden, aber das Hier und Jetzt hilft. Früher auf der Bühne gab es ein anderes Feedback, da kamen Menschen hinterher in die Garderobe, haben dich in den Arm genommen. Heute haste kaum eine Reaktion – leider, auch Kritik ist ja immerhin eine Reaktion.

Ich hatte vorhin von der anderen Primaballerina in der Stadt erzählt, von Steffi. Wir kennen uns, seit wir zehn sind – wir kamen zusammen ins Internat. Wir hatten sogar ein gemeinsames Zimmer, wir sind wie Geschwister groß geworden, es war eine glückliche Zeit. Sie kam an die Staatsoper, ich an die Komische Oper, manchmal haben wir wechselseitig im anderen Haus gastiert, wenn wir zusammen aufgetreten sind, war das schön – manche haben uns Konkurrenz angedichtet, aber die hatten wir nicht, das war Unsinn. Ich hatte mal vor, ein Buch zu schreiben: *Von Primaballerina zu Primaballerina* oder so ähnlich.

Als Schluss war, fehlte mir am meisten mein Garderobenplatz: mein Spiegel, das Licht, die Watte zum Abschminken, und mir fehlte – meine Dusche. Ich ertappte mich dabei, wie ich mir komisch vorkam, bei uns zu Hause morgens zu duschen, sonst hatte ich immer abends, in der Oper nach der Vorstellung geduscht. Also: Mein Lebensrhythmus kam ins Wanken. Ich hatte 25 Jahre in diesem Haus gearbeitet, 25!

Man kommt im Alltag an, man trifft auch plötzlich sein altes Publikum auf neue Weise: Neulich war ich bei der Stelle im Amt, die die Fahrerlaubnis ausstellt, ich hatte meine verloren, also: irgendwie verdusselt. Da kuckt mich die Mitarbeiterin plötzlich an: «Sind Sie das, Frau Deutschland? Ich habe Sie früher immer so gerne tanzen sehen.» Das fand ich schön.

Wenn ich dran denke, was Journalisten mich früher gefragt haben, wenn ich Schwanensee getanzt habe: «Wie identifizieren sie sich mit der Schwanenprinzessin? Was denken Sie, wenn Sie tanzen?» Als ich gesagt habe: «Ich habe beim Tanzen dran gedacht, dass ich noch Brot aus der Tiefkühltruhe nehmen muss heute Abend», wollten sie das offenbar nicht glauben, geschrieben haben sie es jedenfalls nicht.

Hanne, 28, Kulturmanagerin

Der Osten hat mich eingeholt

Oder: Bin ich ein Exot?

Zur Wende war sie 14, seit gut einem Jahr wohnt sie an der französischen Grenze des Landes und spürt: Ihre Wurzeln sind eher Richtung polnische Grenze. Bei ihrer Arbeit im Kulturmanagement ist die Frage Jung – Alt wichtiger als Ost – West. Privat, unter Freunden, ist das anders: Dabei sind es entweder Kleinigkeiten oder die groben Klischees, die im Alltag den Osten immer wieder unerwartet wachrufen.

Diese Ost-West-Fragen habe ich erst, seit ich in Baden-Württemberg bin, seit einem Jahr – vorher habe ich ja immer im Osten gelebt, Berlin, Leipzig, Dresden, da hatte ich wenig mit Leuten aus dem Westen zu tun, jedenfalls privat. Im Westen hat mich das Ost-West-Thema auf einmal eingeholt. Ich fand mich plötzlich in einem Umfeld mit Leuten, mit denen ich keine gemeinsame Vergangenheit hatte, ich fühlte mich irgendwie entwurzelt. Wenn die anderen gesagt haben: «Wisst ihr noch damals in den 70ern, 80ern, die Fernsehserie soundso …» Da habe ich gemerkt: Das ist nicht mein Leben. Dass es Unterschiede gibt, verwässert sich durch die gemeinsame Sprache, und trotzdem sind Unterschiede da.

Wenn ich im Westen bin, spüre ich: Mein Kinderland

ist nicht mehr. Mit Freunden aus dem Osten kann ich über diese Kinderzeit reden, wir haben ähnliche Erfahrungen im Großwerden, *wir* sind eben in den großen Sommerferien in die Tschechoslowakei gefahren, nach Polen, an den Plattensee …

Und solche Erinnerungen haben nichts mit Ostalgie zu tun, es gibt ja bei allen Gemeinsamkeiten auch Unterschiede – ich habe das Buch *Zonenkinder* gelesen, das ist ja in der Wir-Form geschrieben, das hat mich geärgert. Ich habe mich auch wenig wiedergefunden, dabei ist die Jana Hensel ja nur ein Jahr jünger als ich.

Dass mich so was mal beschäftigen würde, hätte ich nicht gedacht. Bis ich im Westen gelandet bin. Aber früher hätte ich auch nicht gedacht, dass ich mal in einem Volkshochschulkurs *Russisch für Fortgeschrittene* sitzen würde, und zwar mit nur vier, fünf anderen, lauter Rentnern, sehr fit in Russisch, muss man sagen – aber Russisch ist in den West-Volkshochschulen Minderheitenprogramm für Anfänger und Fortgeschrittene, im Osten gibt's überall Auffrischungskurse.

Ich bin wegen der Arbeit nach Baden-Württemberg gegangen, über eine Freundin in Leipzig habe ich erfahren, dass eine Stelle frei ist, genau das, was ich machen wollte: Kulturmanagement, Öffentlichkeitsarbeit im weitesten Sinne bei einem großen Kulturunternehmen, und ich mache die Arbeit gerne, finde alles total spannend und aufregend.

Ich habe mich gerade vor zwei Tagen mit Berliner Freunden wieder über diese Ost-West-Unterschiede unterhalten, ich bin oft zu Besuch bei meiner Familie und treffe dann auch die Freunde. Vor zwei Tagen sind wir über die Politik drauf gekommen: Ein Großteil von uns sind Grünenwähler, aber die Grünen bringen im Osten kein Bein auf den Boden. Mich stört das, dass sich der Gedanke von der Nachhaltigkeit im Osten noch nicht durchsetzt.

Dass er das nicht tut, zeigt sich auch daran, dass Bioprodukte im Osten nicht so gefragt sind. Wenn ich im Osten Leute sehe, die im Kaufhaus oder im Supermarkt die Wagen voll packen und möglichst viel möglichst billig kaufen wollen, stört mich das richtig. Es ist ja nachvollziehbar, dass das Einkaufsverhalten bei Bioprodukten im Westen anders ist, weil die ganze Entwicklung, Bio, der Umgang mit Konsum überhaupt, einen längeren Zeitraum hatte für die Entwicklung. Jedenfalls fällt mir das im Westen nicht auf, dass dort eingekauft wird wie im Osten. Im Osten ist es vielleicht ein bisschen die Angst, zu kurz zu kommen, wenn man nicht schnell und günstig einkauft, was im Angebot ist.

Es spielt aber beim Einkaufen sicher auch was anderes rein: Im Osten haben die Menschen noch mehr Spaß an etwas Besonderem, das sie selbst entdecken, wenn sie zum Beispiel durch so einen Unterhaltungselekronik-Markt gehen. Im Westen ist man da abgebrühter, die Leute sind weniger leicht zu beeindrucken. Vorletzten Sommer habe ich in der Marketingabteilung von einem großen Unternehmen Urlaubsvertretung gemacht, das fand ich unglaublich, diese fest gefügte Hierarchie, der Chef, zwei Sekretärinnen, die ihm den Rücken freihalten und sagen: «Der Chef kommt heute später.» Für diese Sekretärinnen war es das Normalste von der Welt, einmal in der Woche die Aldi-Beilage aus der Lokalzeitung zu nehmen, die richtig zu studieren und die Artikel anzukreuzen: Das und das *ist* einzukaufen. Das war Organisation, rationaler Umgang mit der Konsumwelt, im Osten kommt bei solchen Gelegenheiten noch Freude auf.

In meiner Familie, bei meinen Eltern und den Freunden meiner Eltern, war es nach der Wende wie überall: Sie haben sich stark aufs Persönliche konzentriert, also die Arbeitssituation, wie wird es weitergehen? Auch mit der Wohnung, der Schule? Das ging so drei, vier Jahre, das war eine Orientierungsphase. Dann haben meine Eltern und die Verwandten und Freunde ähnlich weitergemacht wie vorher, sie haben wieder mehr gemeinsam gefeiert, Ausflüge gemacht, die neuen Möglichkeiten ausprobiert. Gejammert wurde höchstens darüber, dass bei Feiern nach der Wende die Hälfte der Familie fehlte, weil sie gerade irgendwo in der Welt rumfuhr, aber das pegelte sich ein, mittlerweile versuchen wieder alle, da zu sein bei Familientreffen, jetzt ist es wirklich so, dass sich alle bewusst Zeit nehmen, sich zu treffen.

Ich war damals, zur Wendezeit, vierzehn und besuchte die achte Klasse, es stand die Entscheidung an, ob ich zur Spezialschule für Sprachen gehe. Ich wollte schon gern, ich hatte auch die Leistungen, aber man brauchte ja die entsprechende Beurteilung von der Schule, und es sah nicht so aus, dass ich die von meinem Klassenlehrer kriegen würde, er hielt mich aus seiner Sicht für nicht geeignet. Die Wende kam gerade richtig, plötzlich hatte der Lehrer nur noch mit sich zu tun, das Problem, das sich für mich abgezeichnet hatte, war plötzlich verpufft. Ich bin auf die Schule gekommen, aber es war dann in den nächsten Jahren dort wie bei vielen anderen Spezialschulen, die abgewickelt wurden. Gerade bei Sprache ist es doch so schade, dass man die Muttersprachler für Russisch, Tschechisch und was es nicht alles gab, hat ziehen lassen.

Ich habe die ganze Wendezeit für mich als sehr, sehr schön in Erinnerung. Gut, sie fiel in meine Pubertät, für uns war es wichtig, die Stadt entdecken zu können, auch Westberlin, wir sind damals um die Häuser gezogen, im Osten und im Westen, das war einfach schön.

Erst später kam dieses für Berlin so typische Kiezding, dass du dich eben mehr in deiner Gegend aufhältst, da die Freunde hast und besuchst. Ich finde, das war damals eine sehr bunte und sehr freie Zeit. In der Schule war ja damals so ein Vakuum, das Alte war weg und das Neue noch nicht da. Ich glaube, wir waren der erste Jahrgang, der 13 Jahre zur Schule musste, nicht zwölf – aber so genau weiß ich das schon gar nicht mehr. Als ich '95 Abitur gemacht hatte, war das West-Schulsystem schon eins zu eins übernommen. Dabei gab es Sachen, um die es schade war: Fremdsprachenunterricht in kleinen Gruppen, mit zehn Leuten, zwei Sprachlabore in der Schule, das fiel alles weg.

An meinem Bruder, der zur Wende zwanzig war, merke ich deutlich, dass so ein Altersunterschied von sechs Jahren doch wichtig ist für die Frage, wie man die Wende erlebt hat, wie es danach für einen weitergegangen ist. Er hat vor der Wende eine Berufsausbildung gemacht und hinterher angefangen zu studieren. Ihn hat die DDR sicher stärker geprägt, er hat sechs Jahre länger dort gelebt als ich.

Und doch spüre eben auch ich, dass die Wurzeln im Osten nicht so zu kappen sind. Leute in meinem Alter im Westen, also 27-Jährige, die studieren oft noch. In meinem Berliner Umfeld arbeiten die meisten schon. Auch der Anspruch der Studenten im Westen an die Eltern ist anders: Da wird erwartet, dass einem die Eltern das Studium finanzieren, das ist irgendwie selbstverständlich. Und der Eintritt ins Berufsleben wird offenbar als etwas so Entscheidendes gesehen, dass man es gerne immer noch ein bisschen rausschiebt. Im Osten dagegen ist es so, dass man doch relativ schnell ins Berufsleben will. Sicher hängt das auch damit zusammen, dass der finanzielle Druck größer ist.

Ich habe mein Studium in fünf Jahren durchgezogen. Schon von klein auf hatte ich Geige gespielt und gesungen, auch im Chor gesungen, und ein Gesangsstudium kam für mich durchaus in Frage. Ich war immer auch in einem großen Chor, hatte viel mit Sängern aus der Oper zu tun und habe gemerkt: Ich singe zwar gut, aber ich brenne nicht fürs Singen, darum sollte ich es lieber lassen. Ob Chor- oder Orchesterarbeit: Das wäre mir zu eintönig. Ich dachte lange, das wäre so toll, aber letztlich ist es: Dienst schrubben. Man kann nicht jeden Tag kreativ sein, sicher, aber da sind einfach zu wenig Möglichkeiten. Chor wäre mir zu wenig, solo wäre mir zu viel. Die Disziplin die du da brauchst, fürs Üben, für die Engagements, immer schön früh schlafen … Das sind Sachen, die empfinde ich als einschränkend für mein Leben. Also habe ich Musik und Englisch auf Lehramt studiert, schon im zweiten Studienjahr gemerkt, dass es das auch nicht sein wird, aber ich habe beschlossen, ich mache das Studium zu Ende, es hat erstens Spaß gemacht, und zweitens wollte ich einen Abschluss. Den habe ich gemacht. Das war eine schöne Zeit, das Studium. Aber ich habe eben gleichzeitig gemerkt, was mir alles nicht gefällt. Ich bin so froh, dass ich parallel zum Studium in die Öffentlichkeitsarbeit reingerutscht bin, natürlich immer im Kulturbereich.

Da ist eine Sache, die kann ich schwer in Worte fassen, ich habe viel drüber nachgedacht die letzten Tage … Also, wenn ich im Westen erzähle, dass ich aus dem Osten komme, habe ich schon so etwas wie einen Exotenstatus.

Und ich habe einen Zusatz-Bonus – weil ich aus Berlin komme. Die große Stadt, die Kultur, das finden die meisten interessant. Als ich das gemerkt habe, war ich doch sehr überrascht.

Exotenstatus, ja ... Aus dem Osten ... Die Leute um mich herum finden das irgendwie gut. Es gibt allerdings auch die verschärfte Form: «Ihr könnt nicht arbeiten.» Oder: «Der Osten hat kein Demokratieverständnis.» Das sind die Klassiker an Klischees, die tatsächlich immer mal wieder kommen. Aber es ist auch immer ganz klar: Damit bin dann nicht ich gemeint.

Die Klassiker kommen auch von jungen Leuten. Oder blöde Witze. Wenn in der Kantine mal wieder 'ne Schlange ist – was öfter vorkommt – und ich sage: «Nö, da stell ich mich jetzt nicht an, ist zu voll ...», dann heißt es: «Komm, das biste doch gewöhnt.» Das gehört zu den Standardwitzen wie die Blondinenwitze wegen meiner Haare.

Wenn ich in einer reinen Westrunde bin und es um den Osten geht, versuche ich immer relativ schnell zu sagen, dass ich aus dem Osten bin, weil ich keine Lust habe, mir erst blöde Geschichten anzuhören. Dann wird klar, ich bin aus dem Osten, und dann höre ich eine halbe Stunde Entschuldigungen, das ist mir schon passiert.

Baden-Württemberg ist ja wirklich soooo weit weg vom Osten, die ganze Ost-West-Problematik spielt da für die Menschen fast keine Rolle, man kann es ja auch verstehen. Berlin ist 800 Kilometer weit weg, Paris 450, da sind die Bezüge anders. Anfangs habe ich mit den Leuten ganz viel über den Osten geredet, wenn sie es so nebenbei mitbekommen haben, dass ich aus dem Osten bin. Es hat sie aber auch nicht besonders interessiert, wie es im Osten ist, es kam hauptsächlich: «Der Osten kostet so viel.»

Aus der Perspektive deutscher Südwesten stellte sich nach der Wende durchaus die Frage: «Wieso soll ich nach Mecklenburg fahren?» Man konnte ja auch nach Schleswig-Holstein an die Ostseeküste. Ich hätte natürlich gesagt: «Mecklenburg, das ist doch neu für dich, das ist doch interessant.» Aber diese Ansicht kann eben nicht jeder teilen. Die, die ich getroffen habe, die mittlerweile schon im Osten waren, die sind oft ganz begeistert, von der Landschaft, der Architektur.

Bei beginnenden Freundschaften – ich bin da jetzt mal vorsichtig mit der Formulierung Freundschaft –, da merke ich immer: Je länger das dauert, desto mehr Fragen kommen: Wie war das bei euch in der Schule? Hast du als Kind den politischen Druck gespürt? Das Komische ist: Ich bin mir meiner Erinnerung oft gar nicht so sicher, ich war Kind in der DDR. Viele Dinge und Erlebnisse aus dem Alltag verblassen.

Es ist für mich irgendwie das erste Mal, dass ich auf etwas festgelegt werde, auf eine Rolle vielleicht sogar. Dabei ist es wiederum auch so: Wenn ich in Baden-Württemberg bin, berlinere ich stärker.

Im Westen fällt mir bei Gleichaltrigen immer öfter auf: Es gibt wieder verstärkt das traditionelle Rollenbild. Bei etwa 30-Jährigen gibt es kaum noch Singles. In Berlin und in Dresden ist bei den Leuten, die ich kenne, die bevorzugte Lebensform der Single. Gut, es gibt auch: Kind und allein erziehend, manchmal auch Paare, aber es gibt wenig intakte Kleinfamilien. Bei einer Essenseinladung im Westen sieht der Tisch so aus: Pärchen, Pärchen, Pärchen, ab und zu mal ein Single. Gut, die meisten sind religiös, auch wenn sie nicht in die Kirche gehen, das wirkt fort, da spielen andere Werte eben noch eine Rolle. Ich werde dort auch gefragt: «Na, wie isses, willst du nicht auch allmählich mal? Mann … Kinder?» Die jungen Frauen fühlen sich da nicht komplett ohne Mann. Meine Freundin, die ist Mitte 30, sie lebt allein ohne Kinder, die fühlt sich einfach nicht vollständig. Für sich allein hätte sie damit wahrscheinlich noch nicht mal ein Problem, aber es ist die Umgebung, die da drückt … Zur traditionellen Lebensvorstellung gehört Vater – Mutter – Kind, auch die Haus-Nummer, also: heiraten, bauen – die Eltern haben auch alle ein Haus. Selbst das ist ja im Osten anders.

Es überrascht mich, dass so viele junge Frauen im Westen wirklich im Kopf haben: Freund, dann Kind, zu Hause bleiben – schließlich ist die Frauenbewegung doch im Westen losgegangen, sie war doch auch stark, aber sie scheint nur einen Teil der Bevölkerung erwischt zu haben. Ich höre immer wieder: Wer als Frau vorhat, sein Kind mit drei Jahren in einen Kindergarten zu geben und wieder arbeiten zu gehen, der gilt als Rabenmutter. Ich hatte schon erwartet, dass es im Westen einen anderen Umgang mit dem Beruf gibt, immer noch nicht völlig selbstverständlich, aber dass die Gleichberechtigung mit den Männern nicht so eingefordert wird – das schockiert mich.

Der Mann, in den ich letztes Jahr schwer verliebt war – ich nenn den jetzt mal Olaf –, der hatte ein Problem damit, dass ich immer gesagt habe, was ich will. Als er mir das klar gemacht hat, wäre ich fast ins Essen gefallen. Wo war die Schwierigkeit? Ich habe das nicht verstanden, und ich habe ihn gefragt, wie das denn die anderen Frauen so gemacht haben, die er vor mir kannte, seine anderen Freundinnen. Er hat gesagt, die hätten sich sehr zurückgehalten in der ersten Zeit, ihn machen und entscheiden lassen und ihn dann auf eine sehr subtile Art dahin gebracht, wo sie ihn hinhaben wollten. Wo hätte ich ihn denn *hinhaben* wollen?

Es ging bei uns nicht um solche Sachen wie Zusammenwohnen oder Kinderkriegen, das wollte ich gar nicht. Olaf hatte sich gerade im Sommer von seiner vorherigen Partnerin getrennt und wollte nicht so schnell wieder mit jemandem zusammenleben. Wir hatten uns kennen gelernt, wir waren verliebt, ich habe gesagt: «Lass uns das einfach mal ankucken, mal sehen, was passiert ...! Er hat gesagt. «Wie?» Er wollte irgendwas entschieden haben, wie es weitergeht ... Warum? Das brauchte ich für mich nicht.

Mein Freund war 30, Ost-West war bei uns auch oft Thema: Ich glaube nicht, dass mein Verhalten typisch ost ist, aber so etwas war ihm offenbar bei Freundinnen aus dem Westen vorher nicht begegnet, und ich war eben die Erste aus dem Osten, die er näher kennen lernte.

Ich finde das nicht egoistisch, wenn ich sage, was ich will, ich finde mich, im Gegenteil, eher sehr rücksichtsvoll, ich denke viel darüber nach: Was will der andere? Ich sage eben, was ich möchte: Dass ich ihn gern sehen möchte, Lust hätte mit ihm wegzufahren oder eben, dass ich nicht mit ihm zusammenwohnen will. Und dann höre ich mir die Wünsche und Vorstellungen des anderen an. Aber das kam irgendwie falsch an. Ich muss sagen: Mit Männern aus dem Osten ist mir so was nie passiert. Und mit meinem Freund, das war kein Einzelfall: Ein guter Freund von mir – wir sind nicht liiert, er hat also nicht dieselbe Situation wie mein Ex-Freund –, er spürt das auch, ihm fällt das auch auf: Dass ich direkt bin mit dem, was ich denke und möchte.

Das Verrückte mit Olaf war ja, und das macht die Sache

doppelt kompliziert: Ich habe gesagt, was ich will und was ich nicht will, eben auch: nicht zusammenziehen – und er hat es mir nicht geglaubt! Er konnte sich nur vorstellen: Alle Frauen wollen das! Auch wenn sie das Gegenteil sagen. Er fühlte sich vereinnahmt, denke ich. Er hat es bis zum Schluss nicht geglaubt. So richtig verstehen kann ich das alles nicht. Im Nachhinein muss ich über das alles fast lachen, wenn ich daran denke.

Da ist noch was, was ich bei Olaf bemerkt habe, auch bei anderen Männern aus dem Westen, mit denen ich privat zu tun hatte: Die Scheu, über meinen Beruf zu reden. Was ich mache, was ich mir wünsche, was ich noch erreichen will. Und das, obwohl wir meist im selben Berufsfeld waren, das ist doch interessant. Mein Freund hat nicht reagiert, wenn ich angefangen habe zu erzählen.

Das sind jetzt die Erfahrungen privat, bei der Arbeit sieht es anders aus, da fällt die Tatsache, dass ich aus dem Osten komme, nicht auf. Da spielt es eher 'ne Rolle, dass ich so jung bin. Es ist schon ein paar Mal passiert, dass jemand, mit dem ich einen Termin hatte, der mich aber nicht kannte, in mein Zimmer reingekommen ist und gesagt hat. «Guten Tag, ich habe eine Verabredung mit Frau X.» Dann war er überrascht, dass ich das bin, er hatte eine ältere Person erwartet. Meiner Freundin ergeht es ähnlich, sie ist Geschäftsführerin in einem Veranstaltungszentrum, wenn da größere Besprechungen mit neuen Leuten sind, setzen sich manchmal alle hin und warten auch noch, wenn sie schon da ist. Sie hat sich darum angewöhnt zu sagen: «Alle da, auch der Chef, los geht's.»

Als junge Frau gibt es so einen Bonus, den ich bei älteren Männern habe, die freuen sich, wenn mal 'ne junge Frau dabei ist. Ich versuche aber, diesen Bonus nicht auszunutzen. Wirklich, der Osten spielt bei meiner Arbeit kaum 'ne Rolle.

Vor 14 Tagen hatte ich ein Gespräch mit einer Freundin aus Berlin, die mittlerweile zwei Kinder hat. Da hab' ich ganz stark gespürt, dass ich Kinder möchte. Eigentlich das erste Mal. Ich habe auch gemerkt: Ich will damit nicht ewig warten. Und ich hätte auch kein Problem damit, ein Kind allein großzuziehen. Also ich für mich nicht, mit den Bedingungen, das müsste man dann sehen, wie's geht: Wenn in den Sommerferien oder zwischen den Jahren die Kitas schließen, finde ich das unverschämt – wie soll man das als Eltern hinkriegen, auch wenn man zu zweit ist?

Im Osten hatte und hat man mit größerer Selbstverständlichkeit Kinder. Es ist auch nicht unnormal, wenn man ein Kind allein großzieht, ich habe viele Freunde in Dresden und Berlin, die bei allein erziehenden Müttern groß geworden sind. Im Westen fallen mir jetzt spontan nur zwei ein.

Ich merke: In meiner Generation findet ein Rückschritt statt. Warum? Das ist vielleicht Orientierungslosigkeit, Angst vor Arbeitslosigkeit, Angst, den Dingen nicht gewachsen zu sein, vielleicht auch einfach Nicht-Wollen. Bei den Männern habe ich das Gefühl, dass sie mit immer mehr Dingen überfordert sind, dass sie nicht wissen, wie ihre Rolle aussieht. Und bei vielen Frauen ist es offenbar der Zurück-ins-Haus-Trend.

Meine Mutter hatte die *Brigitte* abonniert. Vor ein paar Monaten zeigte sie mir einen Artikel, über den sie sich geärgert hat, in dem ging es um die Berufstätigkeit von Müttern und dass man den Beruf sehr wohl mit Kindern vereinbaren könnte. Das sollte nun eine neue, überraschende Erkenntnis sein! Zur selben Zeit erschien in der ZEIT eine

Rezension eines Buches, ich glaube von einer Engländerin, das hatte ein ähnliches Thema. Mir geht es da wie meiner Mutter: Wir wundern uns, was an der Tatsache, dass sich Kinder und Beruf vereinbaren lassen, so erstaunlich sein soll, warum wird das wie eine neue Erkenntnis gefeiert? Und wieso braucht man dafür das Buch einer Engländerin, im Osten gibt es diese Erfahrung doch schon lange. Das sind komische Sichtweisen.

Nach der Wende war dieses Land DDR schnell mit allen Besonderheiten, auch mit den Besonderheiten, die es bei den Menschen gab, verschwunden. Die Bürgerrechtler, die Leute vom Neuen Forum – einzelne hat man ja noch vor Augen – das ist doch so ein Menschenschlag, der in der Öffentlichkeit nicht mehr präsent ist. Die Männer mit den Rauschebärten, die so mit der Wendezeit verknüpft sind. Im Freundeskreis meiner Eltern und auch meines Bruders waren einige davon im Umfeld, dass die dann plötzlich Politik gemacht haben, war eine merkwürdige Erfahrung, aber eine schöne. Dann ist das Neue Forum mit den West-Grünen zusammengegangen, und geblieben ist nur der Name.

Es ist merkwürdig, dass ich bei Älteren merke, dass da plötzlich so ein Gefühl kommt: Was haben wir verloren? Wobei das, glaube ich, ein sehr unklares, diffuses Gefühl ist. Viele im *ganzen* Land laufen mit so eingezogenem Kopf rum, als wenn sie erwarten, dass da irgendwas über sie reinbricht, es ist eine ängstliche Stimmung da, in Ost wie West gleichermaßen.

Die Wenderfahrung hat bewirkt, dass man begriffen hat, dass plötzlich alles anders sein kann als vorher. Eine Freundin aus Berlin hat mir neulich gesagt, es gibt kaum noch Dinge, an die sie glaubt. Darüber denke ich manchmal nach, mit Einschränkungen würde ich ihrer Ansicht durchaus zustimmen. Bei ihr sind es hauptsächlich die Dinge, die von Staatsseite vorgeschrieben sind. Das ganze System mit seinen Behörden und Staatsorganisationen.

Ich weiß gar nicht, ob mir im Westen der Osten fehlt – mir fehlt auf jeden Fall die große Stadt. Ich bin so dicht an Frankreich dran, aber da zieht's mich nicht hin, eher nach Osteuropa, da bewegt sich mehr. Baden-Württemberg ist so träge, der Westen ist träger als der Osten. Das Tempo in Berlin und in Dresden, das mag ich, das brauche ich auch irgendwie. Wie schnell hier saniert wird … Wenn ich nach einem halben Jahr mal wieder in Berlin bin, dann sind Baulücken zu, das Kulturleben hat sich verändert, neue Kneipen haben aufgemacht, das Tempo im Osten ist wesentlich schneller. Darum möchte ich gerne nach Berlin zurück. Ich habe mir dafür auch ein klares Datum gesetzt: Noch ein Jahr, dann wäre ich auch genau zehn Jahre aus der Stadt weg, also mit Dresden, Leipzig, Westen, das reicht. Ich werde etwas finden, was zu mir passt, mit Kultur, Musik und Öffentlichkeitsarbeit. Das ist mir ganz wichtig: dass ich hinter den Sachen stehen kann, die ich mache.

Ich habe immer noch ein Berliner Autokennzeichen. Neulich hatte ich geparkt, wollte gerade wieder in mein Auto einsteigen, kommt ein Mann auf mich zu, sagt: «Sagen Sie mal, sind Sie aus Berlin?» Ich sage: «Ja …» Er sagt: «Super.» Und geht weiter.

Greta, 34, Werbe-Frau

Gerne, super, alles prima

Oder: Immer volles Programm

Die Werbung in der DDR versiegte mit dem Ende der privaten Betriebe zu Beginn der 70er Jahre, Schauwerbegestalter dekorierten munter weiter die Auslagen mit Büchsen in Pyramidenform. Und so glitzernd und verlockend die bunte Warenwelt West in ARD und ZDF auch in der DDR über die Bildschirme flimmerte – Werbung wurde als schöner Schein entlarvt. Entsprechend kritisch ist der Konsument Ost heute – und die Graphikerin Greta als Mitarbeiterin in einer Werbeagentur auch.

Es gibt bei uns einen Running-Gag: Immer wenn unsere Texterin aus den alten Bundesländern einen Copy-Text geschrieben hat, sagen wir: Wessi-Schreibe. Es gibt eine Wessi-Sprache, klar – erst seit der Wende höre ich «gerne», «super» und «alles prima». Da läuft bei mir immer gleich ein ganzer Film ab. Vielleicht habe ich meinen Wortschatz schon längst angeglichen, man merkt das ja selbst gar nicht. Was hab' ich gesagt? Running-Gag, herrje, klar ...

Sicher hat sich meine Sprache verändert. Das hat aber nichts damit zu tun, dass ich immer noch meinen Ostblick auf die Wirklichkeit habe. Beim Frauenbild heute in unserer Werbung zum Beispiel könnte ich aus der Haut fahren:

Frauen sehen alle gleich aus, aalglatt, jung und kühl. Frauen ohne Charakter.

Es geht nicht nur ums Frauenbild, das nicht stimmt – auch wenn man sich die Hintergründe, die Szenarien, in denen die Werbung spielt, ankuckt, sieht man glatte Fassaden: Alle leben in schönen Lofts, lichtdurchflutet mit tollem Ausblick, und als Möbel stehen die teuersten Design-Klassiker herum. Das ist viel zu weit weg von der Realität. Wir haben das in der Agentur für einen großen Kosmetikhersteller mal analysiert und aufgearbeitet, der möchte nämlich seinen Marktanteil für seine Cremes und andere Produkte im Osten gerne steigern. Es gibt doch noch was dazwischen, zwischen den glatten Typen aus der Werbung und dem grauen Alltag, den manche wirklich haben.

Als ich noch klein war, da wollte ich Töpferin werden. Dann kam das mit der Archäologie, das wollte ich studieren, als ich Abitur gemacht habe. Es ist vielleicht eine Schwäche von mir, dass ich mir reinquatschen lasse, jedenfalls, meine Eltern haben gesagt: «Mit deinen Noten musst du Ärztin werden.» Ich hatte mein Abitur mit Auszeichnung gemacht, was sollte ich da als Archäologin im Staub im Museum sitzen, so ein Bild haben mir meine Eltern jedenfalls gemalt. Ein halbes Jahr vor der Wende habe ich mich für Medizin beworben, an der Martin-Luther-Universität in Halle. Heute mach' ich drei Kreuze, dass ich keinen Studienplatz bekommen habe.

Ich werde das bei meiner Tochter nicht so machen, ihr reinreden beim Beruf: Und wenn sie Friseuse werden will – soll sie. Ich habe damals in G. ein Volontariat gemacht, in der Bücher- und Kupferstich-Sammlung. Danach habe ich zwei Jahre auf dem Bau gearbeitet, weil ich plötzlich Architektur studieren wollte. Die Wende fiel in meine Baustellenzeit. Zwei Jahre war ich da. Das erste Jahr als Bauschreiber. Ich saß beim Bauleiter im Büro, schrieb alles, was anfiel, bis ich dachte: Schreiben kannst du auch zu Hause. Das habe ich dann gesagt, und dass ich richtig mitarbeiten will, draußen. Ich wurde dann für eine Baubrigade eingeteilt – wir haben auf einem Werksgelände Straßenbau gemacht, Werksgebäude, also Industriearchitektur. Ich kam natürlich in eine ausgesuchte Brigade, die völlig anständig war. Der Brigadier hat das erst nicht so richtig eingesehen, dass da jetzt eine Frau dabei war, einmal wollte er, dass ich die Fenster putze, da habe ich gesagt: «Dafür bin ich nicht hier.» Er hat dann aufgegeben.

Ich habe mitgemauert, mitgeschaufelt, mitgetrunken. Das war ganz schön hart, wenn die mit ihrem Straßenbeton kamen, wir den mit Schaufeln verteilt haben. Wer solche Arbeit ständig macht, ist mit 40 fertig. Mir hat die Arbeit damals gut gefallen, alle waren nett zu mir, keiner hat mich angemacht, wirklich, das fand ich sehr angenehm. Wenn ich in G. bin, treffe ich heute noch manchmal Leute von damals auf der Straße und freue mich immer.

1992 bin ich in Weimar für Architektur angenommen worden an der Hochschule, die heißt jetzt Bauhaus-Universität. Mein damaliger Freund hatte in G. bei einem anderen Freund von mir in einer Werbeagentur gearbeitet. Er kam mit mir nach Weimar und hat für die Agentur gearbeitet, in der ich jetzt auch bin. Diese Agentur suchte dann eine Frau, die organisieren kann. Nein, nicht mich, ich habe damals noch studiert. Meine Schwester hatte in Leipzig Pferdezucht studiert, na ja, daran war nach der Wende ja gar nicht zu denken. Ich dachte, Alexandra wäre genau die richtige für die Agentur. So kam sie her.

Ich habe dann sporadisch mal mitgearbeitet, bei Bedarf

mal ein Scribble gemacht. Irgendwann kam Ulrike auf mich zu und fragte, ob ich nicht öfter und richtig … Wir kannten uns ja auch privat, über meine Schwester, wir sind zusammen ins Kino gegangen … Ich weiß nicht, ob es am Osten liegt oder daran, dass wir Frauen sind: Es gibt nicht so die Distanz Chefin – Mitarbeiter, bei aller Professionalität.

Ulrike hatte mir damals einen Rechner mitgegeben, für zu Hause, an einen eigenen war für mich da noch nicht zu denken. Das wusste Ulrike. Und auch, dass ich zu Hause meine kleine Tochter hatte und sehr angebunden war. Sie hat selber Kinder. Nächtelang habe ich zu Hause am Rechner gesessen und mir die Programme beigebracht. Ich musste anfangs ganz viel fragen, dieses Werbe-Deutsch-Englisch ist sehr speziell. Ich lerne noch immer viel Neues.

Ja, aber damals zu Hause: Das war kein schönes Arbeiten, das ging so einfach nicht, du brauchst den Kontakt zu den anderen, musst mal nach nebenan gehen können und was besprechen oder einfach dabei sein.

Als Sophie auf die Welt kam, 94, wurden im Osten ja nicht viele Kinder geboren, jedenfalls im Vergleich zur Vorwendezeit, es war damals noch Flaute. Das hatte zur Folge: Als Sophie ein Jahr alt war und ich wieder arbeiten wollte, hatte ich die Wahl zwischen drei Kindergärten. So was würden Frauen im Westen paradiesisch finden, da gibt es ja kaum Kindergartenplätze. Ich bin dann überallhin zu den Kindergärten und habe reingeschnüffelt. Erst ging Sophie nur einen halben Tag hin, dann bald länger, sie hat sich relativ schnell eingewöhnt.

Als ich noch zu Hause war mit Sophie, konnte ich von der Agentur-Arbeit nicht leben. Damals habe ich noch mit Sophies Papa zusammengelebt, der hat verdient. Tom und ich haben uns bei der Arbeit kennen gelernt. Ich hatte im zweiten Studienjahr angefangen in Kneipen zu arbeiten. Damals hat bei uns ein Szenelokal aufgemacht, das waren Betreiber aus Süddeutschland. Tom war dabei, als sie aufmachten, da haben wir uns kennen gelernt, genau. Er war eine Zeit lang Geschäftsführer. Bald kam unsere Tochter zur Welt.

Tom musste oft spätabends und nachts arbeiten, und ich war allein. Irgendwann habe ich mir gedacht: Da mach' ich's lieber allein, leben mit Sophie. Wenn man so zu Hause sitzt und wartet, dass der andere nach Hause kommt – da kriegt man Groll, obwohl der Vater ja nur arbeitet.

Tom kam aus einem wohl situierten Elternhaus, das waren drei Kinder, seine Mutti war immer zu Hause. Tom hat sich keine Gedanken darum gemacht, dass ich unzufrieden sein könnte. Ich hab's angesprochen, wir haben oft abends drüber geredet, und er war dann auch sehr großzügig, hat gesagt: «Ja, da müssen wir was ändern.» Aber am nächsten Morgen war das dann immer schon wieder vergessen.

Als ich Tom kennen lernte, war es etwas völlig anderes als bei anderen Männern. Es fing an mit der Sprache – wir im Osten haben uns angepasst mit der Zeit. Heute fällt mir da kaum noch etwas auf, aber damals: '93, das war vier Jahre nach der Wende. Ich war vor der Wende zweimal drüben gewesen, ich war also nicht so völlig überrascht über das, was kam. Bei Tom hat mich erstaunt der ganz normale Umgang mit Dingen, die Luxus gewesen waren für uns. Einmal hat er mir zu Weihnachten ein Westpaket geschickt: Kaffee, Bananen drin. Wir haben sehr gelacht, wir haben immer Scherze gemacht, man hat sich über diese Ost-West-Frage eher lustig gemacht.

Es hat mit uns gehalten, bis Sophie vier war. Da sind wir

auseinander gezogen. Wir sehen uns viel, wegen Sophie. Tom lebt immer noch in Weimar, er ist richtig eingemeindet, hat jetzt auch geheiratet und ein kleines Kind. Und er hat das jetzt auch so weit akzeptiert, dass ich arbeite. Er sieht ja, dass das ganz viele Frauen mit Kindern in seinem Umfeld tun, das eben ein ostdeutsches Umfeld ist.

Sophies Hort macht um fünf Uhr zu, ich arbeite aber oft länger. Da holt Tom sie dann durchaus ab, oder Sophie geht auch mit zu ihrer liebsten Freundin, Hanna. Sie und ihre Eltern sind aus München zugezogen. Hannas Mutti ist eine ganz tolle Frau, ich kann sie gut leiden, sie ist intelligent, intellektuell. Jedenfalls ist sie zu Hause, logischerweise, möchte ich fast sagen.

Ich sehe, dass es immer noch Unterschiede gibt zwischen Ost und West. Dabei: Meine Mutti war auch zu Hause, bis ich Abi gemacht habe. Mein Vati war selbständig, er hatte eine Zwirnerei und Spinnerei, die wurde erst 72 enteignet. Das waren ja die letzten Betriebe, die Volkseigentum wurden. Mein Vati blieb, wie viele andere, im Betrieb, er wurde Produktionsstättenleiter. Finanziell war für uns alles weiter geregelt, mein Mutti musste nicht arbeiten. Sie meint auch heute, dass es besser wäre, wenn ich mit meiner Tochter zu Hause bleiben würde. Vielleicht ist diese Ansicht außer einer Ost-West-Frage auch eine Mentalitätssache.

Früher waren Status und Konventionen nicht so wichtig, anders als heute. Ich sehe das bei den Freunden von Tom, wenn sie heiraten, ein Häuschen bauen. Klar, so ein Haus ist auch Sicherheit, wenn man älter ist und es abbezahlt ist, aber es ist auch eine Art Fessel. Sophie und ich wohnen in Weimar mitten in der Stadt in einer schönen Wohnung.

Ich fühle mich wohl in Jena und Weimar, nicht, dass ich mich scheuen würde, in die alten Bundesländer, oder sagen wir ruhig: in den Westen zu gehen, aber wenn ich weggehen würde, dann doch eher nach Berlin. Gut, wenn alle Stricke reißen, gehe ich überallhin, aber das steht ja nicht zur Debatte – Sophie ist Schulkind. Und wir haben den unglaublichen Luxus, dass der Papa am Ort ist.

Arbeit ist für mich ganz wichtig im Sinne von Regelmäßigkeit, Erfolg haben – das brauche ich, auch die gesellschaftliche Akzeptanz durch die Arbeit. Ich mag den Tagesablauf, der durch die Arbeit bestimmt wird: Du gehst frühmorgens aus dem Haus, kommst abends zurück, da muss man sich straffen. Und wenn's mal kratzt im Hals, wenn eine Krankheit im Anflug ist, dann denk' ich einfach: Och, das geht wieder weg.

Was ich mir jeden Tag vornehme: dass ich wissen möchte, was ich will oder nicht will. Dass ich das, was ich mache, richtig mache. Beim Frühstück mit Sophie zum Beispiel bin ich mit ihr beim Frühstück, sonst nichts. Und wenn ich von der Arbeit mit dem Auto nach Hause fahre, habe ich eine halbe Stunde für mich, um den Kopf frei zu bekommen, bis ich zu Hause angekommen bin. Ich habe kein schlechtes Gewissen wegen Sophie, die Zeit, die ich mit ihr verbringe, die nutzen wir gut, also ich bin dann wirklich voll und ganz für sie da und nicht abgelenkt. Wenn mich der Tag zufrieden gemacht hat, bin ich oft glücklich, und da bin ich dann auch mit meinen Abenden zu Hause zufrieden.

Manche haben ja einen Plan, die wollen in ein paar Jahren da und da stehen, reich sein. Wer weiß, wo die dann wirklich in zehn Jahren sind. Aber ich habe so einen Plan für mich nicht, es ändert sich sowieso genug von alleine.

Meine Lockerheit und Zuversicht könnte sich natürlich wandeln, wenn ich mal wirklich Schiffbruch erleide, aber man hofft ja, dass man dann wieder hochkommt.

Wir haben kein spektakuläres Leben, wirklich nicht, wir backen kleine Brötchen. Sophie und ich gehen auch manchmal essen miteinander, nicht so oft, vielleicht einmal im Monat, aber wenn, ist es immer fetzig. Dann muss sie nicht so früh ins Bett, es ist auch richtig schön, mit ihr zu reden. Sophie macht jetzt noch so Mädchensachen, geht zum Geigenunterricht.

Als ich nach Weimar kam, habe ich versucht, wieder Tennis zu spielen, aber das war anders als in unserem DDR-Tennisclub, damals war alles rustikaler irgendwie, mit einem runtergekommenen Clubhaus, Getränke holten sich alle selber aus dem Keller. Also: Mein Neuanfang war nichts. Dabei ist Tennis der einzige Sport, den ich je gemacht habe, ich hatte gehofft, ich könnte wenigstens ein bisschen wieder spielen. Ich bin froh, dass meine Eltern das durchgesetzt haben, du kriegst ja die ersten zwei, drei Jahre kaum einen Schlag hin. Meine Mutter hat mich manchmal zum Training hingeschleppt wie ein krankes Pferd.

Meine Mutter – vielleicht liegt es an unserem ostdeutschen Umfeld –, meine Mutter sagt über mich: «Sie arbeitet in der Werbung.» Ich würde sagen: «Ich mache Graphik-Design.» Meine Mutter würde nie sagen: «Meine Tochter ist Graphik-Designerin.» Denn ich habe ja keinen entsprechenden Abschluss. Mein Diplom in Architektur hätte ich schon gerne noch, ich würde aber in dem Bereich nie arbeiten. Die ganzen Architekten, die heute groß sind – Pei, den Chinesen finde ich toll, in Berlin das Quartier 206, das mit der Würfelfassade –, na, die großen Architekten, das sind alle himmelstürmende Charaktere, ich glaub, das bin ich nicht. Zu Anfang des Studiums habe ich viel gebastelt und gezeichnet, nächtelang, aber bei den technischen Fächern hat's dann aufgehört …

Ich denke manchmal: Man muss etwas wie das Studium hinter sich bringen, damit man etwas Neues anfangen kann. Würde ich abschließen, wäre ich Diplom-Ingenieur Architekt, ich denke, so was macht sich in einer Bewerbung schon gut, du hast etwas zu Ende geführt. Das ist für viele ja doch ganz wichtig, abgesehen natürlich von der Mappe, die habe ich selbstverständlich.

Ich will mich nicht freiwillig exmatrikulieren. Wenn die Uni mich irgendwann rausschmeißt, ist das etwas anderes. Ich arbeite ja, da komme ich gar nicht zum Studieren. Aber unterschwellig hat man immer so einen Druck: Da ist noch son Ding, wo man noch einen Haken dran machen soll, das ist so ähnlich wie die Kiste mit den Unterlagen für die Steuer, die in der Ecke steht und auch drückt. Ich will ja auch nicht, dass meine Tochter in der Schule sagen muss: «Meine Mutter ist immer noch Studentin.» Ich müsste noch zweieinhalb Jahre studieren. Freunde sagen: «Dann kannste eben nicht dreimal im Jahr in Urlaub fahren.» Darauf möchte ich aber nicht verzichten, dafür bin ich viel zu egoistisch.

Ich merke manchmal, wenn ich Leuten erzähle, dass ich in der Werbung arbeite, dass viele da Klischees im Kopf haben: Das ist alles oberflächlich. Manche haben auch so eine Vorstellung aus den 90er Jahren im Kopf, als Agenturen in vielen Filmen eine Rolle spielten und alles immer total hip und chic und modern und trendy war. Klar sind wir hier auch modern und chic – aber es wird doch anders gearbeitet als im Klischee.

Unsere Agentur hat sich auf den Osten spezialisiert, hier

gibt es eben bestimmte besondere Stimmungen oder Ansichten, das habe ich vorhin ja schon erzählt. Agentur-Kunden gehen in ihrer Werbung darauf ein, und zur Werbung gehört ja nicht nur Produkt-Werbung – auch das Wirtschaftsministerium beispielsweise arbeitet mit uns, um seine Informationen verständlich und werbewirksam an die jeweilige Zielgruppe zu bringen, so was machen wir auch. Und wir machen das gut, nicht zuletzt, weil wir Frauen sind. In den letzten Jahren waren wir manchmal nur Frauen hier, das ist schon ungewöhnlich. Man überlegt sich ja auch, ob man bei einer Präsentation beim Kunden in einem Tross von Frauen erscheinen will, das kann ja einschüchternd wirken, zumal die andere Seite immer mit Männern auftaucht.

Natürlich haben Frauen für Werbung ein besonderes Gespür, es geht ja um Gefühle. Klar werden harte Fakten transportiert, aber wie sie verpackt werden, übermittelt werden, das geschieht ja sehr emotional – das merkt man ja auch bei sich selbst. Bei mir funktioniert das auch so: Ich weiß, dass bestimmte Cremes bei *Stiftung Warentest* oder *Ökotest* gut abgeschnitten haben, das müssen nicht die teuersten sein, und doch ist bei mir auch so ein bisschen drin: Billiges Zeugs, das kann ja nichts sein. Werbung funktioniert eben.

Ich mache hier mittlerweile außer Graphik-Design auch Konzeption, die Graphik beschränkt sich ja manchmal doch auf das Hin-und-her-Schieben von Bildern, es ist ganz etwas anderes, wenn man am gesamten Konzept mitarbeitet. Zur Zeit haben ich gerade das Thema *Kinder- und Jugendtelefon* auf dem Tisch, darüber habe ich mir heute Morgen Gedanken gemacht. Ich habe mir immer wieder gesagt: Betrachte es von der Seite der Kinder aus.

Was wollen die? Welche Sorgen und Nöte haben die? Und welche Hemmungen? Ich hatte mich nämlich dabei erwischt, dass man als Erwachsener bestimmte Sorgen von Jugendlichen vielleicht nicht ernst genug nimmt. Natürlich kann es für ein Mädchen die Katastrophe sein, wenn es von einem Jungen nicht beachtet wird oder wenn der Freund Schluss macht. Und wenn das Mädchen in seiner Not diese bundesweite Telefonnummer anruft, um Ansprechpartner vermittelt zu kriegen in der eigenen Region, ist das doch nur richtig. Noch wichtiger ist Hilfe bei Kindern, die wirklich massive Probleme in der Familie haben, Gewalt erleben. Ja und nun die Frage: Wie kann man denen Mut machen, die Nummer anzurufen?

Meine Tochter hat, glaube ich, eine behütete Kindheit. Sophie wird jetzt zehn, ich denke manchmal, noch zwei, drei Jahre, dann ist sie fertig und will weg! Ich bin immer ganz glücklich, wenn ich sie noch mit ihrem Puppenhaus spielen sehe. Bei ihrer Schul-Einführung war ein Mädchen bauchnabelfrei und mit Plateauschuhen, das fand ich ganz schrecklich. Es ist überhaupt so: Bei den Mädchen geht die Altergrenze bei allen Sachen so nach unten, bei der Mode, bei den Piercings, ich finde das alles so bedenklich. In Sophies Schule kommen Mädchen jeden Tag mit einer anderen Haarfarbe. Wenn das dann wenigstens richtig grün oder blau oder rot wäre, aber sie kommen in Pflaume oder Aubergine, so wie die Mutter eben auch gefärbt hat. Sophies Kindheit ist anders als meine, heute geht alles schneller, auch durch die Medien.

Ich hoffe, dass ich die Sophie zu einem selbstbewussten Mädchen erzogen habe. Da darf ruhig was von mir abfärben. Meine Tochter hat immer noch 'ne Ostkindheit – weil sie ja 'ne Ostmutter hat. Die alten DEFA-Märchenfilme oder die aus Russland, die laufen ja jetzt immer sonntags um 12 auf KiKa. Ehrlich gesagt kucke ich mir die auch gerne alleine an, wenn meine Tochter mal nicht will oder nicht da ist. Die alten Filme sind auch ein Stück meiner Kindheit.

Der Unterschied zwischen Sophie und mir damals ist eben auch: Es sind 30 Jahre vergangen. Ich habe so das Gefühl, dass unsere Erfahrungen damals in dem Alter kleiner waren als die von Sophie heute, ich meine nicht unwichtiger, aber begrenzter. Es war einiges anders. Die Eltern sind abends nicht weggegangen, das war 'ne andere Zeit, auch im Westen. Meine Mutter kuckt heute noch komisch, wenn ich sage: «Ich gehe heute Abend mit dem und dem oder der und der noch einen Wein trinken.» Auch als meine Schwiegermutter, also sozusagen Schwiegermutter, das erste Mal bei uns war, sozusagen beim Kennenlernen, und wir abends zum Wein aus waren, da war es für sie das allererste Mal, dass sie nur zum Trinken in eine Gaststätte ging, für sie war das sonst immer verbunden mit essen gehen.

Wenn ich sehe, wo Sophie überall schon war mit ihren paar Jahren … Andererseits: Mit meinen Eltern an der Ostsee, das war auch immer schön. Wir waren lange Jahre an der Ostsee, erst immer zwei Wochen mit Mutter und Schwester in Wustrow, bei einer Käpt'nsfamilie, da sind ja viele so kleine Kapitänshäuschen. Dann waren wir meist immer noch drei Wochen in Dranske auf Rügen, mit unserem Papa, zelten. Das war herrlich. Ostsee ist natürlich immer das, was man damit verbindet, also für mich in erster Linie: zelten, draußen sein und eben nicht die schicken neuen Seebäder in Binz oder Heiligendamm.

Ach, ich freu mich aufs Segeln. Ich möchte nächsten

Sommer mit Sophie segeln lernen. Auf die Idee bin ich durch unseren Segeltörn mit der Agentur gekommen: Wir sind im September im Strelasund gesegelt. Wir hatten einen erfahrenen Skipper dabei, den habe ich nach Tipps für Segelschulen gefragt. Sophie und ich machen also nächstes Jahr unseren Segelschein. Es ist gar nicht so teuer, wie ich dachte.

Da werde ich meinen Sommerurlaub nehmen, für den 14-Tage-Kurs. Sophie sitzt dann in einem Optimist, ich in einer größeren Jolle. Segeln, das ist für mich keine elitäre Sache – es ist einfach schön, auf dem Wasser zu sein, nachzudenken, wie ist der Wind, wie muss ich reagieren, das sind Sachen, wo man sich spürt, Wind und Wetter erlebt.

Im Sommer waren wir in Frankreich auf der Dronne paddeln, mit gemieteten Kajaks, 20 Leute, alles Bekannten- und Freundeskreis. Früher sind im Osten ja alle gepaddelt, das war geradezu Volkssport. Ich war erst mit Sophie und meiner Schwester im Boot, das klappte aber nicht so gut, weil wir nicht richtig steuern konnten, wir haben dann die Besatzungen gewechselt. Ich muss also noch richtig was lernen im Umgang mit dem Boot und dem Wasser.

Dieses Jahr hatten wir keine Herbstferien – die Skier stehen schon bereit, ich bin eigentlich mit einem Bein schon auf der Piste. Wenn ich Sprüche höre wie: «Na, biste schon wieder im Urlaub?», dann ist mir das egal: Es ist doch wichtig, dass man was mitkriegt von der Welt. Dass man sich wohl fühlt, dass man glücklich ist.

Glück, das sind für mich viele Kleinigkeiten, ich kann oft glücklich sein. Ich merke es dann einfach. Ich kann nicht sagen: Es ist jetzt das und das, was mich glücklich macht, es ist in dem Moment einfach so. Natürlich macht Sophie mich glücklich – aber ich bin durch sie auch glücklich, weil ich es vorher schon war. Natürlich bin auch ich manchmal unglücklich. Aber Glück – das hat nichts damit zu tun, Spaß zu haben oder dass materielle Dinge einen glücklich machen.

Ich find's schön, wenn man sich ein volles Programm macht. Letztes Wochenende war ich mit meiner Tochter in Brüssel, 600 Kilometer mit dem Auto, für zwei Tage, ein Freund wurde 40. Unterwegs fragst du dich: «Was mach' ich da?» Aber es war schön, einfach eine schöne Feier, und das mit meiner Tochter zusammen zu erleben ist – ja, das ist eben Glück.

Conny, 34, Öko-Bäuerin

Arche Noah Plattenburg

Oder: Bloß nicht in die Kolchose

Höfe wie ihrer müssten eigentlich vom Tourismusverband Prämien bekommen: Dafür, dass sie den Städtern noch richtiges Bauernleben zeigen – da suhlen sich die Schweine winterfest ganzjährig draußen, da schnattern die Enten auf dem Teich, die Bäuerin fährt zum Melken auf die Wiese und der Bauer mit der Egge aufs Feld. Landwirtschaft wie zu Omas Zeiten – und es schmeckt auch so. In nur vier Jahren hat die Quereinsteigerin Conny Schmidt einen Öko-Hof aufgebaut, ausgestattet mit dem Arche-Zeichen für artgerechte Haltung vom Aussterben bedrohter Haustierrassen und dem Grünstempel der EU.

Also, einen Hund oder eine Katze hätte ich mindestens haben müssen – jetzt haben wir drei Katzen, drei Hunde, acht Pferde, zwölf Kühe, 15 Gänse, 30 Enten, 60 Hühner und 250 Schweine. Und dass ich heute reinen Bio-Bauernhof mache, das habe ich vor vier Jahren auch noch nicht geahnt. Zur Wendezeit war ich Kinderdiakonin, also kirchliche Erzieherin. Vielleicht wäre ich das ohne Wende immer noch. Aber die Wende hat diese Veränderungen, meine Arche Noah sozusagen, mit sich gebracht.

Paul, lass Mutti mal mit der Tante erzählen, möchtest du was malen? Nein?
Nein.

Mein Vater ist zu DDR-Zeiten hierher in die Prignitz umgesiedelt – er war im Zuge der Zwangskollektivierung seinen Hof in Sachsen losgeworden und ist dann irgendwie hier hochgekommen – meine Mutter kam ja aus der Prignitz. Hier haben meine Eltern ihr Haus gebaut, einen Aufsiedlerhof. Hier haben sie auch ihre Kinder gekriegt, ich habe noch zwei Schwestern. Mein Vater hat hier Nutria gezüchtet, damit war er auch sehr lange selbständig. Dann hat er im Forst gearbeitet, mit Pferden, da haben sie Holz gemacht. Mein Vater kümmert sich auch heute um die Pferde – ich bin froh, dass wir so eine große Familie sind. Jeder hat sein Spezialgebiet: Mein Vater die Pferde, meine Mutter die Buchhaltung und die Küche, mein Mann das Schlachten – und ich den Laden, das Hof-Café, das Internet – und natürlich auch die Schweine. Die liebe ich, wollen Sie sich die nachher ansehen? Ja, oder?

Eigentlich kann ich dem Staat, der DDR, dankbar sein, dass ich kein Abitur machen durfte – mir fehlten die gesellschaftlichen Tätigkeiten. Tja. Das war die Begründung – ich war nicht in der FDJ, hatte keine Jugendweihe. Bei mir in der Klasse war immerhin ein Mädchen, die hatte auch beides nicht – die Tochter des Pfarrers. Meine beiden Schwestern waren in derselben Situation ganz allein in ihrer Klasse. Auf dem Lande war es ja so, dass viele beides hatten, also Konfirmation und Jugendweihe.

Einen Ausbildungsplatz in der LPG haben sie mir angeboten, aber mein Vater hat gesagt: «Du gehst nicht in die Kolchose.» So bin ich Kinder-Diakonin geworden – das ist eine Ausbildung bei der evangelischen Kirche. Ich habe mit geistig behinderten Kindern gearbeitet. Das hat mir viel gegeben.

Ja, wenn nicht die Wende gekommen wäre ... 1989 war ich 20. Als dann 1996 mein zweites Kind kam, die Luise, da ging es nicht mehr: Mit zwei Kindern kannst du nicht im Heim im Drei-Schicht-System arbeiten. Bis dahin musste ich unbedingt verdienen, weil Martin, mein Mann, noch studiert hat: Bauingenieur. Er war schon Dachdecker und Zimmermann – jetzt ist er gerade draußen im Hof und bringt das Schwein auf die Leiter, das kennen Stadtmenschen ja gar nicht mehr, besonders die aus dem Westen staunen immer, wenn ich sage: «Wir haben heute Schlachttag» – Martin ist mittlerweile nämlich auch Fleischermeister. Wir können ja nachher mal kucken gehen ...

Ja, es ist schon unglaublich, wie sich alles so entwickelt hat. Meine Eltern hatten zur Wende ein Haflingerfohlen, das wurde größer. Und irgendwann hat die Leiterin der Kurklinik in Bad Wilsnack gesagt: «Ihr könnt doch unsere Patienten ein bisschen durch die Gegend kutschieren.» Dass wir selber nicht auf den Gedanken gekommen sind ... Da haben wir angefangen, mit unserer Astrid. Die haben wir heute noch. Ich glaube, wenn die Astrid mal stirbt, stirbt auch ein Stück von unserer Familie.

Astrid kam vor eine schicke Kutsche, hintendrauf drei, vier Personen – alle an Hüfte, Rücken oder Knie operiert. Buchung und Abrechnung hat die Kurklinik gemacht, es lief gut. Irgendwann kam die Frage: Was, wenn eine größere Gruppe fahren will? Wir brauchten einen Kremser, das dritte und vierte Pferd, noch einen Kremser. Mein Vater fuhr. Plötzlich saßen die Leutchen nach der Kutschfahrt bei uns im Garten mittenmang die Blumen – Mutti hat

Kaffee gekocht, Kuchen gebacken. Dann fragten Gäste: «Kann ich ein Glas Marmelade mitkriegen? Und Wurst? Und frische Eier haben Sie doch bestimmt auch?» Ich habe gemerkt: Die Nachfrage ist da.

Für die Pferde wollte ich dann Wiese pachten. Da sagt ein Freund von mir: «Eigentlich müsstest du Landwirtschaft im Nebenerwerb beim Amt anmelden, das ist steuerlich günstig.» Hab ich gemacht. Und ich habe im Jahr 2000 kurz entschlossen 20 Hektar Land gepachtet, das sind zwei Quadratkilometer. Ich wollte, dass wir als Biobauernhof arbeiten. Ich hatte mir nämlich überlegt: Herkömmliche Landwirtschaft kommt nicht in Frage, das willst du selber nicht, Fleisch von Schweinen essen, die ein schlechtes Leben gehabt haben, eingepfercht in Ställe ohne Einstreu, Tag und Nacht bei gleißendem Licht. Die meisten Verbraucher würden keine Eier von Hühnern aus Legebatterien essen, wenn sie mal gesehen hätten, wie die Hühner ohne Federn in Stockwerken übereinander hocken. Unsere Hühner laufen draußen frei rum.

Dass die Umstellung auf Bio und die offizielle Anerkennung drei Jahre dauert, das wusste ich ja anfangs nicht. 2003 hatten wir es geschafft: die Anerkennung als Biohof, als Archehof, also als Betrieb, der ausgestorbene Haustierrassen züchtet; wir hatten die Anerkennung durch Grünstempel nach EU-Verordnung ... Wenn ich mir das heute überlege – mittlerweile habe ich fast meinen Meister für Landwirtschaft, jetzt mache ich gerade noch den Ausbildung als Hauswirtschafterin. Heute würde ich vielleicht gleich Betriebswirtschaft studieren – man hat ja keine Ahnung, was an einem Hof alles dranhängt, und macht entsprechend 'ne Menge Fehler. Von Buchhaltung hatte ich vorher null Ahnung. Im Existenzgründerseminar haben sie uns gerade mal gezeigt, wie man am besten 'ne Bilanz frisiert.

Und wir als Biobetrieb, dann noch als Familienbetrieb – da läuft alles noch mal anders. In der herkömmlichen Landwirtschaft hast du die Erzeuger, die erzeugen nur, die Verarbeiter, die verarbeiten nur, und dann die Vermarkter, die nur verkaufen. Wir machen alles selbst. Lange haben wir den Verkauf ab Hof gemacht, das war problemlos. Aber schon, wenn du das erste Mal auf einen Markt willst, brauchst du eine offizielle Anerkennung als Biohof, dafür brauchst du tausend Nachweise, auch über die Ausbildung – völlig wurscht, ob du auch ohne Ausbildung die entsprechenden Kenntnisse hast.

Wissen Sie was? Wenn wir in Deutschland so weitermachen, mit dieser Bürokratie, und das wird immer schlimmer, dann kommen wir nie mehr auf 'nen grünen Zweig. Jetzt beschäftigt mich gerade HACCP. Kennen Sie nicht? Das ist die so genannte Eigenverantwortliche Kontrolle für Lebensmittel. Auf Deutsch: Einer produziert, drei schreiben. Ich finde es ja völlig in Ordnung, wenn die Lebensmittelhygiene kommt und Proben zieht, für die mikrobiologische Untersuchung, das muss sein. Aber: Für jeden Kuchen, den ich backe, muss ich notieren, bei wie viel Grad ich den gebacken habe und wie lange. Wir müssen x-mal täglich die Temperatur der Kühlzelle notieren – nicht nur nachkucken, ob sie stimmt, obwohl jede Abweichung ja sowieso vom Alarmsystem gemeldet werden würde. Die Behörde schickt Mitarbeiter, die spitzfindig prüfen. Mittlerweile kann ich lockerer mit diesen ganzen Vorschriften umgehen, man macht sich nicht mehr verrückt.

Anfangs hat mich die Lebensmittelkontrolle vom Kreisveterinäramt wahnsinnig gemacht, da war der Leiter noch ein ehemaliger LPG-Boss – die alten LPGler stehen allem, was wir Biobauern machen, kritisch gegenüber. Als die Leitung gewechselt hat, kam eine Frau, da hatte ich Hoffnung, dass sie nicht einfach die Vorurteile übernimmt: Bio heißt Brennnesseln bis in die Küche. Wir haben ihr und allen Mitarbeitern den Hof gezeigt, zusammen Spanferkel gegessen – vorher haben die mal all die Mühe und Arbeit gesehen, die in so einem Schwein steckt, das nicht Schnellmast ist und dafür zartes, dunkles Fleisch hat.

Oach, Paulchen, nicht so laut, ja, Mutti erzählt was, ja? Nicht so schreien …

Etliche Bauern haben Probleme mit mir. Da gibt es generell zwei Schwierigkeiten: a) Ich bin 'ne Frau. b) Ich bin in ihren Augen nicht vom Fach. Ach ja, c) Bio – da pflegen viele ihre Vorurteile, urteilen nach ein paar bequemen Biobauern, wo das Feld wirklich hauptsächlich Kamille und Distel ist. Über b) habe ich sie aufgeklärt: Landwirtschaft liegt ja traditionell in meiner Familie, und die Ausbildung habe ich auch gemacht. In der Landwirtschaft gibt es sehr viele sehr gute Betriebe von Leuten, die nicht von Hause aus aus der Landwirtschaft stammen. Aber a)? Eine Frau bleibe ich, so oder so. Und c) Bio bleibt auch. Was habe ich mich gefreut, riiiiiiiesig gefreut, als ein junger Bauer hier aus der Gegend, der jetzt auch auf Bio umstellt, mir gesagt hat: «Du warst der ausschlaggebende Punkt, bei dir habe ich gesehen, dass es funktioniert.» Ich habe ihm angeboten, er soll im Frühjahr noch mal kommen, da kann ich ihm viel zeigen und erklären.

Ich habe mir immer Ratschlag von erfahrenen Biobauern geholt, und ich muss sagen: Bei Biobauern habe ich keine Probleme, nicht als Neueinsteiger, nicht als Frau, auch Ost-West ist kein Problem. Unter den normalen

Ackerbau- und Milchviehbauern gibt es immer Konkurrenz.

Die Konkurrenz geht manchmal auch ganz schlicht und einfach ums Land. Im Jahr 2001 habe ich meiner Freundin von dem Problem mit den Schweinen, unseren Wollschweinen, bunten Bentheimern, erzählt: Es wurden immer mehr, wir hatten keinen Platz. Sie sagte: «Du kannst die Schweine doch nicht in den Stall tun, es ist doch so schön, dass die draußen sind.» Sie zeigte Richtung Parkplatz: «Was ist eigentlich mit den Flächen da hinten?» Ich wusste, dass die an die Agrargenossenschaft verpachtet sind, von der BVVG, der Bodenverwertungs- und -verwaltungsgesellschaft des Bundes. Die verpachtet und verkauft den ehemaligen volkseigenen Boden, 1,5 Millionen Hektar waren das, zwei Drittel des Landes sind an Agrargenossenschaften verpachtet, die sind meistens Nachfolgebetriebe von den LPGen. Und verpachtet wurde zu so günstigen Pachtzinsen, dass es sich manchmal mehr lohnt, die Fläche stillzulegen und Subventionen einzustreichen, als überhaupt was drauf anzubauen.

Es ist doch so: Wenn einer einen Hektar für 100 Euro gepachtet hat, das Land dann stilllegt und 350 Euro Subvention für die Stilllegung kriegt – na, rechnen Sie mal. Als ich bei der BVVG nachgefragt habe, wie es mit den Flächen denn nach 2002 aussieht, kam raus: Es war schon eine Verlängerung mit der Agrargenossenschaft bis 2011 vereinbart – und dann, wenn die Pachtverträge auslaufen, dann haben die Agrargenossenschaften meistens ein günstiges Vorkaufsrecht.

Das war mal so vorgesehen, damit damals nicht hauptsächlich Westbetriebe pachten und später kaufen, aber an uns kleine Landwirte hat dabei keiner gedacht. So eine

Agrargenossenschaft hat einen enormen Flächenbedarf, 3000, 4000 Hektar ist normal. Wir haben 70, und das Land wird noch nicht mal intensiv genutzt. Gegen die Vergabe von der BVVG habe ich mich gewehrt: Eine Journalistin vom ORB-Fernsehen hat sich der Sache angenommen.

Die BVVG war auf 180: Wie kommt diese kleine Bäuerin dazu, uns zu beschuldigen, dass die Vergabepraxis nicht stimmt?

Paulchen, willst du ein bisschen zu Papa gehen? Der hat das Schwein schon auf der Leiter? Willst du raus? Ja? Aber zieh dir Stiefel an und die Jacke, ja?

Die Schweine sind heute tatsächlich mein Hauptstandbein, das hätte ich nie gedacht, das war mal eine rein wirtschaftliche Entscheidung. Die Schweine begeistern mich heute richtig, dabei waren sie erst nur Vermarktungsstrecke. Pferdezucht wäre früher mein Traumberuf gewesen. Aber wenn ich das heute sehe, auch die Reiterhöfe: Das ist doch oft schrecklich. Da setzen sich Leute aufs Pferd und reißen den Tieren im Maul rum. Mit den Pferden ist man ganz nah zusammen, wir arbeiten mit ihnen auf dem Acker.

Also, unsere Zuchtsauen und der Zuchteber, die sind schon etwas Besonderes. Wir hatten auch zu DDR-Zeiten von der LPG Ferkel geholt, viele hatten so ein Schlachtschwein zu Hause. Nach der Wende hatten wir auch welche, die wurden aber krank: Pocken, Lungenentzündung. In Lenzen im Landschaftspark habe ich Wollschweine gesehen, die kann man im Freien halten. Wir haben uns einen Eber und eine Sau geholt, es hieß: Die Rasse ist spätreif, also haben wir die zusammengehalten. Ich habe zu meinem Vater gesagt: «Fütter die Schweine nicht so fett», ich fand, die wurden immer runder. Eines Tage quietschten mir die Ferkel entgegen.

Für unsere Damen Erna und Frieda habe ich mit meiner Mutter aus Kleve Ottokar dazugeholt. Der war ein Tierparkschwein. Wir haben ihn einfach hinten in den Jeep gesperrt. Ich transportiere nie wieder ein Schwein im Auto. 600 Kilometer. Natürlich hatte Ottokar irgendwann Panik. Und dann hatte Ottokar Schiss vor den Damen. Ich dachte: «Das doofe Tier ist impotent?» Der Tierarzt meinte nein, Ottokar war wohl nur schüchtern. Wir haben ihm dann eine Wollschweinjungsau verpasst, jetzt hat er sich auch an die anderen beiden Damen gewöhnt. Man kriegt ihn schwer aus seiner angestammten Buchte, was schade ist, denn die Nachfrage nach Zuchtebern steigt. Aber wir haben ja noch Charly, den können wir in andere Betriebe verleihen.

Kuck mal, Paulchen, wie schön das geht, mit den Schrauben auf dem Hänger ... Hat Papa dir die gegeben? Ja? Hol doch noch mehr Schrauben her.

Martin und ich sind 13 Jahre verheiratet. Seit einem Jahr ist er jetzt zu Hause, nicht ganz freiwillig – er war Ausbilder im ÜAZ, dem Überbetrieblichen Ausbildungszentrum, und es fehlten die Lehrlinge ... Aber er hat ja seinen Fleischermeister gemacht. Schlachten war schon immer Männersache auf den Höfen, ich kann das nicht tun, schlachten. Es ist für mich kein Problem, wenn das Fleisch dann auf der Leiter hängt, auch Wurst machen ... Ich fahre auch den Schlepper mit dem Mähwerk, wenn die Männer nicht können, aber schlachten, nee. Dafür habe ich unsere Männer noch nie am Kochtopf gesehen.

Paulchen! Nicht so doll ...

Paulchen wird mal unser kleiner Bauer. Seit seinem zweiten Lebensjahr läuft er eigentlich nur noch mit dem Akkuschraubenzieher rum. Die Luise interessiert sich für die

Tiere, für alle. Und unser Großer, Philip, den interessiert alles, was nicht größer ist als 'ne Schnecke, zum Fasching geht er seit Jahren als Naturforscher: Försterhut von meiner Schwester auf und Fernglas um. Er macht auch sonst viel, was andere Kinder nicht machen. Wenn in Rühstädt, dem Storchendorf, *Lange Nacht der Frösche* ist, geht Philip als einziges Kind dahin, mit Begeisterung. Er wollte nicht zur Schule, mit Gezeter ist er in die erste Klasse gegangen. Wir haben so ein Glück gehabt: In Wittenberge hat eine Montessori-Schule aufgemacht, da muss ich zwar beide Kinder, also Luise und Philip, fahren, aber das ist so toll: Philip ist jetzt in der fünften Klasse – da ist er das einzige Kind, insgesamt sind sie in seiner Gruppe sechs Kinder: zwei gehören zur vierten Klasse, drei zur dritten. Luise begeistert sich eher für die Hengstparade in Neustadt, und Paulchen ist selig, wenn er auf dem Traktor mitfahren kann.

Dieser Zwang für Kinder, den Betrieb der Eltern zu übernehmen, das ist doch Unsinn. Philip sehe ich schon heute eher als Biologen, mit Fröschen und Lurchen –

Oh, die Post ist da. Ich muss mal schnell.

«Hallo, ich hab' noch Briefe für Sie! Jaha. Kommse rein.» Halt, nicht raus, Paul …

Moment, Frau Rellin, ja?

Nö, hier will ich keine Marke raufkleben, ist Antwortpost. Was macht das? 4 Euro 19 ja, hier, bitte.

Wissen Sie, Bad Wilsnack ist 'ne Stadt, 'ne Kurstadt sogar, aber ein Postamt brauchen sie da nicht, das ist dichtgemacht. Aber ich finde es gut, dass ich der Postfrau meine Post mitgeben kann.

Was haben wir denn für Briefe, ich muss mal kucken, ja?

Ah, für den Vater. Die wollen ihm die Teilberufsunfähigkeit streichen, das geht natürlich nicht. Da müssen wir Einspruch einlegen, mein Vater hat einen angeknacksten Fuß … Er ist beim Futterholen von der Leiter gefallen.

Ach, und das hier, vom Konsistorium. Da bin ich ja mal gespannt! Der Bischof Huber antwortet mir, man glaubt es nicht! Es geht um die Neuverpachtung von Kirchenflächen, 48 Hektar, hier in der Gemeinde. Ich brauche ja immer noch Land, das von der BVVG ist weg, aber die Kirche hat auch Flächen! Der Gemeindekirchenrat will sie an die Agrargenossenschaft verpachten, so hat er es beschlossen. Ich oder auch andere – wir haben gar nicht die Gelegenheit bekommen, ein Gebot abzugeben. Das hat mich geärgert, da habe ich dem Konsistorium geschrieben. Oh! Die sind ja sogar richtig tätig geworden, ich lese mal eben zu Ende, ja?

Es ist so: Im Gemeindekirchenrat sitzen die Frauen von den ehemaligen LPG-Männern, die jetzt Agrargenossenschaft sind. Raten Sie mal, wer den Zuschlag kriegt. Was steht hier? Offizielle Kriterien gibt es nicht, nach denen zu entscheiden ist. Klar, der Gemeindekirchenrat entscheidet selbständig. Aber, jetzt kommt es: Er wird gebeten, seine Entscheidung noch mal zu überdenken. Und hier: Der Agararsoziale Dienst der EKD soll Kriterien entwickeln, nach denen Kirchenland vergeben wird: ökologischer Anbau, werden die Tiere wie Kreaturen im Sinne der Schöpfungsgeschichte behandelt? Auch Kirchenzugehörigkeit soll ein Kriterium sein. Na bitte. Das ist doch mal toll. Passt doch alles auf uns. Wenn man bedenkt: Die Kirche besitzt im gesamten Osten über 50 000 Hektar Ackerland und verpachtet das eben meist an Agrargenossenschaften. Wenn man dann noch bedenkt, dass die Kirche im Osten finanziell immer noch so sehr von der Kirche im Westen unterstützt wird – die findet das bestimmt nicht prima, dass die Flächen an rote Socken gehen. Ach ja. Fein. es wird noch mal geprüft. Es wäre doch nicht in Ordnung, wenn wir kein Land kriegen.

Ich kämpfe auch, wenn es sein muss. Ich bin schon bis Potsdam ins Ministerium marschiert, wenn ich hier mal wieder auf halber Strecke feststeckte. 1999 wollten wir unser Ferienhaus ausbauen, ein ehemaliges Tagelöhnerhaus von 1860, der Denkmalschutz hatte mitzureden, es gab Fördermittel für Dorferneuerung und für Urlaub und Ferien auf dem Lande. Dazu brauchten wir Kredit. Nun wollte aber einer immer den Bescheid des anderen sehen. Da bin ich ins Ministerium, dann lief's.

Ähnlich blöde das Problem mit dem Pferdestall: Den durften wir im Außenbereich des Dorfes nicht bauen. Einen Pferdestall nicht, sagte mir der Amtsdirektor, aber wenn es ein Mehrzweckstall wäre. Klar. Da haben wir gleich einen Hühnerstall eingebaut, und wir könnten auch die Schweine in den Pferdeboxen unterbringen. Unsere Schweine sind *immer* draußen – das Schweinehygiene-Gesetz schreibt aber vor: Wenn eine Seuche ausbricht, müssen die Schweine rein. Das ist extrem selten der Fall. Das sind Probleme, was?

Diese verbürokratisierten Richtlinien führen wirklich zu den absurdesten Sachen. Neulich hatte die Agrargenossenschaft hier Tag der offenen Tür, man konnte sich die sanierten Anlagen ansehen. Ich wurde auch eingeladen, das hat mich sehr gefreut, weil es einem doch auch irgendwie Anerkennung zeigt. Was war? Die Fassaden waren gemacht, neue Wände, Fenster, es gab neue teure Zäune – aber drinnen standen die Rinder wie vor 15 Jahren auf

Vollspaltboden, also nichts mit Schieber-Entmistung und Bitumen, einem weicheren Boden, mit dem es weniger Klauenprobleme gibt. Förderung, Geld gab es nur für die Außensanierung. Ich denke, es wäre besser gewesen, darauf zu verzichten und dafür die Eigenmittel drinnen einzusetzen. Es ist ja so: Bevor die herkömmlichen Rinder richtig krank werden, werden sie geschlachtet, nach 20 Monaten Schnellmast. Meine brauchen extensiv gehalten für das gleiche Gewicht fast drei Jahre.

Im Biobetrieb ist alles langsamer. Die Böden sollen nicht belastet werden, darum wechselt die Fruchtfolge, man düngt nicht mit Stickstoff, sondern man hat eben ein Jahr Lupinen auf dem entsprechenden Feld und pflanzt dann erst ein Jahr später wieder für die Ernte.

Dieses Jahr habe ich mich köstlich amüsiert – es war ja die große Trockenheit und es gab überall Ernteeinbußen. Als es im Sommer ein-, zweimal geregnet hat, war das Wasser auf den konventionellen, ausgelaugten Böden gleich weg. Entweder es versickert sofort oder es dringt gar nicht in den Boden ein und verdunstet. Der gesunde, der Bioboden, hat auf einen Quadratmeter ein Wasserhaltevermögen von zehn Litern. Wir hatten eine Spitzenernte Kartoffeln. Die anderen haben sone Augen gehabt, als wir Fuhre um Fuhre die großen Kartoffeln vom Acker geholt haben – und sie hatten sone Murmelchen.

Herkömmliche Betriebe fragen sich zunehmend: Stelle ich einzelne Felder um, wenn's für Bio Prämien gibt? Bisher kann man die Prämien-Vergabe ja an der Landschaft ablesen: Es gibt welche für Raps, Getreide, auch Mais, und seit einiger Zeit auch für Sonnenblumen, man erkennt's an den riesigen Feldern.

Ich liebe das, was ich mache. Mit unseren Viechern, den

vielen tollen Gästen. Jetzt haben wir auch endlich unseren Archehof, der Zickentanz mit der Bürokratie hat sich doch gelohnt. Wir sind im vierten Jahr, nach vier Jahren hatten wir schwarze Zahlen, kleine zwar, aber immerhin. Landwirtschaft ist heute nicht mehr harte körperliche Arbeit, so wie früher. Es bleibt natürlich das frühe Aufstehen, wenn man Kühe hat, das Angebundensein, eigentlich 365 Tage im Jahr. Aber da kann man ja auch Abhilfe schaffen: Anfang nächsten Monat bin ich zwei Tage auf Seminar, mein Mann ist auch nicht da: Da werden wir für zwei Tage einen Betriebshelfer hier haben.

Der Knackpunkt im Betrieb ist im Moment das Ferienhaus. Die Region ist nicht so bekannt. Der Fremdenverkehrsverband bemüht sich, und so allmählich ... Nun gibt es ja in Bad Wilsnack das Thermalbad. Wir bieten unseren Gästen auch Karten an.

Die Ferienwohnungen müssen jetzt in Gang kommen. Die Bank wird schon ungeduldig – aber bei der Sparkasse ist es eben so: Die finanzieren sonst hauptsächlich Gewerbe, Büro, das ist schneller rentabel. Der Mann, der beim Ministerium unsere Bürgschaft für den Kredit betreut, sieht das viel gelassener: Fünf Jahre kann's schon dauern, bis so ein Geschäft wirklich läuft. Und es läuft ja auch an, jetzt haben wir alles auch ins Internet gestellt, ganz neu, kucken Sie sich das mal an: www.schmidts-archehof.de.

Bis Mitte der 90er Jahre war hier im Dorf Plattenburg tote Hose: Die Burg, Brandenburgs älteste Wasserburg, war fast zerfallen – jetzt ist sie in weiten Teilen saniert, Touristen kommen allmählich, interessieren sich für alles, was nach Landwirtschaft aussieht. Die meisten haben noch nie Schweine wie meine gesehen: Bunte Bentheimer, eine Rasse, die extrem vom Aussterben bedroht ist ... Die

Tiere sind das ganze Jahr über draußen, wie es Schweinen eigentlich auch entspricht. Wenn Städter aufs Land kommen, dann wollen sie Tiere sehen und nicht Ställe, in denen Tiere sind. Die Städter latschen auch einfach auf die Wiese und wundern sich, wenn die Kuh sie auf die Hörner nimmt, oder sie lassen sich vom Schwein beißen, halten einfach die Hand übern Zaun.

In der Landwirtschaft ist es auch so wie beim Tourismus, dass sich Investitionen langsam rechnen. Wenn man immer viele Ideen hat und wenig Kapital, kann man eben nicht alles machen. Man muss sich immer genau fragen: Was ist gefragt, was ist nicht gefragt? Wir haben es zum Beispiel mal mit selbst gebackenem Brot versucht. Das Schlimme war: Alle wollten immer mehr Brote. Und der Aufwand ist bei den Preisen, die man hier nehmen kann, einfach zu hoch. Also haben wir mit dem Brot wieder aufgehört, so was muss man klar erkennen. Im Winter ist Fleisch unser wichtigstes Produkt, klar, und Wurst – wer will im Hochsommer schon 'ne Leberwurst kaufen und ins Auto legen? Im Sommer gehen Gurken und Tomaten, auch Bratwurst und Kammfleisch fürs Grillen.

Vor drei Jahren haben wir unsere Anerkennung als Arche-Betrieb gekriegt, da haben wir uns auch noch ein Kaltblut zugelegt, Elisa, ein echtes Rheinisch-Deutsches Kaltblut, das war immer mein Traum. Eine neue Kuh kauften wir damals auch, Ella, eine braune Jersey, eigentlich nur, um Milch für uns zu haben – zwei Jahre später hatten wir zwei Färsen, also Jungkühe, Hanna und Hilde, und zwei Kälber, Dirkje und Dolfje. Jetzt geben unsere Kühe auch Milch für die Ferkel, wenn die entwöhnt sind. Ich finde es gut, auch die Futtermittel selbst zu produzieren: Ich weiß garantiert, was drin ist – und so ein Biogebinde Getreide zu kaufen, das ist teuer. Wir haben jetzt 70 Hektar Grünland für unsere Milchkühe, klar sind die arbeitsintensiv, zweimal am Tag melken, 365 Tage im Jahr.

Paulchen, wann bist du geboren? Du bist jetzt zwei, ach ja.

Als Paulchen geboren wurde, war ich nämlich gerade bei meinem Abschluss Landwirtschaft, ich muss nur noch eine Arbeit schreiben, die wartet noch, immer noch.

Man muss schon viele Dinge gleichzeitig angehen, es ist zwar viel, aber irgendwie wird es mir nicht zu viel. Wir gehen auch diszipliniert ins Bett, so um zehn, und schlafen bis fünf. Im Sommer bin ich manchmal schon um drei aufgestanden, ich hätte das nie gedacht, aber bei der Hitze war das richtig so. Ich wusste gar nicht, wie gut es draußen riecht um die Zeit. Mittags, wenn es richtig heiß war, habe ich mich dann eine Stunde hingelegt.

Ich möchte immer alles unter einen Hut bringen, wir treffen uns gerne mit Freunden, wir haben eigentlich ein Haus der offenen Tür, so war es bei mir zu Hause schon immer, auch als ich klein war, ich kenne das gar nicht anders. Ich könnte mir auch nicht vorstellen, mit der Familie zum Beispiel in einer 5-Zimmer-Wohnung zu wohnen, ich brauche das, so wie es hier ist mit dem Platz und dem Hof. Mein Freundeskreis ist groß, und der ist auch über die Jahre geblieben, auch wenn die Entfernungen gewachsen sind, die Freunde aus dem Studium zum Beispiel, die wohnen ja weit weg. Aber wenn ich abends am Rechner sitze und nach dem ganzen Bürokram dann auch mal 'ne private Mail schreibe, dann schrumpfen die Entfernungen doch zusammen, das ist schon toll mit der modernen Technik, die ist hier ja auch bei der Arbeit wichtig.

Trotzdem muss man ab und zu die richtigen Menschen

treffen. Ich war gerade in Altenkirchen zur Mitgliederversammlung der AbL, der Arbeitsgemeinschaft bäuerliche Landwirtschaft. Ich sag' jetzt mal ganz direkt: Viele im Westen sind einfach zu faul zum Arbeiten. Damit meine ich: Wenn es darum geht, eine neue Sache anzufangen, wird erst mal gerechnet – lohnt sich das? Kann man das Gewinn bringend machen? Dabei ist das betriebswirtschaftliche Rechnen doch nicht das alleinige; wenn nur das zählen würde, würde man neue Sachen ja nie einfach mal ausprobieren. Oft merkt man doch erst, wenn man eine Sache anfängt, was das alles nach sich zieht, mit sich bringt, was man noch daraus machen kann. Der Westen ist in Strukturen seit Jahren festgelegt, und sobald sich Arbeit abzeichnet für eine Sache, möglichst noch Arbeit, die man nicht andere machen lassen kann, wird sie lieber erst gar nicht angefangen. Wenn ich vor vier Jahren so gedacht hätte, hätte ich heute nicht einen funktionierenden Biohof mit 70 Hektar Land. Ein wesentlicher Unterschied vom Osten zum Westen ist: Wir haben die Freiheit erlebt, wie es ist, einfach anzufangen, einfach zu machen. Das ist ja nicht nur in der Landwirtschaft so, ich sehe das auch bei Klempnern, bei Tischlern, bei neuen Schulen, überall. Und ich glaube, mit diesen Wende-Erfahrungen fällt es dem Osten insgesamt leichter, Neues anzufangen. Natürlich sind im Osten auch nicht alle so – die Frauen, die tätig sind, schon, aber viele bleiben eben jetzt auch zu Hause mit den Kindern, geben sich zufrieden mit den Kindern und dem Haushalt.

Für den Westen ist der Osten immer noch fremd, ich habe gerade wieder zu hören bekommen: «Sie kommen aus dem Osten? Da gibt es ja so große Betriebe ...» Dass es auch kleine Neugründungen geben könnte, auf die Idee kommen die gar nicht. Die kennen sich auch geographisch nicht aus. «Sie kommen aus Brandenburg? Das ist doch eins von diesen neuen Ländern?»

Seit den Protesten gegen die Landvergabe durch die BVVG bin ich in der Arbeitsgemeinschaft bäuerlicher Landwirtwirtschaft aktiv, zur Zeit versuchen wir, für Brandenburg, als letztem Bundesland überhaupt, einen eigenen Landesverband zu gründen. Der Bauernverband, der große, der traditionelle Verband, vertritt hauptsächlich die Interessen der großen Betriebe. Die wollten beispielsweise die Agrarwende von Frau Künast blockieren, dass es einheitliche Flächenprämien gibt für kleine und große Betriebe, dass die tierartgerechte Haltung gefördert wird und jetzt auch noch Arbeitskräfte in der Landwirtschaft. Es ist ihnen nicht gelungen. Jetzt kommt's drauf an: Wer ist wirklich Bauer, kennt seinen Boden, hat Ideen?

Was sagst du, Martin? Wie? Der Kessel streikt wieder? Das kann nur die Sicherung im Thermostat sein. Ich rufe nachher den Monteur an, ich sag' dir, wann er kommt.

Dieser Kessel macht mich wahnsinnig. Wir wollen heute Wurst machen, den müssen wir schnell wieder in Schwung kriegen.

Wir sind hier in der Gegend zu dritt in der AbL, wir wollen eigentlich nur in Ruhe und Frieden unsere Arbeit machen. Aber da sind so viele Dinge dagegen, die man nur politisch ändern kann. Also muss man da was tun, habe ich mir gedacht. Ich bin in der ÖDP, aber das ist nicht so wichtig. Bei der Kommunalwahl bin ich für eine Freie Wählergemeinschaft angetreten. Unser Ortsbürgermeister hat eine Veranstaltung gemacht, bei der jeder Kandidat sagen konnte, was er sich vorstellt. Bei der Wahlversammlung waren nur so 50, 60 Leute von 300, das fand ich wenig. Ich glaube, es ist einfach viel Desinteresse da, dadurch dass so vieles gegen den Baum gelaufen ist unter unserer Amtsdirektorin.

Kletze, das ist unser Hauptort, da gehören wir dazu, hatte früher 'ne LPG, einen Kindergarten, 'ne Fleischerei, 'ne Bäckerei. Plattenburg hatte nichts. Wir haben Fördermittel gekriegt: für die Burg, einen Pferdestall für die Burg, wo man sich fragt, warum, aber ist so, für den Parkplatz, die Straße, und neue Straßenlaternen haben wir auch – da klagen wir gerade, weil die Einwohner dafür zur Kasse gebeten werden sollen, was aber nicht rechtens ist, denn wir hatten ja eine gut funktionierende Beleuchtung. Hier entwickelt sich jedenfalls zaghaft Tourismus. Und in den Augen der Kletzer kriegt Plattenburg einfach alles – und sie hätten gerne eine neue Bushaltestelle, einen Spielplatz, eine Kläranlage. Kletze war zu DDR-Zeiten ein Superdorf, da hat der LPG-Vorsitzende schon für gesorgt. Heute ist da kein Bäcker und keine Schule mehr.

Tschuldigung …

Wie, Band? Wir haben im Moment nur rotes, kein blaues. Das macht doch aber nichts, wir haben doch für jede Wurst einen Räuchergang extra, da kann man nichts verwechseln, und so wie das rauskommt, so vakumier ich mir das ein, ist doch nur Rotwurst. Ich brauch auch noch Rotwurst im Glas fürs Reformhaus, die haben schon wieder geordert.

Paulchen, was machst du da? Das finde ich jetzt echt nicht witzig. Damit kann man nicht bauen, nein, das ist für Lisi, das ist doch ihre Faschingsschminke, gib mal her.

Wir sind hier im Dorf so 35 Menschen, ein Viertel davon Wochenendberliner, die erst nach der Wende gekommen sind. '47/'48 sind hier viele Flüchtlinge hängen geblieben, Russlanddeutsche, manche konnte man noch in den 80er Jahren kaum verstehen, da waren sie schon alt. Nach der Wende sind die Alten verschwunden, viele sind in der Zeit gestorben, andere zu den Kindern oder ins Altenheim gezogen. Und die leeren Häuser haben Berliner genommen. Wir hatten hier noch nie eine richtige dörfliche Struktur, viele Häuser sind 1952/53 entstanden, durch die Aufsiedlung, man erkennt es auch am Hausbau. Meine Eltern sind ja auch solche Zugezogenen.

Hier bei uns ist es so wie überhaupt in der Prignitz: Die großen Parteien spielen gar keine so große Rolle mehr. Die Mehrheit hat die Freie Wählergruppe. Ich stand auf Platz neun der Liste. Aber ich hatte am viertmeisten Stimmen! Das hat mich schon sehr gefreut.

Die Bauern haben natürlich gesagt: «Jetzt muss sie sich auch noch politisch engagieren.» Klar muss ich. Im Bauernbund ist es für mich bisher zu sehr: «Man könnte, man müsste», aber dann fehlt doch der Mut, sich gegen den großen Verband, den Bauernverband, zu stellen. Ich weiß, was geredet wird: «Die hat ja gar keine Zeit, sich für Politik zu engagieren. Der Hof, die drei Kinder.» Bei einem Mann würde keiner so was sagen.

Und ich finde die Zeit, die ich brauche, natürlich. Ich habe ja einen Familienbetrieb: Wir teilen uns die Arbeit unter uns ein. Auch mit meinen beiden Schwestern klappt die Hilfe mit den Kindern prima, die haben jede zwei, in einem Jahr hat meine Mutter drei Enkelkinder bekommen. Bei meinen Schwestern kann ich anrufen und sagen: «Ich bringe dir schnell die Luise und den Philip vorbei», oder sie bringen ihre Kinder her. Das ist schön, wenn die dann alle hier auf der Bank in der Küche sitzen und essen, so viel essen wie sonst nie, und auch alles essen, ja, in Gesellschaft. Wir wollen unbedingt die Küche noch ausbauen, damit wir mehr Platz haben, wenn alle da sind. Es ist klasse, wenn man die Großfamilie in der Umgebung hat. Das ist eine richtige Sippe: Wir sind froh, dass wir uns alle haben. Großfamilie, ich sage immer: Jeder zickt anders.

Meine beiden Schwäger sind das nicht so gewöhnt mit der großen Runde, der eine ist Einzelkind, die beiden arbeiten den ganzen Tag und kommen spät nach Hause. Meine eine Schwester ist mit den Kindern den ganzen Tag zu Hause. Sie sagt, ihr Mann möchte das so, und er verdient genug Geld. Sie ist Diplom-Forstingenieurin. Klar, wenn sie arbeiten wollte, wäre das schwer, im Forst wollen sie jetzt auch keine Frauen mehr, das ist die reine Macho-Wirtschaft. Aber sie könnte doch auch im Umweltbereich … Ich stachel sie schon manchmal son bisschen an, und mein Schwager merkt das auch. Er sagt: «Mit dir möchte ich keinen Tag verheiratet sein.» Aber er hat mir auch gesagt, dass er mich gewählt hat bei der Kommunalwahl. Das macht mich durchaus stolz.

Brigitte, 53, Arbeitnehmervertreterin

Fahren auf dem Abstellgleis

Oder: Anwältin der Beschäftigungslosen

Arbeitslose brauchen eine Lobby, heißt es. Und das, bevor es so weit ist. Bei der Deutschen Bahn gibt es den Unternehmensbereich DB Vermittlung, rund 2000 Menschen, die mit Gehalt zu Hause sind und auf Arbeit hoffen – betriebsratsmäßig vertreten von Brigitte, einer von ihnen. Als Mitglied des Aufsichtsrats sitzt sie mit den obersten Bahnchefs an einem Tisch. Was diese Frau anpackt, packt sie mit aller Kraft, also im Zweifelsfalle auch die Beschäftigungslosigkeit.

Ich mache manchmal ein Experiment: Ich ziehe einfache Klamotten an, gehe in einen Laden und frage, ob sie jemanden zum Arbeiten suchen. Keiner sucht jemanden. Tatsache ist: Es gibt keine Arbeit. Die Fragen, die heute wirklich wichtig wären, sind: Wie ist die vorhandene Arbeit zu teilen? Und: Wie bewertet man Arbeit überhaupt? Einer der studiert hat, im mittleren Management arbeitet, offizielle 37,5 Stunden – der kriegt sagen wir 6000 Euro brutto. Ein Schlosser, der einen Knochenjob macht, kriegt 2800. Abends sind beide gleich fertig, der eine körperlich der andere geistig. Aber die körperlichen Beschwerden sind irgendwann dieselben, das haben Ärzte herausgefunden: Rückenschmerzen, Herzbeschwerden, Blutdruckprobleme. Man fragt sich doch: Warum wird die Arbeit von dem Manager so hoch bewertet? Ich muss mich so was jedenfalls immer fragen: Wie sind die komplexen Zusammenhänge? Es wird zu sehr in Details gedacht.

Ich bin seit 71 bei der Deutschen Reichsbahn. Ich war schon immer ein bisschen renitent. Vorher, beim Patentamt, auch. Ich habe mich immer auch politisch betätigt, schon von Kindesbeinen an. Mein Bruder auch, der ist dann irgendwann illegal in den Westen gegangen. Dass ich dann zur Reichsbahn komplimentiert wurde, war das Beste, was mir passieren konnte, denn ich arbeite da gern, und das seit 32 Jahren – das will ich mir immer für mich selber sagen können: Ich habe die Arbeit gerne gemacht.

Bei der Reichsbahn fing ich in der Buchhaltung an, irgendwann kam die Leitung auf mich zu, ich ging als Sachbearbeiterin in die juristische Abteilung, da war ich bis zur Wende. Ich hatte mit Schadensersatzforderungen zu tun, mit Lohnüberzahlungen, die zurückgefordert werden mussten, und so. Wir waren beim Reichsbahn-Ausbesserungswerk in Berlin-Schöneweide, da wurden auch S-, U- und Straßenbahnen repariert. Die Materialbeschaffung war schwierig und auch immer mit Verträgen verbunden, das lief also auch über die juristische Abteilung. Wir waren ja ein kleines Land, das den Ausverkauf betrieb, man musste sich jede Schraube erkämpfen. Das ist nicht in Ordnung gewesen, diese unterschiedliche Entwicklung in beiden deutschen Staaten nach dem Krieg. Woher kam es, dass es in der DDR nicht so lief? Ich analysiere ja immer … Die DDR war ein kleines Land, das keine Rohstoffe hatte, der Westen war reich.

1982 war ich das erste Mal im Westen, als mein Bruder geheiratet hat. Mein Reiseantrag wurde bewilligt, meine

Kinder blieben ja hier, das erschien offenbar als Sicherheit genug. Und ich bin wirklich gerne wieder zurückgefahren! Ich war in Hamburg und habe da nicht nur das Schöne in den Geschäften gesehen. Schon am Bahnhof stößt du auf Nutten, Drogen, Arbeitslose. Ich dachte: In Hamburg würde ich nicht leben wollen, da bin ich lieber zu Hause, wo ich immer meine Miete bezahlen kann. Ich habe hier gut gelebt.

Meine Familie hat ihre Wurzeln in einer Bauernfamilie, wir waren sechs Geschwister zu Hause, drei Schwestern, zwei Brüder. Die Großen waren elf, neun und sieben Jahre älter als ich, ich war die Älteste von den jungen Geschwistern, für die Kleinen also fast so was wie die älteste Schwester. Manchmal hatte ich als Kind auch die Sehnsucht, nur mal die Kleine zu sein. Hilfe anzunehmen ist für mich bis heute schwieriger, als selbst Dinge zu leisten. Ich war schon als Kind begnadet mit der Fähigkeit, den anderen zu helfen, was sie wie machen müssen.

Ich möchte immer hellwach sein. Als die Wende kam, war für mich klar: Ich wollte Arbeitnehmervertreter sein. Für die Menschen. Alles, was heute passiert, was nach der Wende passiert ist, haben wir doch so in der Schule gelernt. Leute, die sich wundern, frage ich: «Hast du nicht aufgepasst?» Lernen zu können war ein großes Geschenk, das Gros meiner Bildung, das habe ich aus der Schulzeit. Wir hatten unseren Marx ja immer in der Tasche, man hatte sich damit auseinander gesetzt. Und ich habe damals schon gesagt: Das, was Lenin 1917 gesagt hat, stimmt – der Neoliberalismus wird versagen.

Es gibt im Osten keine Industrie mehr, keine nennenswerte. Das bisschen neue BMW und Porsche in Leipzig, gut … Allein beim Zusammenschluss beider Bahnen: Wie viele Arbeitsplätze da auf der Strecke geblieben sind! Anfang der 90er Jahre gab es bei der Bahn 450 000, 500 000 Jobs, manche sagen sogar 600 000, heute arbeiten bei der Bahn rund 230 000 Menschen, es sind also mindestens 220 000 Arbeitsplätze weg, keiner weiß das so genau, nirgendwo wird das analysiert. Und ich sage mal: Zwei Drittel der Arbeitsplätze sind im Osten abgeschmolzen worden. Ich analysiere ja gerne …

Mitarbeiter aus der DDR, aus der Reichsbahn, das sind heute bei der Bahn vielleicht so 80 000, es waren aber mal 300 000. Der Mann da, der da jetzt durch die Tür kommt, der so ein bisschen angeranzt aussieht: Ich kenne den, der hat auch mal bei der Bahn gearbeitet, der ist arbeitslos, wetten? Jetzt kommt er hier ins Bahnhofscafé, vielleicht, weil er hofft, jemanden zum Quatschen zu treffen. Der hat sein Leben nicht mehr im Griff, das kann man sehen … Das geht ja vielen so.

Die Leute, die da oben hocken, haben vergessen, wie das Leben wirklich aussieht. Sozialhilfe, wenn man die durchleuchtet … In Thüringen gab es mal ein Projekt, da haben Leute ein Vierteljahr als Test von Sozialhilfe gelebt. Das Ergebnis war ganz klar: Sozialhilfe führt zu absoluter Verarmung. Das war noch zu D-Mark-Zeiten, es kam heraus, dass sechs Mark pro Tag zum Leben bleiben. Am Anfang läuft alles noch einigermaßen, wenn man Dinge aus besseren Zeiten hat. Dann gehen die ersten Sachen kaputt, die Klamotten sind verschlissen. Der eine Mann sagte so etwas wie: «Meine Wohnung ist zur Urmenschenhöhle geworden», alles wurde bei ihm grauer und grauer. Wenn das so ist, dann fängst du an zu trinken, um die Welt auszublenden.

Das sind die Folgen des Systems. Und das Schlimmste

ist: Alle machen mit, denken nur in Details und sehen die Zusammenhänge nicht. Es ist doch zum Beispiel so: Wir wollen alle alles billig kaufen. Im Detail betrachtet, ist das ja verständlich. Aber analysieren wir mal: Die niedrigen Preise werden von den Unternehmern über niedrige Löhne erreicht. Und wenn es eine Tariferhöhung gibt, wird einem das Geld an anderer Stelle gleich wieder aus der Tasche gezogen: über höhere Abwassergebühren, Strompreise und so weiter. Klar konkurrieren die Unternehmen auch, der eine geht mit den Preisen runter, dann muss der andere auch. Ein Unternehmen wird das andere fressen – und ist das geschafft, haben wir ein Monopol, und die Preise können rauf. Es ist doch so, wenn du heute einen Schlüpfer kaufst oder Lebensmittel, im Grunde ist das meiste von ein- und demselben Unternehmen, es sind doch alles Mischkonzerne, weltweit verwoben.

Durch die starke Bewerbung in den Medien werden wir Menschen beeinflusst, wir kaufen nicht mehr nach unseren Bedürfnissen, sondern angebotsorientiert. Wir fragen nicht mehr: Brauch' ich das? Sondern wir sehen was und kaufen das. Mit meinen Kindern, also, die sind ja schon erwachsen, habe ich mal ein wirklich schönes Experiment gemacht: Wir haben an jede Sache, die wir gekauft haben, einen Klebezettel gemacht, draufgeschrieben: gekauft am …, benutzt am … Nach einem halben Jahr haben wir nachgekuckt und sehr gestaunt.

Dann habe ich analysiert: Aha, ich besitze Dinge. Dafür brauche ich Stauraum, Schränke, die muss ich kaufen. Ordnungssysteme, Kisten, Ordner, die kaufe ich auch. Das alles steht im Raum, den ich zusätzlich brauche, für den bezahle ich Miete. Den Raum muss ich heizen, ich verbrauche Energie. Dieses Experiment hat den Kindern wirklich geholfen, sie denken jetzt beim Einkauf viel mehr: Brauch ich das wirklich? Ich weiß schon lange um diese Zusammenhänge, aber ich bin selbst auch nicht frei davon.

Zur Wendezeit wurde ich Bezirkspersonalrats-Vorsitzende, da gab es ein Treffen der obersten Führungskräfte der Bahn für die Werke, ich sollte mit einem Aufsichtsratsmitglied sprechen. Damals war ich immer locker, sportlich gekleidet, ich habe also sportliche Klamotten angezogen und traf auf diesen älteren Mann im Anzug, mit Krawatte – der hat nicht mit mir geredet! Kein Witz! Hinterher habe ich analysiert. Erstens: Wie war der angezogen? Aha, Anzug und so ... Wir war ich angezogen? Mir war klar: Klamottenwechsel. Einkaufen!

Aber zweitens: Wie kommt der Mann, um den es ging, mit Frauen klar? Gar nicht, war meine Antwort. Da kann man allerdings kaum was machen. Aber man muss es wissen! Frauen aus der DDR wollen nicht wahrhaben, dass viele Männer einfach nicht mit Frauen zusammenarbeiten. Ost-Frauen glauben, dass es nur auf fachliche Kompetenz ankommt. So sollte es sein, aber es ist nicht so. Für Ost-Frauen war es früher ziemlich normal, dass Frauen Karriere machen, man war nichts Besonderes als Leiter, manche haben einen sogar als armen Irren angesehen – warum sich so viel Verantwortung aufhalsen? Wo doch oft der Arbeiter mehr Geld nach Hause gebracht hat als der Leiter.

In der DDR war immer der Leiter schuld, wenn etwas nicht lief. Der musste sich eine Etage höher 'ne Menge anhören. Wenn jemand wie ich in der Ausbildung nicht pünktlich zur Arbeit kam ... Um 6 Uhr 15 anfangen, das hieß für mich 4 Uhr 30 aufstehen, wer mag das schon? Da war die Führungskraft gehalten, mit mir zu reden. Als ich dann später selber verantwortlich war, habe ich das selbst erfahren, wie es ist, für die Mitarbeiter so die Verantwortung übernehmen zu müssen. Es gab diese, wie hießen die noch, diese Kommissionen … Konfliktkommissionen … Da mussten sich die Führungskräfte rechtfertigen, wenn bei ihnen etwas nicht richtig lief. Damals spielten natürlich soziale Dinge durchaus 'ne Rolle, wenn also zum Beispiel einer 'ne Oma zu Hause hatte, die er morgens versorgen musste und deswegen zu spät kam, dafür gab es Verständnis. Das war ja auch nicht falsch.

Jedenfalls: In meiner Position heute als freigestellte Betriebsrätin werde ich von Normalarbeitnehmerinnen aus dem Westen und zunehmend auch im Osten, also von Normalarbeitnehmerinnen, die nicht in Gremien sind – von denen werde ich als privilegiert angesehen. Es ist ja auch so: Du hast als Arbeitnehmervertreter erweiterten Kündigungsschutz.

Unter den Führungsfrauen selbst gibt es viel Rivalität und immer Distanz, so sehe ich das. Führungsfrauen sind unsolidarischer, sie grenzen sich ab. Bei den Männern ist das anders, da gibt es auch Konkurrenz, aber es wird auch gekungelt. Wenn ich mit einem Mann arbeite, der mit Frauen in Führungspositionen nicht klarkommt, und ich zeige: Das weiß ich besser als du – dann habe ich einen Feind. Ich meine, nicht jeder hat das Arbeitsrecht auf Tasche. Da kann man dann sone seltsamen Verrenkungen machen, sein Wissen zurückhalten. Aber richtig nützen tut das auch nichts. Der dümmste Mann ist immer noch anerkannter als die klügste Frau.

In Betriebsräten wird stärker gemobbt als sonst im Betrieb, klar: Als freigestellter Arbeitnehmervertreter ist es ja auch schwer, wieder in die normale Arbeit zurückzukommen. Man gilt als aufmüpfig, man hat ja auch tatsächlich fachlich meist einen Knick: Wenn du deine Arbeit als Arbeitnehmervertreter voll machst, kannst du dich nicht parallel auch noch fachlich weiterbilden.

Oft denke ich, wenn ich in eine Verhandlung gehe: Haue ich gleich am Anfang jemandem was auf die Fresse – oder lasse ich es ruhig angehen. Ich meine, man erreicht ja was, für die Mitarbeiter, auch für sich selbst ... Ich habe immer alles erreicht, was ich wollte. Mit zwölf wollte ich Anwältin werden, das bin ich zwar nicht direkt geworden, sondern juristische Sachbearbeiterin, aber jetzt bin ich bei der Bahn Anwältin der Beschäftigungslosen.

Ich wollte immer ein Haus, so groß, dass man sich nicht auf Schritt und Tritt begegnet – das habe ich. Es ist der Adlerhorst, der sichere Hort für die ganze Familie, hier und in meinem Garten entspanne ich mich.

Und ich wollte zwei Kinder – einen Jungen und ein Mädchen. Jetzt habe ich sogar drei Kinder.

Als ich nach der Wende beschlossen hatte, ich kucke mir die Arbeitnehmervertretung mal an, da habe schnell ich gewusst: Hier wirste am besten gleich Vorsitzende.

Aber jetzt geht es nicht weiter. Das Alter spielt sicher auch eine Rolle, ich werde jetzt 54. Mein Betriebsrats-Posten ist ein Wahlamt, und ich weiß doch nicht, ob ich das nächste Mal wieder gewählt werde – wenn es in den Abteilungen eng wird, denken auch viele andere dran, sich wählen zu lassen: Arbeitnehmervertreter ... Erweiterter Kündigungsschutz ... dein Job ist sicherer.

Ich bin ja seit 1989/90 Arbeitnehmervertreter, und seit diesen 13 Jahren bin ich auch immer Vorsitzende des Gremiums, anfangs noch im Ausbesserungswerk, jetzt eben in der DB Vermittlung, und die ist ein ganz spezieller Fall. Aber mal langsam. 1997 ist die DB Arbeit gegründet worden, damals für 10 000 Leute, jetzt sind es noch etwa 2000, und wir heißen auch anders: eben DB Vermittlung. Die Kollegen von der DB Vermittlung waren vorher an den verschiedensten Stellen im Unternehmen tätig, da wo Stellen wegrationalisiert worden sind, wo verschlankt wurde – jetzt sitzen die Leute mit Gehalt zu Hause, rund 2000 Männer und Frauen zur Zeit, etwa 180 Menschen sind damit beschäftigt, die Kollegen wieder zu vermitteln, das ist wie eine interne Arbeitsvermittlung. Wird irgendwo im Unternehmen eine passende Stelle frei, werden Leute angesprochen, die in Frage kommen, die müssen sich dann bewerben, dazu sind sie verpflichtet, ebenso dazu, sich weiterzuqualifizieren, Praktika zu machen – und wer dabei nicht mitmacht, dem kann gekündigt werden, personenbedingte Kündigung nennt sich das dann, das geht haste-nicht-gesehen. Aber die Leute wissen ja, dass sie mitmachen müssen, dass sie mobil und flexibel zu sein haben. Anfangs hatte die Vermittlung auch eine gute Erfolgsquote, allmählich wird es immer schwieriger. In der Warteschleife sind jetzt meist Ältere, meist Beamte, und die sind ja sowieso unkündbar.

Die DB Vermittlung ist wie eine Beschäftigungsgesellschaft, sozusagen arbeitslos mit Kündigungsschutz und tariflicher Sicherheit, diese Dinge gibt's auch im Metallbereich, bei Banken, bei der Post, überall, wo Arbeitsplätze abgebaut wurden und gleichzeitig das Beschäftigungsbündnis griff – Beschäftigungsbündnis, das war dieses Schlagwort, unter dem sich Arbeitgeber und Gewerkschaften mal geeinigt haben. Jedenfalls: In die Beschäftigungsgesellschaften werden dann die abgebauten Mitarbeiter geflutet – das ist wenig bekannt, dass es diese Menschen ohne Beschäftigung in Unternehmen gibt, und eben nicht nur bei uns.

Sie haben das verstanden, ja? Ich bin Arbeitnehmervertreter für Menschen, die eigentlich keine Arbeit haben. Es ist für mich ganz wichtig, dass diejenigen, die am wenigsten Chancen haben, die keine Lobby haben, nicht ohne Interessenvertretung sind. Ich bin ja Vorsitzende des Gesamtpersonalrats der DB Vermittlung, alle Gesamtbetriebsräte wählen dann aus ihrer Mitte die Leute, die uns im Konzernbetriebsrat vertreten, das sind immerhin mehr als 40 Menschen. Und ich sitze sogar im Aufsichtsrat der DB Vermittlung. Mit der DB Vermittlung ist das ja eine sehr spezielle Sache: Wer Beschäftigungslose vertritt, mit dem will man im Konzern eigentlich nichts zu tun haben, das ist fast wie bei den Unberührbaren.

Es ist doch im Arbeitsleben jetzt so, dass nichts mehr ohne Beziehungen geht, wer jemanden kennt, kriegt den Job, und er zieht dann wieder jemanden nach, den er kennt, das ist auf den höheren Ebenen besonders ausgeprägt. Und das *Hire and Fire* wird auch immer schlimmer: Bei uns hat es gerade unsere Personalchefin weggefegt, zack, gekündigt. Mit leitenden Angestellten geht das: fristlos, die haben frei ausgehandelte Verträge.

Es ist schon eine ungewöhnliche Aufgabe, die ich bei der Bahn habe. Wenn ich sage, dass ich bei der Bahn arbeite, denken doch die meisten an die Dienstleistungen, die sie von der Bahn kennen: Kartenverkäufer, Zugbegleiter ... Und viele legen gleich los, wie ihre Erfahrungen mit der Bahn aussehen: unpünktliche Züge, teuer, die Probleme mit dem Tarifsystem, dass keiner mehr durchblickt. ... Wenn dann aber Mitarbeiter diffamiert werden, dass sie keine Ahnung hätten, unfreundlich sind, versuche ich zu erklären ... Klar, Analyse!

Man muss doch fragen: Wieso laufen die Informationen so schlecht? Wieso fühlt sich niemand verantwortlich? Das ist eigentlich leicht zu erklären: Bei der Bahn sind viele Unternehmensbereiche betriebswirtschaftlich separiert worden, früher gehörte die so genannte Bereitstellung des Fahrweges zusammen mit den Lokführern und Zugbegleitern, anders als heute. Es gab *eine* Bahn, die Zuständigkeiten nach Regionen abgegrenzt, in denen man sich an der Basis auch persönlich kannte. Es ist doch was anderes, wenn ich zum Hörer greife und sage: «Lieschen, kann ich bei dir dit und dit bestellen?» Da redet ein Mensch mit einem Menschen, dann klappt es auch, alle fühlen sich verantwortlich. Es ist aber auch unsere Zeit an sich komplizierter geworden, bei den Kunden hat sich auch viel verändert, der Druck ist gewachsen. Viele kommen doch schon gestresst zum Bahnhof, der Druck, pünktlich zum Termin zu kommen, ist groß, meistens hängt ja auch was dran – und dann hat der Zug Verspätung. Da entlädt sich dann der eigene Stress bei den Zugbegleitern, bei denen, die am wenigsten dafür können, dass es Verspätung gibt, und die auch oft wirklich nichts wissen. Es gibt eben bei Kunden auch das ganz verständliche Bedürfnis, einen Schuldigen zu haben für das, was einem passiert.

Ich finde, das ist alles sehr komplex. Wussten Sie das: Die Fahrdienstleiter haben für ihren Dienst vorgefertigte Sätze, der Text ist vorgegeben, und wenn sie davon abweichen und ein Kontrolleur fährt mit, gibt's Ärger. Sprache und Denken sind doch sehr individuell, und wenn jemand etwas vorträgt, was nicht in seiner eigenen Sprache ist, merkst du das. Das macht vielleicht auch manchen Kunden aggressiv.

Mein Verständnis für Mitarbeiter hört übrigens auch bei dem obersten Chef nicht auf: Ich habe mich auch schon mit Herrn Mehdorn unterhalten, er ist intellektuell durchaus in der Lage, sich mit Dingen auseinander zu setzen, und er sieht viele Dinge intern anders, als es nach außen den Eindruck macht. Aber nach außen entsteht von ihm eben ein Eindruck, der nicht immer günstig ist.

Ich bin für andere Leute belastend, ich kann so schnell das Thema wechseln, da kommen andere oft nicht mit. Ich bin auch nach der Wende sehr dynamisch nach vorn gegangen, habe den Leuten erzählt, was auf sie zukommt, aber sie waren nicht bereit. Manche mochten gar nicht hören, was ich erzählt habe, das ging bis zu persönlichen Anfeindungen, ich habe sogar die Telefonnummer gewechselt. Es passieren einem auch heute Sachen wie: Du berätst einen Arbeitnehmer, sagst ihm, wie es aussieht, sagst vielleicht auch: «Ich an Ihrer Stelle würde das und das tun, aber entscheiden müssen Sie.» Er traut sich dann nicht richtig und macht nichts, aber hinterher hast du eine Klage am Hals, von wegen, du hättest falsch beraten. Da ist ganz speziell einer, ich weiß, dass der geistig behindert ist, der hat auch geklagt, aber ich helfe ihm trotzdem weiter, das merkt er gar nicht, das passiert dann hinter den Kulissen.

Das alles, was ich so mitkriege, macht auch manchmal wütend, klar, aber ich habe mir Gelassenheit angewöhnt, ich werde auch immer toleranter, weil ich mich immer mehr mit den Zusammenhängen auseinander setze. Wenn ich dann auf Menschen treffe, die anders denken als ich, versuche ich, ihnen nicht noch zusätzlich Druck zu machen.

Warum ich die letzten Wochen krank war, das habe ich mich die ganze Zeit gefragt. Ich hatte Angina, der Hals war zu – jetzt weiß ich, wieso ich krank war: Ich glaub', ich hab' irgendwie die Schnauze voll. Bei der Arbeit erlebe ich ja täglich Einzelschicksale, und die nehm ich mit, nach Hause. Immer die Arbeitslosigkeit um mich … Das zerrt an meinen Nerven, das zehrt an mir. Während der Krankheit war mir nicht langweilig, ich habe Leute beobachtet beim Einkaufen, ich war in 'ner Ausstellung, habe nachgedacht. 35 Jahre Berufstätigkeit … Was will ich noch? Was kann ich tun – was lässt man mich tun? Ich könnte jetzt auch gut die Flocke machen in den Vorruhestand, aber das werden die nicht einsehen.

Und finanziell? Man bindet sich ja immer was ans Bein, zuletzt war es bei mir das Haus vor drei Jahren, der Dachbau, ein altes DDR-Dach ist nach 20 Jahren hin. Aber ich brauche solche Sachen, das gebe ich ja zu, ich liebe auch das Risiko, das Vabanque-Spiel, das Gefühl: Wie wird es?

Eigentlich bin ich zur Zeit die einzig Verdienende in der Familie. Meine eine Tochter wartet aufs Studium, meine andere ist Physiotherapeutin und fängt gerade wieder an, sie hat ein Kind, ihr Freund ist Fliesenleger, wo man früher immer dachte: prima Job, da hast du immer Arbeit. Aber er hat die letzten Monate keinen Lohn bekommen, der Auftraggeber hat die Baufirma einfach nicht bezahlt. Und mein Sohn hat auch seine Sorgen bei der Telekom.

Mein Freund sagt über mich: «Deine netteste Eigenschaft ist: Du bist im tiefsten Wesen ein fröhlicher, heiterer Mensch.» Ja, so isses wohl. Ich denke die Dinge immer ziemlich schlecht und freue mich, wenn sie nicht so schlimm werden.

Meinen Freund, meinen Lebenspartner, habe ich bei einer beruflichen Bildungsveranstaltung kennen gelernt. Er ist aus dem Westen. Aber wir sind insofern keine typische West-Mann-und-Ost-Frau-Beziehung, als dass ich bei uns diejenige bin, die richtig verdient. Er ist Journalist und Schriftsteller und seit Jahren dem freien Wind ausgesetzt, er gehört nicht zu denen, die jeder Schlagzeile nachjagen, und mit dem Bücherschreiben ist es ja auch schwer. Mit uns ist es jedenfalls spannend, wir haben viel zu erzählen. Ich stamme aus einer Arbeiterfamilie, er aus dem Bildungsbürgertum.

Ich habe bei einer Gewerkschaftsveranstaltung mal diskutiert, dass es in der DDR-Sozialisation die alten Erziehungsmuster weiter gab, wie in der BRD. Bei den Frauen, also bei vielen, ist diese Versorgungsmentalität absolut noch da, sieht man ja jetzt, manchmal kommt mir der Osten da sogar bürgerlicher und verkrusteter vor als die alte BRD. Da gab es ja die 68er, da hat sich bei vielen wirklich was verändert, während bei uns alte bürgerliche Verhaltensweisen weitergegeben wurden.

Für mich hätte die Wende nicht kommen müssen, ich war zufrieden damals, ich hatte nicht zu viel Verantwortung, nicht zu wenig. Aber nun ist sie da und die Situation ist, wie sie ist. Ich versuche, mein Wissen weiterzugeben und für mich noch weiter zu lernen. Dazu gehört auch die Uni, ich gehe einfach hin, wenn ich Zeit habe, und höre da, was mich interessiert. Ich bin durch meine Arbeit zu stark juristisch angehaucht, ich will einfach für die Sachen, die ich sehe oder vermute, immer den Beweis, da gibt es also viel zu lernen. Wenn ich sehe, dass die Studenten an der Humboldt-Uni bei den Medizinvorlesungen bis draußen auf dem Flur sitzen, auf dem Fußboden, dann merke ich doch: Da stimmt was nicht, das kann doch nicht in

Ordnung sein. Und in der Politik rhabarbern sie und rhabarbern sie.

Die jungen Leute glauben uns nichts mehr, da muss man sich gar nicht fragen: Wieso sind die so? Das ist doch ganz klar. Wenn wir ihnen vorlügen: «Wenn du in der Schule fleißig bist, dann kriegste 'ne Lehrstelle» oder «Mach ein gutes Abitur, dann kannste studieren», und dann stimmt das nicht, was ja mittlerweile meist der Fall ist, was sollen die dann noch glauben?

Mein damaliger Mann, also zur Wende, war Lehrausbilder, der ist gleich in den Westen gewechselt, der hat sehr gestaunt: Da kamen Kinder zur Ausbildung, die Elektrotechniker oder Mechatroniker werden wollten, Berufe, die angeblich ihre Wunschberufe waren, aber sie konnten Gleichstrom nicht von Wechselstrom unterscheiden. Es war gut, dass die Schüler in der DDR auch in die Produktion gingen, den Betrieb und Arbeitsabläufe kennen lernten. Jetzt, nach PISA, wird so was wieder diskutiert. Ich finde, die Gesellschaft muss sich Bildung einfach leisten können, jeder muss die Möglichkeit bekommen, beruflich den Platz einzunehmen, der ihm von seinen Fähigkeiten her zusteht. Ich sehe das bei meiner Tochter, die das Potenzial zum Studium hat, Abi 1 Komma 9, sie will Medizin studieren. Sie hat keine Mutter, die ihr das so eben finanzieren kann, aber sie muss ja sowieso erst mal warten, der Numerus clausus ist zu hoch.

Wie weit ist die Gesellschaft gekommen, wenn in den Kaufhallen schon Männer an den Kassen sitzen – ich meine: Wenn die auf diese Arbeitsplätze auch noch drängen. Wenn man die Entwicklung bei der Bahn betrachtet, sieht man ja auch: Da geht der Frauenanteil immer weiter zurück, zu DDR Zeiten waren etwa die Hälfte Frauen, bei der alten DB waren es so knapp sieben Prozent. Jetzt sind es für den Gesamtbetrieb knappe 20 Prozent.

Meiner Tochter haben sie jetzt im Kindergarten gesagt: «Bringen Sie uns eine Bescheinigung, dass die Omi berufstätig ist.» Dazu haben die doch kein Recht – meine Tochter hat den Kindergartenplatz auch ohne die Bescheinigung bekommen.

Ich hatte mal son Erlebnis in der S-Bahn, da waren so, so Rowdys, hätten wir früher gesagt, also aggressive Jugendliche. Die fingen an, einen älteren Mann zu attackieren. Ich bin aufgestanden und habe gesagt, dass sie den Mann in Ruhe lassen sollen und vielleicht doch besser die schlagen sollten, die dafür verantwortlich sind, dass sie, also die Jugendlichen, so sind, wie sie sind, so unzufrieden und so aggressiv. Die haben den Mann in Ruhe gelassen und fingen an, mich richtig primitiv anzumachen, mit «dumme Fotze» und so. Ich habe gesagt: «Das ist für euch ganz einfach, mich anzugreifen, macht es doch, aber ich bin nicht schuld daran, dass ihr so seid, wie ihr seid, vielleicht ist es nötig, ganz anderen Leuten den Schädel einzuschlagen.» Einer von denen hat dann gesagt: «Ich glaube, die Alte hat Recht.» Sie haben mich in Ruhe gelassen. Natürlich haben bei dieser Szene alle im Waggon weggekuckt, der alte Mann hat sich einfach wieder auf die Bank gesetzt. Und ich habe mir dabei fast in die Hosen gemacht vor Angst.

Ein andermal sah ich einen Mann im Bahnhof auf der Treppe sitzen, irgendwie desolat, ich gehe auf ihn zu und frage: «Kann ich Ihnen helfen?» Da fängt der an, mich zu beschimpfen. Das schreckt mich aber nicht ab, ich will weiter mit offenem Blick durch die Welt gehen, ich will meine Zuneigung zu den Menschen nicht verlieren, ich freue mich lieber an kleinen Erfolgen, die einen aufbauen.

Ich überlege noch, ob ich mich noch einmal für unseren Gesamtbetriebsrat aufstellen lasse, mit einer anderen Kollegin bin ich dann zusammen die letzte der GBR-Vorsitzenden bei der Bahn, die aus dem Osten kommt. Ich habe ein Wahlamt, morgen kann das vorbei sein. Die Glücklichen, die, die wir vermittelt haben, sind schließlich nicht mehr unsere Wähler. Und es ist so wie oft bei Wahlen: Es wird nicht der neue Kandidat reingewählt, nein, der alte wird abgewählt. Arbeitnehmervertreter in anderen Unternehmensbereichen haben es besser, die erreichen mehr für die Leute, die sie vertreten. Mir dagegen läuft vielleicht mal einer, der von uns wieder in Arbeit vermittelt wurde, in Frankfurt/Main übern Weg und sagt: «Sie haben mir geholfen.» Ich hab' zu Hause eine Dankeschön-Kiste, da sammel ich nette Briefe, Bücher, Kinkerlitzchen, mit denen mir Leute aus Dank eine Freude machen wollen.

Ich kann mir vorstellen, nochmal ganz was anderes zu machen. Früher habe ich mal Orchideen gezüchtet, nicht kommerziell, ich wollte einfach mal ausprobieren, ob ich das kann. Ich kann's. Auch gemalt habe ich mal, Aquarelle, ich habe gemerkt, ich kann auch das, aber nicht gut genug, um Malerin werden zu können.

Ein Anwalt hat vor sieben Jahren über die DB Vermittlung mal gesagt, das sei der Friedhof, das wollte ich damals nicht so sehen, dafür sind wir hier zu lebendig, vielleicht eher Abstellgleis. Aber ich fahre drauf rum, und wenn es irgendwo 'ne Weiche gibt, nehm ich die.

Karin, 43, (Pflege-)Mutter

Sieben Kinder im Handgepäck

Oder: Du gehst rein und willst den Job

Sie hat drei große Kinder (18, 17, 15). Sie war Lehrerin, Verkäuferin, Radiomoderatorin, Sozialarbeiterin, und studiert hat sie auch nochmal. Seit zwei Jahren ist Karin 24 Stunden am Tag Mutter, für ihre kleinen Kinder (7, 5, 4, 4). Elena sagt «Mama» zu ihr, die anderen «Karin» – sie sind Pflegekinder.

Es gab Zeiten, da dachte ich: Die anderen haben's gut, die haben immer Pläne. Heute ärger' ich mich nicht mehr wegen meiner Unentschiedenheit, das ist eben auch 'ne Lebensart. Wenn ich weiß, es ist Wochenende, dann reicht es doch, dass ich samstags früh überlege, was wir machen, wenn die Kinder fragen: «Was machen wir?» Bei diesem Verein, *Outlaw*, haben wir einen Praktikanten, der war am Samstag hier und sagte: «Mensch, ich hab' gerade in den Nachrichten gehört, in Altenberg liegt Schnee.» Ich hab' gesagt: «Das isses. Der erste Schnee ... Im Oktober. Da fahren wir hin.» Wir haben alle Kinder eingepackt und sind gefahren. Da lag Schnee, an den Bäumen waren fünf Zentimeter lange Eiskristalle, es weht ja auch ein straffer Wind da oben auf dem Kahlenberg. Das war so schön. Die Kinder waren selig, und das macht mich dann auch ganz glücklich. Ja, ich hatte da richtige Momente von Glückseligkeit.

Ich fühle mich wie ein Blatt im Wind. Ich meine: in meinem Leben. Es weht mich mal hierher, mal dahin. Das ist nicht schlimm – ich weiß eben im Grunde meines Herzens: Ich werde trotzdem was. Und dass ich jetzt hier in diesem Haus lebe, die drei großen Mädchen hier ihr Zuhause haben, die Kleinen hier aufwachsen, die Pflegekinder da sind: Das ist alles gut so. Meine Biographie, wenn ich mir die heute ankucke, dann sehe ich so viel Schönes, und das liegt daran, dass ich was annehmen, kann, was plötzlich kommt.

Nach Schulende wollte ich eigentlich Architektin werden, aber wohl auch nicht wirklich. Aufnahmeprüfung war an meinem Geburtstag: Da bin ich nicht hingegangen. Ich dachte: nö. So dringend kann der Wunsch wohl nicht gewesen sein. Wenn ich heute was will, hält mich nichts davon ab. Danach wollte ich Bauingenieur werden, aber auch nicht wirklich. Ich weiß noch, wie ich den Lehrer eine Woche vor Schulende gebeten habe, in meine Beurteilung zu schreiben: Berufswunsch Lehrerin. Das wollte ich werden, weil meine Schwester, die ist fünf Jahre älter als ich, Lehrerin war und ich ihr beweisen wollte, dass ich keine Disziplinprobleme mit den Kindern in der Schule haben würde. Mir tut das nicht Leid, dass ich Lehrerin geworden bin, mir tut überhaupt nichts Leid, was ich in meinem Leben gemacht habe, auch das Schlechte, was ich erlebt habe, war immer für etwas gut. Vielleicht muss man erst älter werden, um das so sehen zu können.

Ursprünglich war ich also Lehrerin für Mathe und Geographie, ich habe aber in meinem Beruf kaum gearbeitet, nur zwischendurch, wenn ich schwanger war sozusagen. Ich wollte mit jedem Kind drei Jahre zu Hause bleiben, aber damit das ging, musste man zwischendurch immer mal gearbeitet haben. Als ich mit meinen großen Töchtern schwanger war, war ich Assistentin für physische Geographie an der Uni, mein erster Job nach dem Studium. Mein Professor war 'ne richtige Kapazität in der DDR, er war schon zu Ostzeiten in Spitzbergen, und er war nicht in der Partei.

Ich war sehr geehrt und stolz, dass ich von diesem Professor die Gelegenheit bekam, bei ihm zu promovieren – aber ich habe es innerhalb von vier Jahren nicht geschafft. Eigentlich ja kein Wunder: zwei kleine Kinder, die dritte Schwangerschaft. Wenn ich nachts um zwei, wenn alle schliefen, versucht habe, Karten zu zeichnen, ging es eben nicht mehr. Irgendwann war klar: Ich geb's zu – ich schaff's nicht. Da hab' ich aufgehört. Ich habe es nie bereut. Doktor-sein-wollen als Ziel – das ist für mich überhaupt kein richtiges Ziel.

Meine Eltern hatten so große Hoffnungen in mich gesetzt – ich weiß noch, wie sie sagten: «Wenn das dein Schuldirektor wüsste, er würde sich im Grabe umdrehen.» Ich hatte mein Abitur mit 1, mit Auszeichnung, gemacht. Sie waren schwer enttäuscht. Die Bildung, die sie nicht bekommen hatten, die sie auch nicht nachholen konnten, die wünschten sie sich für mich.

Als die Wende kam, war ich insgesamt sechseinhalb Jahre zu Hause gewesen, meine Mädchen waren ja ganz dicht aufeinander gekommen. Ich war völlig vermümmelt, ich hätte mich damals nicht mal als Sekretärin beworben, ich dachte: Du kannst ja noch nicht mal ein Fax bedienen. Die Wende – ich dachte: Ach du Schande, was soll jetzt werden? Nun ist alles vorbei.

Ich erinnere mich noch: 1990 war ich mal bei *Netto* einkaufen, zwei Kinder im Wagen, eins an der Hand. Da hatte ich plötzlich die Idee: Vielleicht könntest du hier arbeiten? Vielleicht ein Paar Stunden Regale auffüllen, nachts oder so? Ich habe nach dem Verkaufsstellenleiter gefragt. Er war irgendwie gerührt von mir und den Kindern, ich weiß auch nicht, er hat jedenfalls zugesagt.

Dann habe ich also nachts Regale aufgefüllt. Ich war schneller als die anderen, habe auch Schilder zurechtgerückt, die verrutscht waren, oder neue Schilder geschrieben, die fehlten. Dann kam das Angebot, mich einzustellen: Ich wurde gefragt, ob ich Verkäuferin sein wollte!!! Ich fühlte mich so geehrt. Ich!!!

Ich habe in der Kühlabteilung gearbeitet. Der Laden hatte so Kühlregale, die vorne eine Folie haben, und von hinten, aus einem 8 Grad kalten Raum, wurde die Ware nachgefüllt. Im Sommer, bei 30 Grad draußen, bin ich mit einer Strumpfhose unter der Jeans und im Rollkragenpulli zur Arbeit gegangen. Zwei Jahre habe ich das gemacht, ich habe mich immer getröstet: Die Kälte hält frisch.

Dann habe ich mir irgendwann gesagt: Hier lernste nichts mehr. Ich habe die Stundenzahl halbiert, vier Stunden Kühlraum, vier Stunden habe ich bei einem Bekannten Büromöbel und Zubehör verkauft. Das war nicht so toll. Es fing damit an, dass ich nicht wusste, wo der Knopf ist, mit dem der Computer angeht. Dem Chef ist fast das Gesicht eingeschlafen. Einmal war ich in einem Gartencenter und habe da Grünpflanzen eingekauft, die sollten in ein Büro mitgeliefert werden. Für die Rechnung brauchte der Chef die Adresse vom Gartencenter, ich habe gesagt: «Ja, das ist, wenn man am Park hinter der Tankstelle abbiegt, und dann noch mal links – gegenüber ist die Bank.» Er ist ausgerastet: «Hast du dir nicht mal die Straße gemerkt?» Mein «Wir können ja im Stadtplan nachsehen» hat er überhört. Ich wusste, dass ich nicht genügt habe, aber ich musste mich doch nicht anbrüllen lassen. Ich konnte diesem Bekannten dann nicht direkt sagen, dass ich gehe. Ich habe meinen damaligen Mann gebeten: «Kannst du heute Abend mal mit mir zu Ralf gehen, ich sage dem, dass ich aufhöre, und du passt auf, dass er mich nicht anbrüllt.»

Als Nächstes war ich bei einem Radiosender, *Radio Dresden 103.5*. Ich hatte eine Anzeige in der Zeitung gelesen: Gesucht wird jemand mit toller Stimme, toller Ausstrahlung und noch zwei Sachen, die fallen mir jetzt nicht ein. Ich hatte ja keine Ahnung, aber ich habe mich beworben. Da haben die mich tatsächlich eingeladen! Ich hatte mir extra neue Klamotten gekauft, ich dachte, für eine Bewerbung … Ich komme hin, und da sitzen schon so 50, 60 Leute. Ach du lieber Gott, hab' ich gedacht. Und dann: Nun bist du schon mal hier, du gehst jetzt rein und willst den Job.

Ich habe mich in die erste Reihe gesetzt, anderthalb Meter von mir entfernt saß der, der das Bewerbungsgespräch leitete. Den habe ich so, also: sooo, angekuckt. Der hat dann immer wieder meinen Blick gesucht, du brauchst ja jemanden, an dem du dich beim Reden festhalten kannst. Es ging dann darum, einen Text aus der Zeitung vorzulesen. «Wer will zuerst?» Ich habe sofort meinen Arm hochgerissen: «Hier!» Meine Hand hat derart geschlackert, das konnten alle sehen. Aber ich habe immerhin vorgelesen. Ich bin gegangen und habe gedacht: Wenn nicht, dann nicht. Ich habe nicht dran geglaubt, in die nächste Runde zu kommen. Bin ich dann aber. Die war dann schon im Studio. Wir mussten etwas selber schreiben und dann am Mikrophon vortragen. Ich hörte die anderen und dachte:

Die klingen ja doof, so wie die kannst du das schon lange. Was soll ich sagen: Es hat geklappt.

Wir haben dann gleich eine Radioschulung gekriegt, eine Woche im Westen. Ich hatte richtig nette Kollegen, es war alles so toll, wir hatten richtig Aufbruchstimmung. Und wenn ich erzählt habe, oft ganz beiläufig: «Ich bin beim Radio.» Dann kam von anderen immer gleich: «Oh, toll.» Es war ja auch wirklich toll, das war auch noch anders als heute, da gab es mehr Wortbeiträge, nicht nur Musikgedudel. Dann war ich auch noch in einen Kollegen verliebt, ach, ich war 100-mal verliebt – weil ich zu Hause nicht wirklich glücklich war.

Ich habe alles gemacht, moderieren, Nachrichten schreiben, sprechen. Es war fast wie im Rausch, wenn du für die 18-Uhr-Nachrichten noch alles fertig kriegen musstest, schneiden, Beiträge aus anderen Regionen übernehmen, einspielen und dann am Computer selbst die Sendung fahren, die O-Töne einspielen, da musste alles auf den Punkt stimmen, es durfte kein Sendeloch geben. Im Nachhinein muss ich oft schmunzeln, wenn ich lese, was ich damals geschrieben habe oder wie man da gesprochen hat: «Radio Dresden, die Station für die Region ...» Dieser Singsang, manchmal denke ich heute, man hat sich mit dieser Stimme auch prostituiert. Damals fand ich mich toll.

Ich hatte dann mit dem Vorwurf zu tun: Ich polarisiere. Es darf bei so einem Radio nicht so sein, dass du auf der einen Seite eine Fan-Gemeinde hast und dann Leute, die abschalten, wenn sie dich hören. Ob das so war, weiß ich gar nicht, die Geschäftsführer sind sich jedenfalls meinetwegen in die Haare geraten.

Ich wollte mich nicht benutzen lassen für irgendwelche

Auseinandersetzungen. An einem Nachmittag wusste ich: Ich höre auf. Erst dachte ich: Ich arbeite nur noch vier Stunden. Damals hatte ich mich gerade von meinem Mann getrennt. Mit den vier Stunden Radio, das habe ich bald eingesehen, das wäre nichts gewesen, ich hätte Schicht arbeiten müssen, wäre für die Kinder nicht verlässlich da gewesen, und wenn ich den Job dann ganz verloren hätte und arbeitslos geworden wäre, hätte das Arbeitslosengeld nach einem Teilzeitjob hinten und vorne nicht gereicht.

Da hab' ich mit meinem Chef gesprochen: «Würde es Ihnen helfen, wenn ich ganz gehe?» Wir haben einen Aufhebungsvertrag gemacht, aber vom Arbeitsamt habe ich eine Sperre gekriegt, weil ich selbst gegangen bin. Ich konnte das dann aufklären, dass ich wegen Mobbing weg bin. Ich war durch diese Arbeit wieder richtig selbstbewusst geworden. Es war auch klasse, von den Männern gesagt zu kriegen: «Du bist 'ne tolle Frau.» Jetzt nicht in sexueller Hinsicht, sondern einfach so.

Ich war zehn Jahre verheiratet gewesen, und mein Mann hatte nur zu gut verstanden, mir zu zeigen, was ich alles nicht kann. Ich bin damals mit meinen drei Mädchen ausgezogen. Mein Mann hat gesagt: «Bitte, wenn du gehen willst, dann geh doch …» Ich war fast ohne Geld, manchmal hat er mir 100 Mark hingelegt, aber wie weit kommt man damit? Ich hatte eine Nachbarin, die ich gar nicht persönlich kannte, angesprochen, weil ich vermutete, in ihrem Haus wäre eine Zwei-Raum-Wohnung frei. Die Nachbarin hat gesagt: «Wir ziehen aus, dann wird unsere Fünf-Raum-Wohnung frei – für wen suchen Sie die Wohnung denn?» Als ich sagte für mich und meine Mädchen, fiel die Frau aus allen Wolken: «Aber Sie sind doch so eine tolle Familie.» Ich habe ihr gesagt: «Das scheint nur so.» Die Frau hat mir sogar angeboten, dass sie pro forma den Mietvertrag weiterbehält, damals war ja alles noch chaotisch mit den Wohnungsbaugesellschaften und den privaten Vermietern, aber eine höhere Miete wäre bestimmt sofort fällig gewesen. Wir wohnten dann nur ein paar Häuser weiter weg von meinem Mann, die Mädchen sollten ja ihren Papa nicht verlieren.

Das war ein schöner Sommer, ich habe oft mit einem Glas Rotwein und einem Buch auf dem Balkon gesessen, und mein Mann war total entsetzt, dass man es schön finden kann, arbeitslos zu sein. Ich habe das später ja öfter mal ein halbes Jahr gemacht, also: nichts. Wobei – das stimmt ja so nicht ganz. Die Kinder ... Ich habe es genossen, immer mal ein paar Monate nur Mama zu sein. Dann war ich nicht so zerrissen, wie wenn man voll arbeitet und Kinder hat und beides gut machen will.

Als ich so zu Hause saß, dachte ich: Du wirst schon wieder 'n Job kriegen. So war es: Ich bekam plötzlich Post vom Arbeitsamt: Da gäbe es eine ABM-Stelle bei der Jugendgerichtshilfe. Ich konnte mir ungefähr vorstellen, was das ist. Beim Vorstellungsgespräch haben sie mich gleich genommen, damals war das so – es kamen ja noch nicht auf jede ABM-Stelle zig Bewerber. Als ich gefragt wurde: «Wann wollen Sie denn anfangen?», habe ich gesagt: «Wenn, dann gestern.» Ich hatte hundert eigene Jugendliche, für die ich eigenständig zuständig war. Ich liebe das immer, dieses Neu-Anfangen. Das war so ein tolles Jahr. Ich habe immer hohe Forderungen an mich, wenn ich eine Chance bekomme, will ich mich richtig ins Zeug legen. Wenn ich da im Gerichtssaal stand: «Hohes Gericht, werte Anwesende ...», da habe ich einen Vortrag über den betreffenden Jugendlichen gehalten. Fürs freie Reden war ich ja vom Radio trainiert.

Ich musste mich ausführlich mit den Jugendlichen befassen, mit ihnen reden, etwas aus ihnen rauskriegen, um über sie oder für sie sprechen zu können. Dieses eine Jahr war eine dolle Zeit, und ich hätte gerne weiter in der Jugendgerichtshilfe gearbeitet, aber nur eine Verlängerung der ABM wollte ich nicht, ich wollte einen *festen* Job, und dafür hatte ich hier keine Chance.

Also war ich wieder arbeitslos. Ich habe mich ein halbes Jahr der Familie gewidmet und wieder alles betüftelt und gepflegt. Eines Tages kuckte mich der Küchenschrank, der da hinten steht, so komisch an. Man sieht noch, oben in der Mitte, an den Scheiben, welche Farbe der mal hatte. Ich dachte jedenfalls: Den musst du jetzt machen, unbedingt, diese Woche. Ich habe gespachtelt und gekratzt und die Farbe runtergeschliffen und ihn neu lasiert. Am Freitagnachmittag, ich war gerade fertig, klingelt es. Der Verein *Arbeit und Lernen* suchte einen Mitarbeiter. Ich habe noch am Freitagnachmittag telefoniert und hatte abends meinen neuen Job.

Montag ging's los, langzeitarbeitslose Frauen betreuen. Wir hatten es mit kulturhistorisch wertvollen Eisengittern zu tun. Die waren beim Denkmalschutz in einem Depot eingelagert, drohten zu verrosten. Unser Verein hat die Gitter entrostet. Mit Drahtbürste und Atemschutz, überall war brauner Feinstaub, das war eine viehische Arbeit. Unsere Arbeit war so anerkannt, dass uns freitags Fortbildung genehmigt wurde, wir haben die unterschiedlichsten Kultureinrichtungen besucht – ich wollte den Frauen zeigen, was es außer Eisengittern und Kochtopf noch so gibt.

Danach habe ich im Verein straffällige Jugendliche betreut, die bekommen doch manchmal als erzieherische Maßnahme so Arbeitsauflagen. Ich hatte ja gute Vorkenntnisse durch die Jugendgerichtshilfe. Ich hab's zwei Jahre gemacht und gemerkt: Wenn man es zu lange macht, wird es Routine. Es war auch nicht so einfach mit meinem Chef, auf der Machtebene. Er ist Löwe, ich bin Schütze. Manchmal kam von ihm etwas wie: «Das können wir so nicht machen, ich bin hier der Chef, ich entscheide.» Dann merkte er aber, dass ich durchaus Recht hatte. Das konnte er nicht zugeben, hat dann quasi angeordnet: «Jetzt machen wir das aber so und so.» Also nach meinen ursprünglichen Vorstellungen. Hätte er aber nie gesagt. Das hat mich fast krank gemacht.

Andererseits war er derjenige, der mir dieses Aufbaustudium ermöglicht hat, in Chemnitz, Sozialpädagogik. Dafür war ich ihm sehr dankbar – ich bin da einmal die Woche hingefahren, während der Arbeitszeit. Ich weiß noch, wie ich mit 38 Jahren immer gedacht habe: Ich bin Student, ich studiere. Im Westen! Das hat mir was gebracht, das hat Spaß gemacht. Und dann noch an der Uni, der Abschluss ist mehr wert als der einer Fachhochschule. Ich habe das Studium abgeschlossen, als ich im sechsten Monat schwanger war. Meine Arbeit war damals gerade sehr interessant, ich habe ein Camp für ausländische Jugendliche organisiert, aber ich denke, ich habe Elena auch gekriegt, weil ich wegwollte von der Arbeit. Unbewusst.

Ja, ich war damals schwanger mit meinem Nachzügler Elena. Mit meinem Lebenspartner, Elenas Vater, war ich vier Jahre zusammen, davon eigentlich nur zwei Jahre richtig gut. Ich hatte, als es anfing, große Lebenspläne für einen Neuanfang, zwei Erwachsene, ein runder Tisch und viiiiiiele Kinder. Mit gesundem Menschenverstand hätte ich von Anfang an wissen müssen, dass das nichts werden wird, wir waren zu verschieden. Aber ich hatte eben eine rosarote Brille, die Brille war fast karminrot, ich kenne das von mir, ich sehe anfangs keine Probleme. Es war dann eine sehr unschöne Trennung. Ich habe ganz viel geheult in dieser Zeit, und ich war ja mit Elena schwanger. Wieso das Kind dann so geworden ist, wie es ist, frag ich mich heute noch, es ist so klug, kreativ und, es ist einfach ein lebensfrohes Kind, und das bei so einer traurigen Schwangerschaft.

Wir, Elenas Vater und ich, haben ein gemeinsames Grundstück mit Haus, da hatten wir viel Kraft und auch Geld reingesteckt, ich am Ende so viel, dass ich auch mit im Grundbuch stand. Als die Trennung anstand, hat er vorgeschlagen, dass er das Haus nimmt, ich die Scheune. Ich dachte: Wieso ich denn die Scheune? In der Scheune war zwar schon das Dach ausgebaut, aber unten war nichts bewohnbar.

Wir sind dann erst mal zusammen im Haus wohnen geblieben, wir haben es als WG versucht. Ich habe auch seine Wäsche gewaschen, aber bei jedem kleinen Streit kam er, hat seine Klamotten geschnappt und wollte selber waschen. Ich war schon chronisch blasenkrank von diesen Streitereien. Dann dachte ich: Du kriegst entweder Blasenkrebs, oder du änderst was.

Ich kriegte damals 600 Mark Erziehungsgeld, ich hatte die vier Kinder, hätte damals nicht arbeiten können, ich habe sozusagen vom Unterhalt meiner großen Kinder gelebt. Ich dachte dann: Der Ausbau der Scheune ist vielleicht doch *die* Chance. Sie hat unten 80 Quadratmeter. Nächtelang habe ich über dem Grundriss gesessen, gezeichnet und überlegt, das könnte man so machen, hier eine Wand setzen, da ein Fenster, aber wenn hier oben ein Bad ist, kann unten kein Zimmer sein. Irgendwann wusste ich: Ja, ich mach' das. Ich hatte einen Bausparvertrag, der war noch lange nicht zuteilungsreif, aber ich konnte ihn auffüllen. Damals war ich mit einem Kollegen im Café, weil ich ihm gerade, wie schon dreimal, Starthilfe fürs Auto gegeben hatte, mit dem er liegen geblieben war. Als er fragte, wie's geht, habe ich gesagt: «Eigentlich ganz gut», dann habe ich ihm von der Scheune erzählt und dass mir das Geld fehlt. Er hat gesagt: «3000 kann ich dir borgen.» Hat er gemacht. Meine Eltern, meine Schwester haben mir auch was geliehen, und dann ging's. 45 000 Mark habe ich verbaut in fünf Monaten.

Am 13. Februar, diesem markanten Dresdner Zerstörungstag, fiel der erste Hammerschlag für unsere Scheune. Ich habe tagsüber, wenn Elena schlief, drei Stunden gebaut und nachts oft bis halb zwei. Als ich klein war, hatte ich meinem Vater immer gerne zugekuckt, wenn er gearbeitet hat. Bisher war ich nur immer die Frau gewesen, die für die Bauarbeiter kocht. Das Erste, was ich nun machen wollte an einem Nachmittag, war, Scheuerleisten anbringen. Mein ehemaliger Lebenspartner gab mir die Bohrmaschine, ohne Schlüssel, und sechs Schrauben. Was sollte ich mit sechs Schrauben, damit brauchte ich gar nicht anzufangen. Ich bin ausgerastet: «Du willst ja gar nicht, dass ich das schaffe.» Ich habe richtig gebrüllt. Dann habe ich gemerkt: Du musst dich nur auf dich verlassen, die Arbeit besser organisieren. Dann habe ich oben das Bad eingebaut. Eigentlich ist das alles nicht so schwer, mit den Sachen, die es im Baumarkt gibt, zum Beispiel auch so Stecksysteme für die Wasserleitungen – das geht, man muss sich nur trauen. Ich habe dann im Kinderzimmer erst das

Hochbett gebaut und dann die untere Etage in Angriff genommen.

Den Sommer über war ich Mutti, Bauarbeiterin und Eisverkäuferin. Ich hatte da nämlich noch meine Eishütte, die ich drei Jahre vorher aufgemacht hatte: Auch, weil ich die Kommunikation brauchte, du kamst leicht mit Gästen ins Gespräch, auch mit Einheimischen. Ich war zufrieden mit meinem kleinen Geschäft, musste dafür Sachen einkaufen, alles organisieren und die Sachen wieder verkaufen. Dass das klappte, war für mein Selbstwertgefühl ganz wichtig. Fünf Monate dauerte die Bauerei, und als wir im August an die Ostsee gefahren sind, hatte ich das gute Gefühl: Wenn wir aus dem Urlaub wiederkommen, wohnen wir in unserer eigenen Wohnung. Ich sah Licht am Ende des Tunnels.

Elenas Vater und ich wohnen nach wie vor so dicht beieinander, Haus an Scheune, aber getrennte Eingänge. Zwangsweise müssen wir ja immer wieder miteinander sprechen, weil wir uns einigen müssen fürs Kind: Fährt es mit zur Oma, fährt er mit Elena in Urlaub?

Nach Elenas Geburt wollte ich ja drei Jahre zu Hause bleiben. Aber nach den drei Jahren, was dann? Das wusste ich noch nicht. Mir wurde klar: Ich will Elena nicht als Einzelkind großziehen, es ist so schön bei meinen großen Mädchen, dass sie im Alter dicht zusammen sind, damals waren sie 13, 14 und 16. Als Elena zwei war, habe ich das erste Pflegekind, Mariana, zu uns genommen, so alt wie Elena, aus dem Kinderheim – ihre Eltern waren nicht in der Lage, sich um sie zu kümmern. Mir war klar: Ein Pflegekind braucht oft mehr Zeit als ein eigenes. Und langsam, aber sicher wurde mir immer bewusster: Ich wollte mich nicht mehr zerteilen zwischen Arbeit und Kindern. Und so suchte ich nach einem Weg, berufstätig zu sein und genug Zeit für die Kinder zu haben. Die Lösung hieß: Erziehungsstelle. Ich wollte noch zwei Kinder aufnehmen, die mehr Bedarf als normale Pflegekinder hatten. Die pädagogische Qualifikation hatte ich ja gleich doppelt.

Beim Jugendamt hat es erst geheißen, eine Alleinerziehende könne nie und nimmer eine Erziehungsstelle bekommen – dagegen habe ich protestiert: «Wer sagt Ihnen denn, dass eine intakte Familie, in die sie ein Kind geben, in zwei Jahren auch noch intakt ist?»

Damals traf ich an einem Wochenende bei unserem Pflegeverein Anne und Stephan. Die zwei Kinder sind auf mich zugekommen, da war etwas zwischen ihnen und mir, sie haben mich die ganze Zeit mit Beschlag belegt. Am liebsten hätte ich beide gleich mit zu mir genommen. Das Jugendamt machte mir aber wenig Hoffnung, dass ich genau *diese* Kinder bekommen würde: «Wir kennen uns am besten aus, wir können am besten bestimmen, wer zu wem passt.» So ungefähr hieß es.

Sieben Monate später kamen Anne und Stephan, und ich war als Erziehungsstelle bestätigt. Mich hat es sehr glücklich und zufrieden gemacht, als die Mitarbeiterin vom Jugendamt irgendwann gesagt hat, dass sie befürwortet hat, dass ich als Alleinerziehende die Kinder annehmen darf: «Man kann seine Meinung ändern, dafür arbeitet man ja», und ich habe mich doppelt gefreut, weil es ja so selten ist, dass jemand seine Meinung ändert und das auch noch öffentlich zugibt.

Für mich ist es schön mit unserer Familie, so wie sie ist. Und es wäre wohl ziemlich schwer, wieder einen Partner zu akzeptieren, jemand mit uns hier wohnen zu lassen – ich weiß ja, anfangs ist alles toll. Wenn mich jetzt jemand auswählen würde, ich weiß nicht, ob ich das Vertrauen haben könnte, das nötig ist, ich denke, ich habe das wohl nicht mehr. Ich hab' auch nicht mehr die große Hoffnung – ich habe sieben Kinder im Handgepäck! Gut, eine, die Große ist schon weg, sie studiert und hat ihre eigene Wohnung, die Mittlere ist die Woche über weg, weil sie woanders aufs Berufliche Gymnasium geht. Aber ein neuer Partner müsste nicht nur zu mir passen, sondern auch zu den Kindern. Das ist bestimmt wahnsinnig schwer.

Ich glaube, es bleibt besser, wie es ist. Eigentlich ist für mich und die Kinder ein recht gleichförmiger Alltag besser. Also: Das bin ich, das sind die Kinder, das ist unser Haus. Das heißt ja nicht, dass es langweilig ist. Aber manchmal werden meine heimlichen Träume ganz groß, und die handeln von Liebe, Vertrauen, geteilter Freude und geteiltem Stress. Wer weiß, was noch passiert?

Meine großen Mädchen sind tolle Kinder, sie geben viel ab, sie ziehen mit. Ihre Klassenkameraden sagen: «Du hast es gut, dass du sone Mama hast.» Die jüngste der Großen muss mit mir nicht streiten, wann sie nach Hause kommt. Ich weiß, dass man heute eben später ausgeht und entsprechend spät nach Hause kommt. Ich vertraue ihr. Ich weiß, dass sie nicht raucht, wo sie ist oder dass Drogen nie in Frage kämen, ich kann mich auf sie verlassen. Es ist interessant, wenn man so Kinder verschiedener Generationen im Haus hat. Vieles kann man von ihnen lernen.

Meine eine Tochter hat neulich gesagt: «Meine Klassenkameraden wundern sich alle, warum ich so glücklich bin», da saß ich am Steuer, und ich war unendlich froh, als ich das gehört habe. Ich dachte: Du hast vieles richtig gemacht.

Stephan ist nur mit zehn Kindern in der Klasse, die Lehrerin ist ganz jung und engagiert, die hat auch eine Montessori-Ausbildung. Ich bin jetzt richtig froh, dass er an dieser Schule ist – anfangs wollte ich unbedingt, dass er an einer normalen Schule integriert wird, ich wollte kein lernbehindertes Kind. Ich habe mich so gefreut, als er nach den Herbstferien gesagt hat: «Wann kann ich denn wieder in die Schule gehen?» Es ist alles leichter als gedacht. Natürlich gibt es viel nachzuholen, er spricht einfach bestimmte Wörter immer wieder falsch, da kann ich ihn 150-mal verbessern, bestimmte Lernfenster sind bei ihm einfach zu, darum dauert es jetzt so lange. Ich freue mich, wenn er reinkommt und sagt: «Ich habe alle Blätter geharkt», oder: «Ich habe dein Auto geputzt.»

Meine Größte, Romy, reitet, seit sie zwölf ist. Sie ist wirklich fit mit Pferden und hat sich ihren größten Wunsch erfüllt: ein eigenes Pferd. So ein Pferd braucht ein Beistellpferd. Da haben wir noch eins gekauft, für die ganzen anderen Kinder. Ich denke jetzt manchmal: War das ein großer Fehler? Oder eine große Chance? Allein der Stall, den wir gebaut haben, hat 3000 Euro gekostet. Wenn ich kein Auto hätte, nicht mal dies oder jenes fürs Pferd transportieren würde, ginge alles gar nicht.

Heute Morgen hatte ich eine Stunde, als die Kinder alle aus dem Haus waren. Eine Stunde für mich. Da habe ich dieses Frühstück vorbereitet, noch ein bisschen was weggeräumt und geduscht. In Ruhe geduscht! Das mache ich ganz selten, in Ruhe und ausgiebig. Meine Töchter können das viel besser als ich, die genießen das richtig, cremen sich hinterher schön ein, haben duftende Cremes. Ich finde das schön, dass sie etwas für sich tun. Ich habe eine Schulfreundin, Geli, die habe ich immer bewundert. Mir hat gefallen, wie sie durchs Leben ging, sie hatte Jungsfreundschaften, ich nicht. Ich fand mich auch überhaupt nicht schön. Bei ihr zu Hause war alles so offen, viel freier als bei mir zu Hause, die sind da auch nackig rumgelaufen, ich habe meine Eltern bis heute nicht nackt gesehen. Und wenn ich mit Geli donnerstags vom Sport zu ihr nach Haus kam, dann wurde eben geduscht. Ganz selbstverständlich, warum auch nicht – bei meinen Eltern war das anders, da gab es den festgelegten Freitag – da musste ja auch hinterher das Badezimmer sauber gemacht werden, die Kacheln abgewischt werden. Nein, ich habe Geli wirklich um ihr Zuhause beneidet.

Ich dachte lange, ich hatte eine perfekte Kindheit. Sie war schön, aber heute weiß ich, man kann bei einem kleinen Wesen so vieles falsch machen, auch in bester Absicht. Meine Mutter hat immer gesagt: «Dein Vater liebt dich», auch wenn er mich gerade angebrüllt hatte oder ungerecht bestraft hatte … Das war gar nicht nötig, denn ich war ein braves Kind, ein einfaches Kind! Ich hatte mich so angepasst, dass ich mich fast vergessen hatte. Heute wird mir das erst bewusst.

Die Trennung von meinem Mann hatten mir meine Eltern ganz übel genommen. Aber es ist doch mein Leben, ich habe versucht, das meinen Eltern klar zu machen, dass ich Gründe habe, meinen Mann mit den Kindern zu verlassen. Sie haben nur gesehen, dass eine intakte Familie zerstört wird, dass die Familie nicht intakt war, haben sie nicht gesehen. Als ich Mariana zu mir nehmen wollte, dasselbe: «Überleg dir das gut, tu es nicht», haben sie zu mir gesagt. Meine Schwester auch. Dabei war es doch meine Sache. Wenn sie gesagt hätten: «Du musst wissen, was du tust, sag Bescheid, wenn wir dir helfen können.» Meine Eltern haben lange nicht akzeptiert, dass ich anders denke und lebe als sie. Immer wieder hat meine Mutter mir gesagt: «Kind, häng doch endlich mal Gardinen auf.» Ich habe gesagt: «Mutti, häng doch endlich mal deine Gardinen ab.» Jetzt habe ich manchmal das Gefühl, sie lernen es. Die Pflegekinder akzeptieren sie inzwischen wie ihre eigenen Enkel, und auf die Bau-Ergebnisse sind sie ganz stolz. Vielleicht brauchten sie einfach Zeit. Wer weiß, was meine Kinder von mir sagen werden?!

Früher war ich unsicher, was die Kindererziehung angeht. Heute verlasse ich mich oft auf mein Gefühl. Meine Erziehungsmethoden, die sind so richtig, auch wenn ich dazu keine Bücher mehr lese. Ich denke: Du hast ein Herz, das gesund ist und lieben kann, du hast Erfahrung und Zeit. Wie soll man zum Beispiel einem kleinen Kind beibringen, dass es sich nicht gefallen lassen muss, was es nicht mag? Gerade Mariana reagierte oft einfach mit Weinen, ließ sich alles gefallen, rannte nicht weg oder sagte: «Hör auf, ich will das nicht.» Für mich war das schrecklich, das zu erleben.

Neulich bin ich mit Mariana spazieren gegangen, sie lief an meiner Hand, plötzlich hatte ich nur noch ihren Handschuh in der Hand. Sie fing an zu weinen, sie wollte ihren Handschuh wiederhaben, konnte aber nichts sagen, stand da mit hängenden Armen. Ich habe gesagt: «Mariana, was musst du machen, um den Handschuh wiederzukriegen? Kuck, hier ist er.» Ich habe ihn ihr vor die Nase gehalten, aber sie hat nichts gemacht, nur geweint. Ich habe gesagt: «Komm, Mariana, wenn du etwas haben willst, muss du auch mal kämpfen.» Sie weinte nur. Ich hätte ihr den Handschuh wiedergeben können, aber ich habe ihr den anderen auch noch weggenommen und ihr beide hingehalten. Irgendwann fing sie an, hinter mir herzulaufen. Ich bin so langsam gelaufen, dass sie mich kriegen konnte. Als sie mich hatte, hat sie beide Handschuhe gekriegt und gestrahlt. Ich habe gesagt: «Siehst du, Mariana, du hast gekämpft und du hast gewonnen.» Mariana läuft am liebsten an der Hand; als sie zu uns kam, konnte sie kaum auf ein Sofa krabbeln oder ein kurzes Stück alleine gehen – sie wurde in ihrer alten Familie immer gelegt, hierhin gehoben, dahin gesetzt, im ersten Urlaub wollte sie gar nicht am Strand spielen, hatte schreckliche Angst vor allem Neuen, wäre am liebsten nur im Zelt geblieben und hätte geschlafen, wie ich überhaupt lange aufpassen musste, dass sie sich nicht im Schlaf verkriecht. Na, jedenfalls, nach der Sache mit den Handschuhen sage ich: «Mariana, und jetzt suchst du dir einen Punkt, zu dem du ganz allein läufst, ohne Hand.» Ich dachte, sie nimmt die nächste Laterne, die war fünf Meter weit weg. Aber nein, sie hat gesagt: «Bis über die Brücke, bis zu dem Haus da hinten.» Und sie hat so gestrahlt, als sie das geschafft hat. Und ich erst!

Britta, 40, Historikerin

Bin ich schon eine Zeitzeugin?

Oder: Die Muster auf ihren Kaffeetassen

Zahntechnik – Verlag – Abitur – Studium. Das Ziel: Arbeiten als Historikerin erschien greifbar nahe – da kam die Wende. Und mit ihr für viele Wissenschaftler die Abwicklung, dann gab es in den 90er Jahren immer weniger Fördergeld für Ausstellungen und Projekte. Britta fiel nicht durchs Raster: Ihre Ausbildung erwies sich als gut, ihre Beharrlichkeit tut ein Übriges.

Als die Wende kam, dachte ich: Mit meinem Beruf kann ich jetzt bestimmt nichts mehr anfangen. Mein Geschichtsstudium, das war systemnah gewesen, klar. Ich hatte arge Zweifel, wie es weitergeht. Nach dem Studium bin ich in ein ziemlich tiefes Loch gefallen, ich dachte so viel nach: In welchen Situationen hätte man sich früher anders verhalten sollen? Ich dachte auch: Muss ich jetzt von vorne beginnen? Ich war exmatrikuliert, nicht versichert und machte mir solche Sorgen, dass ich zum Beispiel eine Blinddarmentzündung bekommen könnte und meine Eltern die Krankenhausbehandlung bezahlen müssen.

In dieser Zeit dachte ich mir: Du musst dich beim Arbeitsamt melden. Das gab es 1990 in der heutigen Form noch gar nicht, Arbeitsamt fand sozusagen im Sozialamt statt. Ein Mitarbeiter dort erklärte mir: «Sie müssen als Erstes die Kontoauszüge von Ihrer Mutter, dem Vater und Ihrem Lebensgefährten mitbringen. Die müssen dann alle monatlich den Betrag X für Ihren Lebensunterhalt zahlen, und Sie können einen Antrag auf Beihilfe für einen Wintermantel stellen.»

Ich habe so geheult, als ich da rauskam. Ich hatte finanziell immer auf eigenen Beinen gestanden, und nun sollte ich nach meinem Studium auf Almosen angewiesen sein? Dabei erschien alles nicht so aussichtslos damals, die anderen in meinem Umfeld hatten noch Arbeit. Aber die Erfahrung in diesem Sozialamt hat mir den Boden unter den Füßen weggerissen.

Heute ist das anders, da sehe ich die Leute im Arbeitsamt irgendwie anders gehen, aufrechter, nicht so geduckt und mit gesenktem Blick. Inzwischen weiß man: Die Arbeitslosigkeit kann jeden treffen, du kannst persönlich nichts dafür.

Ich sah damals keine Perspektiven für mich. Aber ich brauchte Geld. Im Scherz hab' ich zu Freunden gesagt: «Wenn schon im stinkenden, faulenden und parasitären Kapitalismus arbeiten, dann gehe ich zu Kempinski oder ins KaDeWe.» In der *Morgenpost* las ich eine Stellenanzeige: Das KaDeWe suchte Verkaufspersonal. Auf 534-Mark-Basis, also Aushilfen. Beim Vorstellungsgespräch wurde ich gefragt: «Was können Sie denn so?» Ich wollte sagen: «Bücher», schließlich hatte ich vor dem Studium ja drei Jahre in einem Verlag gearbeitet und auch viel gelesen – aber dann fiel mir ein: Die West-Verlagsprogramme kennst du ja kaum – wie sollst du da die Kunden beraten?

Ich kam in die Modewaren-Abteilung. Da gab es Tücher aus Seide, aus Kaschmir für 600, 800 Mark und mehr. Ich dachte: So viel Geld für ein Tuch – ich würde dafür lieber nach Paris fahren. Ich schnappte Bemerkungen auf wie: «Furchtbar, heute ist wieder der ganze Osten unterwegs.» Unmittelbar nach der Wende wurde ja das KaDeWe, wie ganz Westberlin, von Besuchern aus dem Osten geradezu überschwemmt. Ich wollte nicht, dass man mir die Ost-Frau ansieht. Ja, wie kriegt man das hin? Vielleicht, indem man den hellblauen Lidschatten weglässt, nicht so viel pink und lila trägt?

Es war interessant zu sehen, wie so ein Kaufhaus als Unternehmen funktioniert. Völlig neu war zu erleben, wie sich der Betriebsrat für die Kollegen einsetzt. Das war anders als die Gewerkschaftsarbeit in der DDR. Im KaDeWe gab es Betriebsversammlungen zur besten Verkaufszeit, zwei Stunden lang wurde diskutiert, bis man auf einen gemeinsamen Nenner kam. So hätte ich mir die Gewerkschaftsarbeit bei uns gewünscht – jetzt fand ich sie im Westen.

Einmal war ich blass um die Nase, eine Kollegin bemerkt das und sagt: «Am besten, Sie legen sich ein bisschen in den Frauenruheraum.» Frauenruheraum? Ich dachte, ich hätte mich verhört, ich hatte nicht erwartet, dass es so etwas im Westen auch gibt. Natürlich hab' ich mich nicht getraut, mich in der Arbeitszeit dort hinzulegen, so schrecklich ging es mir nun auch wieder nicht. Während einer Pause hab' ich mir diesen Frauenruheraum mal angesehen: Er war genauso verrumpelt und mit Sachen zugestellt wie die Frauenruheräume im Osten, die meistens als Abstellkammern genutzt wurden.

Ein halbes Jahr nachdem ich im KaDeWe aufgehört hatte, bekam ich ein Arbeitszeugnis geschickt. Damit hatte ich überhaupt nicht gerechnet, wozu sollte ich es je verwenden? Jedenfalls stand drin: «Frau Britta R. war immer ehrlich, fleißig und pünktlich.» Klasse, das sind doch genau die Eigenschaften, die eine Verkäuferin braucht.

Es ist richtig ungewöhnlich, diese Situation: selbst erzählen. Für meine regionalgeschichtlichen Ausstellungen habe ich immer Zeitzeugen befragt und versucht, ihre Lebenserinnerungen einzubeziehen. Dadurch wird Geschichte ja erst lebendig. Aber selbst befragt werden? Ich war da erst zögerlich: Aus dem eigenen Leben erzählen – das hat auch etwas von Bilanz ziehen. Will man das? Jetzt bin ich also schon im Alter einer Zeitzeugin. Genügt es nicht, dass meine Schulbücher inzwischen im Museum liegen? Aber gut, ich erzähle weiter.

Meine ersten Interviews mit Zeitzeugen habe ich 1994 für meine zweite Ausstellung gemacht, in Glashütte. Glashütte ist ein Glasmacherdorf, etwa 60 Kilometer südlich von Berlin, auf der Strecke nach Dresden, kurz vorm Spreewald. Im Dorf lebten noch einige Glasmacherfamilien, sie erzählten über ihren Arbeitsalltag, ihre Schul- und Lehrzeit, auch über Betriebsausflüge und Kegelabende. Außerdem habe ich in Glashütte Sammlungen für ein Museum angelegt, eine wirklich schöne Arbeit. Das Dorf steht unter Denkmalschutz, gemeinsam mit einem Architekturbüro haben wir ein Ortsgestaltungs- und Nutzungskonzept erarbeitet. Angefangen vom Museum bis zum sanften Tourismus sollte das alles auch den Dorfbewohnern gefallen. 1994 gab es noch Fördermittel von der Bundesumweltstiftung für derart umfangreiche Projekte. Zur Ausstellungseröffnung kamen übrigens auch ehemalige Kolleginnen aus dem KaDeWe, was mich unheimlich gefreut hat, so haben sie gesehen, was ihre Kollegin aus der Tücher-Abteilung noch kann.

Viele Leute haben ja keine Vorstellung, was man mit Geschichte machen kann, außer im Museum, im Verlag oder in der Schule arbeiten. Ich habe mittlerweile viel kennen gelernt. Im Moment bin ich Projektleiterin im Bereich Kulturerbe und Denkmalpflege für die Deutsche Gesellschaft e.V. Wir erfassen und beschreiben im Landkreis Dahme-Spreewald Schlösser, Herrenhäuser, Gutsanlagen und Patronatskirchen, rund 150 Standorte, manchmal leider nur das, was davon übrig ist! Kennen Sie diese kleinen Hefte mit dem Titel *Landpartie*? Fahrradtouristen nutzen die gerne. In diesen Heften und auch Info-Blättern für einzelne Orte kann man unsere Arbeitsergebnisse später nachlesen, das ist der ganz praktische Nutzen der Arbeit.

Gestern war ich in Groß-Jehser und Malenchen, das ist ein Gebiet, das wechselnd sächsisch und brandenburgisch war, seit 1815 gehörte es zu Brandenburg. Dort stehen Gutshäuser, die seit der Wende verfallen. Das in Groß-Jehser ist ein schöner Fachwerkbau aus dem 18. Jahrhundert, man kann jetzt noch sehen, wo der Dorfarzt sein Sprechzimmer hatte. Armselig. Andererseits: Heute kommt kein Dorfarzt mehr. Im Gutshaus stehen noch die alten Trennwände für die Wohnungen, nach dem Krieg waren hier auch Flüchtlinge untergebracht. Die Zimmer waren riesig groß, jedes hatte einen tollen Ausblick. Gutshäuser wurden ja oft für Flüchtlinge genutzt, später zogen auch Kindergärten ein oder der Dorfkonsum. Ich meine, es kann doch keine so schlechte Gesellschaft sein, in der der Kindergarten im schönsten Haus im Dorf ist, oder? Auf jeden Fall: Die Gemeinde hat heute kein Geld, um etwas mit dem Haus zu machen. Und die Gegend ist so, dass sie nicht gerade nach noch einem Schulungszentrum oder Hotel schreit. Das tut mir weh, wenn Kulturgut verfällt.

Vor sechs Wochen habe ich mit dieser Arbeit angefangen, meine beiden Vorgänger hatten jeweils eine feste Stelle gefunden. Auch wenn es erst mal nur für drei Monate ist – ich bin glücklich, dass ich in meinem Beruf arbeiten kann. Vielleicht wird das Projekt auch verlängert, wenn nicht, muss ich versuchen, auf Werkvertragsbasis weiterzukommen. So hangelt man sich durch, aber irgendwie klappt es immer.

Natürlich habe ich mir mein Berufsleben anders vorgestellt, als ich 1985 mit dem Studium anfing. Durch die Absolventenvermittlung wäre eine Anstellung damals sicher gewesen, das war staatlich geregelt. Aber als Historikerin wäre ich bestimmt früher oder später Zwängen ausgesetzt gewesen, die ich vielleicht nicht ausgehalten hätte. Insofern kam die Wende schon zum richtigen Zeitpunkt.

Während meines Studiums begann es ja gerade mit der Perestroika in der Sowjetunion. Etwas später dachte man auch an der Uni in Leipzig über Reformbedürftiges nach, verfasste mal ein kritisches Schreiben als gesamte Seminargruppe, aber wirkliche Veränderungen waren nicht in Sicht.

Ursprünglich bin ich ja Zahntechnikerin. Weil ich immer gern gebastelt und modelliert hatte, fanden meine Eltern, der Beruf wäre richtig für mich. Die Ausbildung habe ich brav zu Ende gemacht und mir sofort etwas anderes gesucht, denn die Arbeit gefiel mit nicht.

Danach habe ich drei Jahre als Sachbearbeiterin im Lektorat für Alte Geschichte und Kulturgeschichte im Deutschen Verlag der Wissenschaften gearbeitet. Die technische Vorbereitung von Manuskripten für den Druck, Korrektur lesen und den Kontakt zu Autoren – das fand ich interessant.

Parallel zu dieser Arbeit habe ich das Abitur an einer Abendschule nachgeholt. Mein Ziel war: Arabistik oder Ethnographie studieren. Zwei Jahre lang war ich montags und mittwochs von halb fünf bis viertel zehn in der Schule, samstags von acht bis halb eins. Nach dem Abitur habe ich mich für Arabistik in Leipzig beworben. Es gab sechs Studienplätze pro Jahrgang! Zwei von den sechs Studienplätzen gingen ans Außenministerium, zwei an die Stasi – das sagte man uns, mehr oder weniger durch die Blume. Blieben noch zwei. Davon war einer für einen Mann – für Frauen wurden zu viele Probleme gesehen beim diplomatischen Dienst in arabischen Ländern. Es gab eigentlich nur einen Arbeitsplatz republikweit, der später auch für mich in Frage gekommen wäre: in der Arabienredaktion von *Radio Berlin International.* So fein war die Planung.

Ich wurde nicht genommen.

Mein nächster Studienwunsch war Ethnographie: Volkskunde, Religionen und Alltagsgeschichte fand ich sehr interessant. Nicht die reine Wissenschaft, sondern das Alltagsleben beschreiben. Es ist mir nicht gelungen, einen Studienplatz zu bekommen.

So blieb Geschichte. Neuere Geschichte. Ich hatte gerade in mühevoller Kleinarbeit eine Ausbauwohnung im Hinterhof in Friedrichshain bezugsfertig, da bekam ich den Studienplatz in Leipzig samt Platz im Studentenwohnheim in einem Vier-Mann-Zimmer. Die Wohnung in Berlin habe ich behalten, ich konnte sie mir leisten, und ich hatte sie mir schwer erkämpft.

Mir wäre es nie eingefallen, in eine Wohnung schwarz einzuziehen, so wie viele es gemacht haben, das hätte ich mich nicht getraut. Dabei war das offenbar nicht schwer: Die Leute sind einfach in eine leer stehende Wohnung eingezogen, haben angefangen, Miete, Gas und Strom zu bezahlen, und so wurde das irgendwie legal. Es gab aber noch eine andere Möglichkeit: Wenn du der Wohnungsverwaltung zwanzig leere Wohnungen nachgewiesen hast, mussten sie dir eine davon geben. Ich bin mit einer Freundin abends durch die Straßen gegangen, wir haben gekuckt, wo nie Licht brennt, sind dann auch in die Häuser rein, haben geklingelt und uns erkundigt. Ja, so habe ich meine erste eigene Wohnung bekommen.

Es war eine Ausbauwohnung, die Maler längere Zeit als Pausenquartier benutzten – da kann man sich vorstellen, wie die ausgesehen hat ... Ausbauwohnung hieß ja: Du musst alles selbst sanieren, die Wohnungsverwaltung hat gerade mal den Ofen gesetzt und die Fußböden in Ordnung gebracht. Diese mühevoll hergerichtete Wohnung wollte ich nur wegen des Studiums in einer anderen Stadt natürlich nicht hergeben. Ich konnte mir die Wohnung auch als Studentin weiter leisten, Wohnungen waren ja nicht so teuer, meine hat 37 Mark 25 gekostet.

Ich fand den Gedanken ja anfangs reizvoll, in Leipzig studieren ... eine andere Stadt kennen lernen ... Aber ich bin mit Leipzig nicht richtig warm geworden, ich fand's ein bisschen provinziell. Die Verrenkungen, die da zu den Frühjahrs- und Herbstmessen gemacht wurden ... Alle Studenten mussten aus den Wohnheimen ausziehen, die Zimmer wurden schnell für die Messegäste renoviert und anschließend vermietet. Außerdem verdoppelten sich die Preise in den Gaststätten, um möglichst viel an den Messegästen zu verdienen ...

Nachdem ich Berlin verlassen hatte, kam das Heimweh. Mein neuer Freund merkte immer, dass ich zum Ende der Woche unruhig wurde, und sagte: «Fahr nur.» In Berlin habe ich an den Wochenenden hauptsächlich gelesen und an meinen Seminarreferaten geschrieben, ganz in Ruhe in meiner Wohnung, nicht mit vier Mann auf der Bude. Das war mir das Fahrgeld wert, 12,60 Mark hin und zurück, mit 50 Prozent Ermäßigung auf Studentenausweis, das weiß ich auch noch.

Mit meinem Geld bin ich gut ausgekommen, ich hatte als Studentin ungefähr so viel wie vorher im Verlag. Jeder Student bekam in der DDR ja 200 Mark Grundstipendium. Ich hatte vor dem Studium drei Jahre gearbeitet, und dafür bekam man zusätzlich 120 Mark. Dazu Leistungsstipendium, 60, 120 oder 180 Mark, ich hatte mal 60 und mal 120, machte 380 oder 440 Mark – im Verlag waren es auch nur 460.

Während des Studiums habe ich mich auf die Zeit der Weimarer Republik spezialisiert, die Sozialgeschichte der technischen Intelligenz war ein Schwerpunkt. Kurz vor meiner Diplom-Phase liebäugelte ich sehr mit einem Thema aus der DDR-Geschichte – zum Beispiel das Verhältnis der *Jungen Gemeinde* zum Staat nach dem 17. Juni 1953, das hätte mich interessiert. Obwohl ich nicht kirchlich gebunden bin. Ich hätte auch gern den *Bitterfelder Weg* untersucht. Sie wissen doch: diese Idee, den Arbeitern Kunst nahe zu bringen, unter dem Motto: «Greif zur Feder, Kumpel, die deutsche Nationalliteratur braucht dich.» In den 60er Jahren entstanden ja tatsächlich viele Zirkel schreibender Arbeiter. Ich fand das interessant: Haben da Arbeiter ein Hobby entdeckt? Gab es sogar welche, die den Beruf wechselten? Klar, die Hoch-Zeit dieser Aktionen war lange vorbei, dazu gehörte ja auch, dass Künstler in die Betriebe, in die Produktion gingen. In den 80er Jahren kannte ich keinen Künstler in der Produktion. Das heißt, halt, doch, auf der Rostocker Werft gab es einen Bildhauer. Die Arbeiter haben gefragt: «Was machst du da? Was soll das sein?» Ich finde ja den Ansatz nicht schlecht, Kultur und Arbeit zusammenzubringen – aber hat sich dadurch wirklich etwas verändert in der Gesellschaft?

Letztlich habe ich doch kein DDR-Geschichtsthema für meine Diplomarbeit genommen, ich befürchtete, etwas anderes schreiben zu müssen, als die Quellen hergeben, man kann auch sagen: Ich hatte Angst, dass mir jemand reinquakt. Deshalb entschied ich mich für ein Thema aus den 20er Jahren. In Leipzig forschte eine Arbeitsgruppe an der *Geschichte der Mittelschichten* – das war verankert im ZFF, im *Zentralen Forschungsplan der* DDR. Ich schrieb über die Wege der Ingenieurausbildung, die sehr unterschiedlichen Schul-, Fach- und Hochschulinstitutionen, den Einfluss von Rationalisierung und Industrie auf die Bildungsinhalte. Auch über soziale Aspekte: Wie erging es Ingenieur-Studentinnen? Wie war die soziale Lage der Studenten insgesamt, wie ihr Einstieg ins Berufsleben?

Als ich das das Werk *Das akademische Deutschland* auswerten wollte – es ist mehrbändig und 1930 erschienen –, hatte ich ein Problem: Zwei Bände standen in der Deutschen Bücherei in Leipzig, einer in der Staatsbibliothek *Unter den Linden*. Das für mich interessante Buch gab es nur an der TU-Bibliothek in Westberlin. Ich hatte einen tollen Mentor, der sagte zu mir: «Ich würde Sie gern an die TU-Bibliothek schicken.» 1988! Das erschien mir völlig utopisch, damals durfte höchstens unser Sektionsdirektor fahren, aber doch keine Studentin! Ich hab's dann doch noch geschafft, das Buch auszuwerten: Wenige Wochen nach der Maueröffnung, ausgerüstet mit Stullenpaketen für den ganzen Tag.

Am 9. November 1989 war ich in Leipzig. Man kannte die Schabowski-Meldung, dass DDR-Bürger frei reisen könnten, aus dem Fernsehen und dem Radio. Die Maueröffnung am Abend bekam ich nicht mit. Ich bin – wie immer am Wochenende – nach Berlin gefahren. Die Züge waren total überfüllt, man wurde kaum mitgenommen. Mein Freund ist schon in den ersten Tagen mit einem Kumpel nach Westberlin gefahren, auch um sich schnell das Begrüßungsgeld abzuholen, die 100 D-Mark. Ich fuhr dann etwas später mit einem gemeinsamen Freund, die Handtasche ängstlich unter den Arm geklemmt. Ich weiß noch, wie überrascht ich war, dass die Gründerzeitbauten hinter der Grenze genauso aussahen wie bei uns. Ich musste erst begreifen, dass es ja *eine* Stadt ist.

Beängstigend, die Erinnerung … Ich weiß noch, die Zeit als die ersten Demonstrationen in Leipzig mit ganz wenigen Menschen begannen. Mir fehlte der Mut. Aber an der Nikolaikirche sah man die brennenden Kerzen für die am letzten Montag Inhaftierten, es wurden von Woche zu Woche mehr Kerzen! Ich habe damals durchaus mit mir gehadert, dass ich mich so egozentrisch auf mein Studium konzentrierte. Erst später habe ich mir auch Flugblätter vom Neuen Forum und der Initiative für Frieden und Menschenrechte durchgelesen und bin zu Veranstaltungen gegangen, wie so viele. Als nach der Wende die ersten Informationen über genaue Pläne für Lager zur Inhaftierung Andersdenkender herauskamen, konnte ich es nicht fassen. Wenn mir das jemand vor der Wende erzählt hätte, dass es so was gibt: Ich hätte es nicht geglaubt.

Rückblickend kann man nur sagen: Es war ziemlich unglaublich, was 1989 passiert ist, die Wende, dann 1990 die Wiedervereinigung. Die Reden immer wieder zum 17. Juni von den Politikern im Westen empfand ich nur als Worthülsen: «Unsere Brüder und Schwestern.» So richtig interessiert hat sich in den 80er Jahren dafür sowieso nur noch die ältere Generation. Ich bin '63 im Brandenburgischen geboren, in einer sächsischen Kleinstadt und in Berlin aufgewachsen, wir hatten keine Westverwandtschaft. Für meine Zahntechnikausbildung wurde die Theorie in einem alten Backsteingebäude direkt an der Grenze unterrichtet. Aus den Fenstern des Anatomiekabinetts kuckte man direkt auf die Balkone der Kreuzberger, man konnte sogar das Muster ihrer Kaffeetassen erkennen! Ich habe damals nie darüber nachgedacht, ob ich die Menschen, die diese Tassen in der Hand hielten, je persönlich kennen lernen möchte. Plötzlich wäre es möglich gewesen.

Ohne Wende hätte ich wahrscheinlich auch nie meinen Führerschein gemacht. Die Wartezeiten und Preise für Autos waren utopisch: etwa 10 000 Mark für einen Trabi. Nach der Wende haben alle auf mich eingehackt: «Mach mal!» Die 2000 Mark für die Fahrerlaubnis taten mir in der Seele weh, aber ich konnte sie mir durch einen Filmstatistenjob verdienen. Im Winter wurde in Berlin *Wie ein Licht in dunkler* Nacht gedreht, mit Melanie Griffith und Michael Douglas. Sie spioniert 1941 als Amerikanerin deutsch-jüdischer Herkunft für den US-Geheimdienst die Nazis aus und verliebt sich in Michael Douglas. Es wurden viele Statisten gebraucht, für Massenszenen auf dem ehemaligen Opernplatz, in der Staatsoper und während eines Bombenangriffs. Erst sollten es ein, zwei Tage sein, 80 Mark pro Tag. Dann suchte der Regisseur eine *special group*. Ich war ideal geeignet: blond und blauäugig. Ich hatte 15 Drehtage und konnte davon den Führerschein fast komplett bezahlen.

Zu meiner Arbeit in Glashütte musste ich mit dem Auto fahren. Das erste Mal bin ich morgens um vier gestartet, als die Straßen noch ganz leer waren. Inzwischen bin ich nicht mehr eine so ängstliche Autofahrerin.

In den ersten Jahren nach der Wende gab es noch viele öffentlich geförderte Projektstellen für Historiker. 1991 hatte ich drei Angebote: eine Dokumentation zur Geschichte der Oranienburger Straße. Kirchengeschichte. Und als Drittes bot man mir eine Arbeit im Kulturbund, zur Stadtgeschichte, an. Dafür habe ich mich dann entschieden. Den Kulturbund gab es schon zu DDR-Zeiten, nach der Wende wurde er plötzlich Verein. Es ist schon irgendwie grotesk: Der Kulturbund wurde 1945 von Intellektuellen für die demokratische Erneuerung Deutschlands und die Verbreitung kultureller Werte gegründet. Während der DDR musste er dann aber alle möglichen Gruppen aufnehmen, die früher Vereine gewesen wären: die Schachfreunde, die Guppyzüchter, zuletzt sogar den Club der Großen. Jegliche Aktivitäten standen ja unter staatlicher Kontrolle, eigenständige Vereine gab es nicht.

1991 bin ich zu einer Tagung zum Thema *Vergangenheitsbewältigung in der Geschichtsschreibung* gefahren, die von der Gesellschaft für Heimatgeschichte und der Hanns-Seidel-Stiftung organisiert wurde. Ich war sehr überrascht, dass sich diese CSU-nahe Stiftung zu einer gemeinsamen Veranstaltung mit dem Kulturbund aufraffte. Das Thema war mir wichtig, denn ich hatte mich ja selbst zu fragen, ob ich in der DDR meinen eigenen Handlungsspielraum genutzt hatte. Ich wollte mich mit meinen Wende-Erfahrungen selbst wiederfinden. Weil ich in Aufbruchstimmung war, rief ich als No-name bei der *Berliner Zeitung* an und fragte vorsichtig, ob sie an einem Tagungsbericht interessiert wären. Der Geschichtsredakteur sagte zwar: «Hätten Sie vorher Bescheid gesagt, wir hätten einen unserer Mitarbeiter geschickt.» Aber das wollte ich ja gar nicht. Ich weiß noch, wie ich am Freitagabend meinen fertig getippten Tagungsbericht in den Briefkasten des Verlags gesteckt habe. Der Beitrag erschien tatsächlich genau so, wie ich ihn geschrieben hatte, nur unter einer etwas flotteren Überschrift – das wäre zu DDR-Zeiten nie möglich gewesen. Da hätte ich den Beitrag vorher meinem Abteilungsleiter zeigen müssen, der Parteisekretär hätte sich das auch noch mal angekuckt, und alles wäre bestimmt dreimal umgeschrieben worden, weil der Klassenstandpunkt nicht richtig zum Ausdruck kam. Ich wollte damals einfach mal probieren, ob die neue Pressefreiheit wirklich funktioniert. Das ist schon toll, wenn man das erste Mal seinen Namen in der Zeitung gedruckt sieht.

Meine nächste Stelle fand ich nahtlos bei der *Deutschen Gesellschaft* im Bereich Industrie-Archäologie. Viele Industrie- und Handwerksbetriebe waren mittlerweile geschlossen, wir untersuchten sie als Zeugnisse unserer Arbeitswelt und Kultur. Ich habe Industrie- und Technikbauten im Norden Brandenburgs erfasst und machte daraus meine erste Ausstellung: *Glas, Kalk und Ziegel – Historische Produktionsstätten zwischen Rettung und Verfall* – kein sehr origineller Titel. Ich war in der Technikgeschichte angekommen – beinahe eine Fortsetzung meines Diplomthemas.

Mein ursprüngliches Berufsziel war ja, den Menschen Alltagsgeschichte nahe zu bringen. Ich dachte: Du wolltest es immer, also: Mach es. Es lief auch in den nächsten Jahren gut, aber es gab viele Hänger, und es gab auch Lücken, Zeiten ohne Anstellung, aber ich habe gelernt, die Leerräume auszufüllen. Ich suche mir Honorar-Aufträge oder arbeite im Zweifelsfalle ehrenamtlich in der Hoffnung auf einen Vertrag. Und ich freue mich über jedes Jahr, in dem mich die Arbeit, die ich mag, ernährt. Für mich gibt es nämlich keinen größeren Luxus als eine Arbeit, die mich wirklich interessiert, und finanzielle Unabhängigkeit.

So viele Menschen im öffentlichen Dienst könnten ein Sabbatical nehmen, ein Jahr frei. Unbezahlt, ja, aber du kannst deinen Neigungen und Interessen nachgehen, dafür lohnt es sich doch zu sparen. Ich würde das sofort machen, wenn ich einen festen Job und die Möglichkeit dazu hätte.

Vielleicht mach' ich ja nochmal etwas ganz anderes, wenn mein Kinderwunsch unerfüllt bleibt. Ich bin jetzt 40, da hat man gelernt, dass sich nicht alle Lebensvorstellungen verwirklichen lassen. Ich hatte mein Leben mit Kindern geplant, auch mit einem Mann, aber nicht um jeden Preis. Bis zum 4. Studienjahr habe ich die Pille genommen, dann klappte es nicht, zwischen 34 und 36 hatte ich nicht den richtigen Mann. Mit 40 kam für mich die persönliche Wende, und ich habe mir gesagt: Du hast es immer versucht, nun akzeptiere, dass dieser Wunsch unerfüllt bleibt. Man lernt, das Leben anzunehmen, wie es ist. Viele meiner Freundinnen haben Kinder, mit denen kann ich gut umgehen, mich um sie kümmern, mit ihnen spielen. Meine Frauenärztin hat mal vorgeschlagen: in vitro … Ich habe gesagt: «Aber ich bin doch noch nicht mal verheiratet.» Das wäre offenbar kein Hindernis, aber darum geht es gar nicht, ich kenne mich, ich würde immer versuchen herauszufinden: Wer war denn nun der Samenspender, von wem ist das Kind? Ich hätte auch ethische Bedenken: Ein Kind aus dem Reagenzglas, die technische Realisierbarkeit ist die eine Seite. Aber was sage ich dem Kind, wenn es wissen will, wer sein Vater ist? Je älter man wird, also mit 40, da sagst du dir wirklich: Wenn mein Wunsch, mit Kind zu leben, so unbändig wäre, würde ich mir doch jemanden mit Kind suchen. Oder?

Ich hatte immer Freunde während des Studiums. Aber je ausgefeilter man selber ist, desto schwieriger wird es, die Männer werden auch komplizierter mit dem Alter. Bei mir ist die Woche ausgefüllt auch ohne Partner, da ist eine Freundin fürs Berufliche, die andere fürs Herzliche. Telefonieren ist für mich so wichtig wie essen und trinken.

Einmal war ich zu einem Empfang in einem Schloss eingeladen, für das ich eine kunstgeschichtliche Broschüre geschrieben habe. Auf der Einladungskarte stand: Frau R. mit Begleitung. Für solche Gelegenheiten oder Ausstellungseröffnungen findet sich immer ein kultivierter Begleiter aus dem Freundeskreis. Dafür muss man nicht verheiratet sein.

Kurz nach der Wende war ich zu einer Historiker-Tagung und kam mit einer Frau ins Gespräch, ich fragte: «Und was machen Sie so?» Sie sagt: «Mein Mann ist bei der Bank, und er …» Ich fragte nach: «Und Sie?» Es stellte sich heraus, dass sie zwar wissenschaftlich arbeitet, dass das aber nur geht, weil ihr Mann das Geld verdient, der finanziert das quasi. Ich fand das komisch: Wir sind auf einem wissenschaftlichen Kongress, und diese Frau fängt an, nur von ihrem Mann zu erzählen. Vielleicht ist das in der neuen Gesellschaft ja ein Lebensmodell, dachte ich: sich einen reichen Banker zu angeln, um seinen Beruf ausüben zu können. Aber Banker sind mir eher zu langweilig.

Irgendwann nach der Wende trat die Zeitschrift *Emma* in mein Leben. Eine Gymnasiallehrerin aus der Verwandtschaft gab sie uns Frauen mit der Aufforderung: «Das müsst ihr unbedingt lesen, um zu wissen, wie es jetzt langgeht.» Ich konnte mit der *Emma* nicht viel anfangen: Es wurde viel zur lesbischen Problematik veröffentlicht – vereinzelt interessierte mich etwas, wie ein Bericht zur Lage der Frauen im Irak. Aber regelmäßig lesen? Nö. Einmal fand ich die *Emma* noch ganz gut, bei der Berichterstattung über diese Bastian-Kelly-Geschichte, die in den anderen Medien als Doppelselbstmord dargestellt wurde. So weit ich weiß, war *Emma* damals die Einzige, die's richtig benannt hat: dass Bastian erst Petra Kelly erschossen hat und dann sich selbst. Es war eben kein bedauernswerter Doppelselbstmord, der besser zu Bastian und seiner Arbeit für die Friedensbewegung gepasst hätte.

Als ich mein erstes *Emma*-Exemplar las, lebte ich noch mit meinem Freund zusammen. Wir hatten nie Streit gehabt. Bis ich die Zeitschrift mitbrachte. Er meinte: «So'n Blödsinn, das haben wir gar nicht nötig.» Ohne einen einzigen Artikel gelesen zu haben. Wir haben uns dann doch noch gestritten, weil mich aufgeregt hat, wie er etwas verurteilen kann, das er noch nicht gelesen hat. Widerstrebend hat er mal drin rumgeblättert, einige Cartoons fand er dann auch lustig.

Mein damaliger Lebensgefährte klopfte gerne so markige Sprüche wie: «Frauen zum Kochen aus der Küche raus und zum Abwaschen wieder rein.» Das war aber völlig o. k., denn er hat eigentlich den ganzen Haushalt erledigt. Als wir uns getrennt haben, musste ich richtig nachdenken, wo ich am besten einkaufen gehe und wo eigentlich die Mülltonnen sind. Wir haben uns in den Alltagskram gut reingeteilt. Er war handwerklich nicht so begabt, malern und bohren waren dann eher meine Aufgaben – das konnte ich auch ganz gut nach dem Ausbau meiner ersten Wohnung.

An der Uni, beim Studium, hatten wir einen Professor, der hat allen Ernstes behauptet: «Frauen sind doch nur an der Uni, um sich einen Mann zu angeln.» Ich konnte das nicht fassen, habe aber schlagfertig geantwortet: «Na, dann brauchen wir unsere Seminararbeiten wohl gar nicht zu schreiben, wenn wir hier nur zur Dekoration rumsitzen.» So eine Haltung war mir noch nie begegnet. Dass man sich einen reichen Mann sucht und eine Versorgungsehe eingeht, das kam erst nach der Wende. Bei manchen Frauen. Und das waren dann oft West-Männer.

Eine Freundin hat schon zu DDR-Zeiten einen Mann aus dem Westen geheiratet, den sie in Ungarn kennen gelernt hatte. Er kam zur Hochzeit mit seinem Freund und Trauzeugen. Der Standesbeamte in Berlin-Mitte erzählte vom Sinn der sozialistischen Ehe. Ich fand, das hat der Mann gut durchgestanden. Der Freund blieb mir irgendwie fremd, er war Immobilienmakler. Mit dem Berufsbild konnte ich nichts anfangen: Bei uns hatte keiner Interesse daran, Grundstücke zu kaufen. Wer bei uns ein Mietshaus hatte, wollte es eher loswerden, weil er es meist als Belastung empfand wegen des Materialmangels bei Reparaturen. Auch die Vertreter-Typen aus dem Wesen, die ich während meiner Studentenjobs zur Messe in Leipzig erlebte, waren nicht besonders interessant.

Nach der Wende kamen in den Osten viele ältere West-Männer, so um die 50 und älter, die sicher oft vor ihren familiären Verhältnissen geflohen sind. Die konnten sagen: «Ich gehe in den Osten», und die Frau konnte sagen: «Ich bleibe lieber hier.» So hat sich manches geklärt.

Ich habe neulich einen West-Mann getroffen, der jetzt

mit einer Frau aus dem Osten zusammen ist, der sagte: «Meine Scheidung war teuer.» Und er redete von den wunderbaren Ost-Frauen und vom Von-vorne-Anfangen. Das können Männer ja immer gut – mit einer Jüngeren neu anfangen, das ist die Opa-Generation. Warum erzählte er mir das, «wunderbare Ost-Frauen»? Wenn man beruflich nur kurz miteinander zu tun hat, muss man doch nicht unbedingt so Privates erzählen. Ich drängel ihm doch auch nicht meine missglückten Liebesgeschichten auf. Vielleicht wollte er mir sagen: «Schauense mal, meine Frau ist auch aus dem Osten?»

Ein anderer älterer West-Mann sagte mal zu mir: «Erhalten Sie sich ja Ihre Warmherzigkeit und ihre Solidarität.» Mit *Sie* meinte er uns, also uns Ostler.» Was für ein Unsinn, habe ich gedacht, hier wird sich überhaupt nichts erhalten, weil sich die Rahmenbedingungen grundlegend geändert haben.

Zu Ostzeiten wären wir nie auf die Idee gekommen zu berechnen, was ein Kind kostet, also von der Geburt bis zum Ende der Ausbildung. 180 000 Mark, habe ich neulich gelesen. Oder waren es Euro? Auch egal. Denn: Was fang ich mit diesem Wissen an? Vielleicht: Nehme ich das Kind – oder doch lieber die Doppelhaushälfte? Mir stehen diese Gedanken nicht richtig zu, weil ich selbst keine Kinder habe. Aber diesen Drang, alles in Geld ausdrücken zu wollen, den finde ich problematisch. Sprache ist doch ein Ausdruck des Denkens, nicht?

Ist das nun eine typische Ostansicht? Ich denke doch nicht, oder?

Bei einem Symposium mit netten Kollegen aus Nordrhein-Westfalen, kurz nach der Wende, da kam irgendwann auch: «Dass du aus dem Osten bist, hätten wir nicht gedacht …» Natürlich habe ich gefragt: «Und, woran merkt man's, woran merkt ihr das?» Sie haben sich sehr gewunden, und dann kam es: an den Schuhen. Zu der Zeit hatten auch Leute aus dem Osten gelegentlich schon Gesundheitsschuhe an, die einfachen Birkenstockmodelle zum Beispiel. Aber die sehr ausgearbeiteten Schuhe – mit den vielen Nähten – die hatten eher die Wessis. Heute ist es schwieriger, es allein an den Äußerlichkeiten zu erkennen. Man merkt es eher am Dialekt oder an der Ausdrucksweise.

Manchmal merkt man es an der Wortwahl, aber auch das ist nicht so eindeutig. Ich hatte in Glashütte einen Praktikanten, viel jünger als ich, der sagte irgendwann: «Wieso sagst du eigentlich immer *urst*?» Mir war das nicht bewusst. Das ist urst komisch, urst schön. Die meisten Wessis kennen das Wort auch nicht. Aber da hab' ich gemerkt, dass manche Sachen keine Ost-West-Fragen sind, sondern Generationen-Unterschiede, junge Leute sagen heute vielleicht eher *voll* krass oder *voll* schön. Statt urst.

Ich spreche Hochdeutsch, ich achte darauf. Mein Großvater war Dorflehrer, immer wenn er gemerkt hat, ich falle ins breite Sächsisch, hat er so getan, als wenn er ein Band mit großer Anstrengung in die Breite zieht. Dann wusste ich: Reiß dich zusammen. Wenn ich hektisch werde, kommt aber das Sächsische durch. Ich finde Dialekte nur für den privaten Bereich ganz lustig. Eine Freundin erzählte mir von einem Symposium mit einem wirklich prominenten Redner – eine Koryphäe auf seinem Gebiet. Der Mann ist Schwabe – in seinem Vortrag ging es um das indische *Gaschtensyschtem* –, meine Freundin konnte sich nur noch auf dieses Wort konzentrieren und dem Vortrag nicht mehr folgen.

Es ist schon so: Wenn jemand sagt: «Ach was, du bist aus dem Osten?», dann reagiere ich durchaus ein bisschen mit verletztem Stolz. Ich will das gar nicht mehr sehen, ob jemand aus dem Osten oder aus dem Westen kommt. Ich finde, jeder Mensch hat seine individuelle Prägung.

Meine Eltern haben sich getrennt, als ich 12 Jahre alt war, mein Vater hat wieder geheiratet, seine Frau hat eine Tochter. Ich bin bei meiner Mutter geblieben. Ich hatte keine Geschwister und habe mich als Kind oft allein gefühlt. Nach der Scheidung meiner Eltern bin ich dann durch die zweite Heirat meines Vaters doch noch zu einer Schwester gekommen.

Als Kind liebte ich Bücher – eins mit einem Reisebericht über Indien ganz besonders. Da waren Frauen in ihren Saris abgebildet, mit Blüten in den Zöpfen, das habe ich mir immer wieder angesehen. Das fand ich ganz faszinierend – ich war aber bis heute nicht in Indien. Ich habe mir immer wieder die Muster von den Saris angeschaut und probiert, wie sie angelegt werden – vielleicht war das schon vergleichende Ethnologie. Auch Märchen haben mich sehr beschäftigt. Und Religionen haben mich sehr interessiert – auch ohne christliche Erziehung.

Ich bin auf der Fischerinsel groß geworden, umgeben von alten Gebäuden, die habe ich immer sehr geliebt. Die Hedwigs-Kathedrale war eine Zeit lang eine richtige Zufluchtsstätte für mich, zum Beispiel, als ich mit 13 den ersten Liebeskummer hatte, da habe ich mich da zurückgezogen und geheult. Ich bin gerne in Kirchen gegangen, das waren Gebäude, in denen ich mich wohl gefühlt habe. Wenn wir irgendwo unterwegs waren mit meiner Mutter und ihrem Freund, haben wir uns auch immer die Kirchen angesehen. Ich gehe auch heute gerne in Kirchen – ich spende dort gern im Rahmen des mir Möglichen, schon allein deswegen, weil ich weiß, was ihre Restaurierung kostet. Ich bin nicht religiös im Sinne einer Kirchenzugehörigkeit, aber ich kann es nachvollziehen, dass Menschen beten. Wenn eine Frau ein Kind erwartet, kann ich verstehen, dass sie für die Gesundheit ihres Kindes betet. Ich beneide Menschen, die Halt in einer Religion finden und sie als sinnstiftend für sich empfinden. Für mich ist das alles eher kulturhistorisch interessant. Und ich gehe gerne in Kirchenkonzerte. Die Musik von Bach ist ja für Kirchen geschrieben, deshalb klingt sie dort auch am besten.

Es gibt Erlebnisse und Erfahrungen, die beeinflussen einen nachhaltig. Für mich war das die Vorbereitung einer Ausstellung zum 60. Jahrestag der Pogromnacht 1998 im Museum Mitte von Berlin. Ich war Projektleiterin für diese Ausstellung beim Kulturbund. Ich wollte darstellen, wie die so genannte Reichskristallnacht in einzelnen Berliner Stadtbezirken verlief, und vor allem bisher unveröffentlichte Lebenserinnerungen finden. Über Aufrufe in jüdischen Zeitungen, zum Beispiel in der *Jüdischen Allgemeinen* und im *Aufbau* in New York, suchten wir Zeitzeugen, Fotos und Dokumente. Zuerst meldete sich das Yad-Vashem-Archiv aus Jerusalem und schickte acht Lebenserinnerungen, die seit den 60er Jahren aufgezeichnet wurden. Die waren so interessant, dass ich unbedingt Menschen kennen lernen wollte, die mir ihre Geschichte noch selbst erzählen können. Ich bin nach Jerusalem geflogen und habe dort in der Jerusalem Post eine weitere Anzeige aufgegeben, woraufhin sich noch mehr ehemalige Berliner gemeldet haben. In Haifa traf ich mich mit einer Frau, die mir von ihren Erinnerungen an die Pogromnacht in Mitte erzählte und wiederum einen Synagogendiener aus der ehemaligen Synagoge am Alexanderplatz kannte. Wir konnten in der Ausstellung dann verschiedene, bisher unbekannte Schicksale vorstellen. Mit zwei Zeitzeugen bin ich auch heute noch in Verbindung. Bei einer Schriftstellerin, die in Jerusalem lebt, verbrachte ich einen Urlaub und habe das erste Mal Chanukka miterlebt. Einen Mann treffe ich heute manchmal in Berlin, wenn er hier ist: Er war nach der Pogromnacht mit dem ersten Kindertransport nach England gekommen, die englische Regierung hatte nach der Reichspogromnacht beschlossen, 20 000 jüdische Kinder aufzunehmen. Er kam in eine Pflegefamilie ... Von den Nachwirkungen her war das für mich das stärkste Projekt.

Ich finde ja auch das Projekt *Stolpersteine* viel wirkungsvoller als das Holocaust-Mahnmal, das jetzt gebaut wird, bei dem befürchte ich, dass es nur eine Kranz-Niederlege-Stelle werden könnte. Die Stolpersteine sind ein Projekt von einem Kölner Künstler – er überzieht Gehwegsteine mit einer Messingschicht, auf der die Namen, Geburts- und Deportationsdaten von Menschen, die einmal Nachbarn waren, zu lesen sind. Diese Steine werden in den Gehweg vor den Häusern, in denen Juden gewohnt haben, eingelassen. In Mitte, am Hackeschen Markt und in Kreuzberg sind schon viele dieser Steine zu sehen. Ich stelle mir vor, wie diese Stolpersteine in der Sonne blitzen und Kinder ihre Eltern fragen: «Was bedeutet das?»

Mir gefällt meine Arbeit sehr, ich bin froh, dass ich sie mache, dass ich meine Interessen weiterverfolgt habe. Wenn man sich alles erkämpft hat, die Abendschule, das Abitur, das Studium, dann wird man nicht wegen einer Wende – die ja nur eine Episode in der Weltgeschichte ist – alles wegwerfen.

Meine Biographie liest sich heute ganz schlüssig und stringent – dabei habe ich oft nicht gewusst, wie es nach einem Projekt weitergeht. Als ich das erste Mal in Jerusalem war, habe ich mir auch die Klagemauer angeschaut, alleine, aus der Ferne, da habe ich bestimmt zwei Stunden gesessen und gesehen, wie die Menschen beteten und Zettelchen in die Mauerritzen steckten. Ein Israeli, der mich ein paar Tage später in der Altstadt herumgeführt hat, sagte: «Komm, du kannst dir das doch genauer ansehen.» Ich war aus Respekt so weit fern geblieben. Ich bin dann näher ran an die Klagemauer. Und am letzten Tag habe ich heimlich auch einen Zettel gerollt und in die Fugen gesteckt …

Petra, 51, Kosmetikerin

Starke Mutter, starke Kinder

Oder: Man geht seinen Weg

Wir sagen «Es geht uns unter die Haut» oder «Das ist zum Aus-der-Haut-Fahren» – die Haut ist auch immer der Spiegel unserer Seele. Der Besuch in der Kosmetik-Praxis gehörte früher für viele Frauen selbstverständlich dazu, heute fehlt vielen die Zeit für die ebenso pflegende wie entspannende Stunde. Die Stammkundinnen von Petra nehmen sich diese Zeit.

Bei den Kundinnen kriegt man so manches mit im Laufe der Jahre, Privates, Berufliches, man kennt die Frau und die Familienverhältnisse, man ist ein bisschen Teil dieses Lebens. Es ist schon vorgekommen, dass Frauen bei mir auch geheult haben. Da ist was dran. Während der Kosmetikbehandlung kann man sein Herz ausschütten. Man entspannt sich ja auch, körperlich, und manchmal kommt da eben das Seelische nach. Aber wenn es berufliche Probleme sind … Gut, ich kann zuhören, aber konkret helfen? Wenn ich hören würde, jemand sucht gerade eine Bürokraft – dann würde ich natürlich vermitteln. Aber ich kann immerhin trösten, Hoffnung machen, das hilft ja auch für den Moment, dass dir jemand zuhört.

Ich bin wirklich zufrieden mit meiner Arbeit, das denke

ich immer wieder. Wenn eine sagt: «Ich fühle mich wie neugeboren», macht mich das froh. Gerade nach der Fußpflege, da hüpft dann hinterher eine wieder, jedenfalls fast, sie merkt: Ich kann den Schuh anziehen, und nichts drückt mehr. Das Allerschönste ist natürlich: Die Kundinnen kommen wieder. Mir ist es lieber, Stammkunden zu haben, als solche, die kurzfristig fragen, ob noch ein Termin frei ist. Es ist schon sehr familiär bei uns. Die Kollegin, mit der ich arbeite, kenne ich schon aus sozialistischen Zeiten. Wir arbeiteten in einem Betrieb. Wir haben dann nach der Wende gemeinsam beschlossen: «Wir machen uns selbständig.» Sie hat aber gesagt: «Du, ich muss erst noch schnell ein Kind kriegen, dann geht es los.» Ihr Nachzügler ist jetzt in der Schule, sie holt ihn nachmittags vom Hort ab. Und der Große hatte gerade Jugendweihe. Wir haben uns das gut eingeteilt, sie arbeitet vormittags, ich von 13 bis 20 Uhr, das ist für uns optimal. Ich komme gerade noch rechtzeitig zum *arte*-Film nach Hause. Mein Mann kommt meistens später.

Mein Leben ist nicht so spektakulär, Sie werden schon sehen ... Ich war ja eigentlich immer Kosmetikerin, mein ganzes Leben lang, da gibt es nicht viele Brüche, wie bei anderen, die viele unterschiedliche Sachen gemacht haben ... Außer, dass ich mal den Betrieb gewechselt habe. Und dann die Wende, ja gut. Und die Selbständigkeit. Aber ich finde das alles normal, man geht seinen Weg, erledigt seine täglichen Dinge, macht seine Arbeit, warum auch nicht – für mich ist mein Beruf ja der richtige, ich bin zufrieden und glücklich damit. Überhaupt mit meinem Leben, aber das traut man sich ja kaum noch zu sagen. Ich denke, es wird oft in den Zeitungen übertrieben, wie die Stimmung ist, die wirtschaftliche Lage, die Politikverdrossenheit der Leute. Die Politik lässt mich nicht total kalt. Rentenreform, Gesundheitsreform … Leben heißt, sich zu bewegen, und reformieren heißt verändern.

Ich weiß schon, was für mich persönlich gut und wichtig ist – und wenn man das weiß, ist man zufrieden. Wenn man aber nur so tut, als ob, weil man den Eindruck erwecken möchte: *Alles prima*, mir geht's super – na, dann ist man zerrissen. Ich bin da geradlinig. Ich weiß, das war alles schon gut so in meinem Leben. Wenn man Selbstzweifel hat, ist das natürlich schwieriger.

Ich gehe meinen Weg, dazu gehört auch die eigene Praxis. Bei mir ist es so, dass keiner aus der Familie helfen muss oder musste, bei meinem Mann in der Familie war das früher anders. Meine Schwiegereltern waren selbständige Handwerker gewesen. Klar bietet sich bei einem Handwerker auch mehr an: hier mal ein Botengang, was ausliefern oder im Verkauf stehen. Ich wollte nie Mann und Kind mit meiner Arbeit behelligen. Mein Mann macht ja beruflich auch sein Ding.

Wir haben uns, Moment, 1974 kennen gelernt, 1977 sind wir hierher gezogen, 1978 kam unser Kind. Ja, 1971 war ich mit der Lehre fertig. Ich hatte meine erste eigene Ein-Raum-Wohnung, kleine Küche, kleines Bad. Mein Mann hatte auch eine, wir waren meistens bei ihm, in seinem Ort war einfach mehr los. Irgendwann haben wir unsere zwei Ein-Raum-Wohnungen zu einer Zwei-Raum-Wohnung zusammengetauscht. Dann kam schon Toni. Anfang der 80er sind wir umgezogen hier in diese Drei-Raum-Wohnung, damals hatte die noch Ofenheizung, hier, in der Ecke, neben dem Sofa, stand auch ein Ofen. Das hat uns nichts ausgemacht.

Mein Beruf gehört zu mir, ich bin gerne Kosmetikerin.

Woher soll man als junger Mensch wissen, welcher Beruf der richtige ist? Ich hätte mir mit 15, 16 gut vorstellen können, Krankenschwester zu werden, oder medizinisch-technische Assistentin. Meine Mutter hat aber gesagt: «Mann, denk mal ... Familie ... Nachtschichten.» Sie war es, die mit der Idee Kosmetik kam. Meine Mutter war beim Friseur gewesen, und da hatte sie einen Bericht in einer Zeitschrift gelesen über die Kosmetikausbildung in Halle. «Was passiert denn bei der Kosmetik?», habe ich gefragt, ich hatte keine Ahnung. Meine Mutter gönnte sich hin und wieder mal einen Kosmetiktermin in Berlin. Sie hat mir dann erklärt: «Gesichtsbehandlungen, Massagen, das wird dir liegen, das wird dir Spaß machen.»

Na ja, meine Mutter schrieb nach Halle. Wir kriegten dann gesagt, dass für unseren Bezirk Rostock zuständig ist. Ja und dann: 1. September 1969, wenn ich daran denke. Ich nach Rostock, und die Mädels da alle mit lackierten Nägeln, Lackstiefeln, Make-up ... Ich hatte einen neuen Dederonpullover, meine Mutter hatte mir einen neuen Rock genäht. Ich kam mir vor wie ein Landei. Ich wusste damals schon, dass ich an Äußerlichkeiten nicht so viel Geschmack finde. Sieht man ja auch heute: Ich schminke mich nie. Lidstrich war damals modern, soooo breit ...

Meine ältere Schwester – ich habe zwei Schwestern, die eine, Barbara, ist drei Jahre älter, die andere ist jünger als ich. Barbara war nach Leipzig gegangen, um Bibliothekar zu werden. Die war in der großen Stadt, und das hat mich immer sehr beeindruckt: Sie schrieb aus Leipzig oder rief an und hatte die neuesten Film- und Buch-Empfehlungen für mich. Wenn sie zu Hause zu Besuch war, hat sie mir im Kinderzimmer oft Geschichten halb vorgelesen und gesagt: «Wenn du das Ende wissen willst, lies selbst.» Was haben wir zusammen Nachmittage vergiekelt, wir hatten aber auch Pflichten, einkaufen, die Kleine vom Kindergarten abholen … Es war eine schöne Zeit mit meiner Schwester, und ich wäre auch gerne Bibliothekarin geworden. Das hätte meine Mutter aber nicht erlaubt.

Als ich in Rostock ankam, dachte ich: Jetzt schlägst du dich durch, jeder ist irgendwann auf sich gestellt. Ich hatte einen Internatsplatz, wir waren alles Mädels. Wir hatten vier Wochen Schule und dann vier Wochen Praxis, immer abwechselnd. Und als ich fertig gelernt hatte, kam ich direkt in die PGH. Produktionsgenossenschaft des Handwerks hieß das, ja genau. In unserer PGH gab es ungefähr 90 Prozent Friseurinnen und zehn Prozent Kosmetikerinnen. Als ich anfing zu arbeiten, ging das aber gerade erst los mit der Kosmetik. Hier, ich habe einen Zeitungsausschnitt aus dem vergangenen Jahrhundert aufbewahrt. Das bin ich, unglaublich nicht? Ich les mal vor: «Kosmetiksalon … Jugendobjekt … Schon jetzt bewähren sich Jugendliche an diesem Objekt. In Stunden der Freizeit renovieren und richten sie diesen Laden ein. Auch die 3 Beschäftigten, die die Kunden dann bedienen werden, sind Jugendliche.» Unser Salon war der erste, und ich habe direkt die Leitung übernommen und gleich einen Lehrling ausgebildet. Da hat man nicht lange drüber nachgedacht, über die Verantwortung und so. 46 Stunden die Woche hatten wir offen, da steht es, und ich war selbstverständlich die ganze Zeit da. Wo war damals eigentlich die Gewerkschaft?

Der neue Kosmetiksalon wurde von den Frauen gut angenommen: Die komplette Basisbehandlung, also mit Augenbrauen und Wimpernfärben, hat 9 Mark 70 gekostet. Da hat keine auf den Pfennig gekuckt, das war einfach drin. Heute kalkulieren wir ohne Färben mit dem Dreifachen.

Alle haben immer viel gearbeitet in der PGH. Wir haben auch zu DDR-Zeiten zeitweise keine Kundinnen mehr angenommen, die meisten kamen alle vier Wochen und ließen sich gleich einen Termin fürs nächste Mal geben. Nach der Wende wurden die PGHs sofort in GmbHs umgewandelt. Wir Kosmetikerinnen waren da ja immer das fünfte Rad am Wagen. Ich wusste: Ich wollte selbst bestimmen, mir auch die Produkte selbst aussuchen, mit denen ich künftig arbeite.

Am 1. Februar 91 hatte ich meinen ersten eigenen Laden, ich war überglücklich. Unmittelbar nach der Wende bin ich überhaupt nicht auf die Idee gekommen, mir einen Salon im Westen anzukucken. Warum auch? Erst als wir 1990 im Urlaub in Bayern waren, durch die Stadt gingen, da sah ich einen Fußpflegesalon und habe gesagt: «Jetzt geh ich mal schnell rein.» Der Salon war nicht besonders attraktiv, eben zwei Fußpflegekabinen ... Ich habe erzählt, dass ich aus dem Osten bin. Wir haben über die Preise geredet, wie sich das mit den Kunden gestaltet ... Ich habe dann auch erzählt, welche Preise wir nehmen. Die Inhaberin hat gesagt: «Die werden steigen.» Da hatte sie recht.

1997 bin ich noch einmal in andere Praxisräume umgezogen. Die Kunden sind treu mitgekommen. Mein Arbeitsplatz befindet sich unmittelbar am Rathaus. Jetzt, wo das Zentrum renoviert ist, sieht alles sehr schön aus. Im letzten Winter, na, tagsüber der Baulärm von den Baustellen, und wenn du abends nach Hause gegangen bist, an all den Rohbauten vorbei, die Straßenbeleuchtung war teilweise ausgeschaltet ... Graulig ... Aber jetzt: Sie sind schnell fertig geworden, die hatten ja auch Druck: Diesen Sommer hatten wir ein großes Stadtfest. Es wurde Zeit, dass hier überall, ringsherum, wieder Leben eingezogen ist.

Wir finden das gut, dass wir mitten im Stadtzentrum wohnen, weil: Hier ist Action. Dienstags zum Beispiel gehen mein Mann und ich oft ins Kino. Oder ich ruf' meine Schwester an oder meine Freundin und mach' mir einen schönen Abend. Arbeit, Kino, Theater, Konzert, nach Hause – das sind für mich alles nur kurze Fußwege.

Mein Mann und ich, wir sind nicht verheiratet, aber ich sage natürlich *mein Mann*, wenn ich von Wolfgang spreche, wie man eben mein Mann sagen kann, schließlich gehört einem der andere Mensch ja nicht. Bei uns stand heiraten nie zur Debatte – wegen der Wohnung, wie bei anderen, schon gar nicht: Wir hatten ja jeder eine, wir mussten die nur zusammentauschen für die Zwei-Raum-Wohnung, so ging das damals. Manche jungen Paare sind ja früher zu ihren Eltern gezogen, oft in ein Zimmer in der Wohnung, und dann noch mit Kind: Das wäre für mich gar nichts gewesen.

Als wir hier in die Drei-Raum-Wohnung gezogen sind, haben wir gedacht, hier werden wir auch sterben. Es scheint, als wolle es so kommen. Gut, wenn ich noch einen Batzen Kinder gekriegt hätte, wäre es auch nochmal anders gewesen. Mit unserer Beziehung sind wir froh und glücklich, dass es so gehalten hat, dass wir nicht auseinander gelaufen sind. Wir haben immer auch losgelassen, wir haben nicht immer aufeinander gehockt, also wir waren uns einig, dass man nicht alles gemeinsam machen muss. Es gab auch nie so Eifersuchtsszenen. Nee, wir sind großzügig miteinander umgegangen.

Als wir uns kennen gelernt haben, hat Wolfgang in einem Baubetrieb gearbeitet und war viel unterwegs mit seinem Fußball. Wir hatten über die Jahre nie Probleme mit Wochenendterminen oder Abendterminen, er hat nie gestöhnt, ich auch nicht. Ich habe nie versucht, ihn zu gängeln oder Sachen gesagt wie: «Och, dann bin ich ja wieder alleine.» Mit einem kleinen Kind hat man ja sowieso genug zu tun, aber ich bin eben gerne mal für mich. Ich bin auch schon alleine in Urlaub gefahren oder mit einer Freundin. Ich rufe auch meine Freundinnen spontan an und sage: «Du, Suse, was machst du denn heute Abend?» Nö, ich finde, jeder muss auch seinen Weg gehen, verbiegen tue ich mich nicht, nur damit es mit dem Partner besser klappt – muss ich ja auch nicht.

Partnerschaft ist toll und auch nicht einfach. Wie läuft es denn normalerweise ab? Man ist verliebt, man zieht zusammen, man möchte ein Kind. Im Laufe der Jahre schleicht sich so was ein, eben Alltag. Wieso ist man nicht mehr verliebt? Warum kann das Gefühl nicht länger bleiben? Bei uns ist es so … Ich bin diejenige, die immer Blumen kauft. Ich sage: «Du könntest ja auch mal dran denken.» Aber ob ich's ihm sage oder nicht.

Das ist das eine. Das andere: Wenn Wolfgang und ich irgendwo im Restaurant sitzen, sehe ich oft Paare, die sich gar nichts mehr zu sagen haben. Wir dagegen haben uns immer jede Menge zu erzählen. Nicht dass wir immer über die Arbeit reden. Nee, man liest ja auch, geht ins Theater oder zur Ausstellungseröffnung, all diese Dinge, man muss sich eben bewegen, und – wie hieß es noch gleich: Kultur ist keine Kunst.

Ich unternehme schon viel. Von den meisten Filmen, die ich im Kino sehe, habe ich vorher schon gelesen oder gehört. Im Deutschlandradio gibt es einen Filmkritiker namens Pönack. Seine Kommentare sind vortrefflich, und es passt immer: Wenn der einen Film lobt, finde ich den auch gut, da kann ich mich drauf verlassen. Mit Elke Heidenreich ist es letztendlich auch so: Wenn die ein Buch vorstellt, bin ich schon mal aufgeschlossen. Und dann nichts wie ran.

Dienstags laufen bei uns immer spezielle Filme, da wird sicher auch noch mal *Herr Wichmann von der* CDU laufen, den will ich mir unbedingt noch ankucken. Der Regisseur, Andreas Dresen, der ist einfach genial. Seinen Film *Halbe Treppe* hab' ich auch gesehen. Es geht um zwei befreundete Pärchen, und der eine Mann fängt mit der Frau des anderen ein Verhältnis an. Die betrogene Ehefrau arbeitet auf dem Parkplatz für die Lastwagen an der Grenze zu Polen, ihr Mann sitzt als Radio-Moderator oben in einem Hochhaus, und die Krähen flattern rund um das Hochhaus rum. Am meisten haben mich in dem Film die ganz einfachen Sachen beeindruckt. Wie der eine, Jürgen, glaube ich, der Betrogene, in seiner Badewanne zu Hause immer die Schweinshaxen für seinen Imbiss auftaut. Ich könnte mich schütteln.

Was mir auch gut gefallen hat: wie die Paare in dieser schwierigen Situation miteinander umgegangen sind. Es ist ja nicht einfach, wenn so was rauskommt, so ein Verhältnis im Freundeskreis. Aber da war zu merken, die Paare respektieren sich noch, die achten sich noch, die wollen sich nicht gegenseitig wehtun. Die Krönung war, wie sie alle gemeinsam bei Kaffee und Kuchen sitzen und versuchen, darüber zu reden. Die Schauspieler sind auch klasse, die kannte man ja vorher gar nicht, der eine ist jetzt Tatortkommissar.

Die einfachen Sätze, die bleiben hängen, auch, wie der betrogene Jürgen sagt: «Ich bin jetzt 40, was soll denn jetzt noch kommen?» Ja, wenn man erst mal 50 ist ... Oder dann mit 60 ... Man denkt ja anders drüber, wenn man das Alter erst mal hat. Als ich in der zehnten Klasse war, fand ich die in der zwölften alt, als ich 20 war, fand ich alle 30-Jährigen spießig. Erfahrung ist heute etwas, was ich total toll finde. Erfahrung, die machst du mit dem Leben. Kein 20-Jähriger vermisst die Erfahrung, die er noch nicht hat. Das weiß man gar nicht. Wenn man sie hat, die Erfahrung, findet man es jedenfalls gut.

Man sieht viele Dinge ganz anders, wenn man älter ist. Auch die Familiengeschichte. Voriges Jahr, als meine Mutter 75 wurde, haben wir einen Ausflug dahin gemacht, wo sie herkommt, nach Polen. Der Hammer war, dass die ganze Familie mit war: meine Mutter, ihr Bruder, mein Cousin und wir drei Kinder mit dazugehörigen Männern. Wir haben unserer Mutter vorher gesagt, sie soll nicht traurig sein, wenn alles nicht mehr so aussieht, wie sie es in Erinnerung hat. In dem Haus ihrer Familie wohnt jetzt eine polnische Familie.

Meine Mutter wollte uns zeigen, wie es früher war bei ihr zu Hause, wo sie rumgetobt ist, gespielt hat. Als wir ankamen – wir da ausgestiegen und einen Feldweg rein, der direkt an das Haus grenzt, der geht durchs Torf, da war alles verwildert. Mit dem Torf wurde damals geheizt. Das Frühjahr war noch nicht ganz da, die ersten Knospen waren zu erahnen. Da sehen wir ungefähr 50 Meter vor uns plötzlich drei Hirsche, ganz gemächlich und erhaben. Ich bin oft in der Natur, wir fahren viel Fahrrad, aber Hirsche ... Nee, in der Natur nie. Hirsche sind sehr groß, ich weiß gar nicht, wie groß ist mein Mann? Jedenfalls gingen die Hirsche mindestens bis Schulterhöhe, dazu das Geweih.

Zwischen meiner Mutter und ihrem Bruder das war ein ewiges Weißt-du-Noch?, und wir anderen konnten das miterleben, die ganzen drei Tage, das war nur Lauschen. Viele Dinge klären sich da aus der alten Zeit ... Dinge, bei denen man vermutet hat, dass sie so und so waren, und plötzlich weißt du es wirklich ... Warum die Oma den geheiratet hat – und nicht den anderen. Vieles ist ja ganz einfach, wenn du den Hintergrund kennst. Früher, als Kind, habe ich zwar auch schon vieles gehört, aber jetzt, nach der Reise, habe ich doch noch ein anderes Blickfeld.

Ja, die polnische Familie wohnt jetzt da, ich weiß nicht, wo die ursprünglich herkam. Meine Mutter ist ja mit ihrer Familie geflüchtet. So ging es vielen. Man weiß schließlich ja auch, dass Ukrainer ins Riesengebirge umgesiedelt wurden, die kamen sozusagen in die noch warmen Betten von denen, die da weggejagt worden sind. Das war bestimmt nicht spaßig, in den Bergen zu arbeiten. Die Ukraine galt ja als Kornkammer Russlands.

Gott sei Dank ist uns, meiner Generation, so was erspart geblieben, Krieg, Vertreibung. Wenn man bedenkt, wie friedlich Europa gelebt hat im Kalten Krieg – und das, während eine Bedrohung immer so heraufbeschworen wurde! Also, ich muss sagen, wir haben ja auch immer Westen gekuckt, wir waren also rundum informiert, aber ich habe mir nie Gedanken gemacht, dass ich mein Kind nicht mehr groß kriege. Im Prinzip war ja Kalter Krieg, aber ich habe mich sicher gefühlt. Ich habe nie gedacht: Es kann morgen losgehen. Ja, es war doch wesentlich friedlicher. Religion ist heute häufig der Grund, um den Nachbarn zu terrorisieren und zu töten. Wenn ich zum Beispiel an Jugoslawien denke ... – man muss sich doch zusammenraufen, auch die unterschiedlichen Volksgruppen. In Serbien gab es ja Ehepaare, da gehörte der eine Partner zum Islam und der andere zum Christentum, und plötzlich flackerte der Hass in den Familien auf. Schrecklich. Ist es nicht egal, ob Moslem oder Christ? Ich bin gar nichts, und trotzdem begegne ich meinen Nachbarn menschlich und freundlich.

Meine Mutter hatte mit ihren Eltern in einem Dörfchen gelebt. Da ist sie vier Jahre zur Schule gegangen, dann im nächstgrößeren Ort, dann in der Kreisstadt. Sie war für die Schule von zu Hause weg, anders ging es ja nicht, es gab ja keine Busse und Bahnen. Für sie war es so, dass sie überall zu Besuch war, ich meine: Auch wenn man bei Verwandten ist, es ist doch nicht das Zuhause, wo man sich fallen lassen kann. Selbst, wenn man bei Oma und Opa ist, muss man sich anpassen. Die Oma von meiner Mutter war stark religiös, da wurde gebetet zu den Mahlzeiten, das kannte meine Mutter von zu Hause nicht unbedingt. Sie hat das vielleicht gar nicht so erlebt, dass es ihr nicht gefallen hat. Ich meine, es ist ja so, dass man seinen Kindern das, was man selber nicht mochte, nicht unbedingt vermittelt. Obwohl: Meine Mutter hat uns getauft. Das war üblich damals, aber was bedeutete das? Nichts. Wir waren auch Weihnachten nicht in der Kirche.

Als die Wende kam, hatte ich jede Menge zu tun: Gewerberäume suchen, mich über die Produkte informieren, alles mit den Versicherungen klären, die Sozialversicherung. Ich war viel auf Ämtern, aber die gab es ja eigentlich noch gar nicht. Ämter gab es schon, aber die mussten sich erst mal selber umstrukturieren. Heute hast du als Ansprechpartner die Handwerkskammer, wenn du dich selbständig machst. Ich hatte jedenfalls alles Mögliche um die Ohren, und meine Mutter dachte, die Info geht an mir vorbei: dass man zum Gericht gehen und aus der Kirche austreten kann. Das hatte sie in der Zeitung gelesen und mir erzählt. Ich hin, und Sie ahnen nicht, wie viele da auf dem Gang saßen. Ich meine: Es war ja so, man war getauft, und dann war eben nichts mehr. Es waren die Eltern, die die Taufe bestimmt hatten: Du bist drin. Das war es, mehr nicht. Und Kirchensteuer wurde ja auch nicht vom Staat eingezogen, so wie heute.

Wenn Kinder sehen, dass die Mutter schwierige Zeiten übersteht, dann lernen sie: Pack es an, gib nicht auf … Wenn ich heute Sätze höre wie «Ach, jetzt in dieser Zeit Kinder kriegen …» Da fehlt mir das Verständnis. 1944, 1945 … Da hatten die Leute nichts zu essen und wirkliche Sorgen … Das waren wirklich schlimme Zeiten. Und die Menschen haben auch Kinder gekriegt.

Nach dem Krieg war meine Mutter mit ihrer Mutter hergekommen. Da hat sie sich wohl gedacht, sie bringt endlich mal Ruhe in ihr Leben. Gut, sie hat sich verliebt, geheiratet, meine Schwester Barbara bekommen und drei Jahre später mich. Und als es mit meinem Vater nicht lief, hat sie sich eben scheiden lassen. Mein Vater arbeitete weit weg, in der Wismut, er war höchstens am Wochenende da. Meine Mutter musste also sowieso alles alleine meistern, und das hat sie ja auch gut hingekriegt – da konnte sie sich auch scheiden lassen. Zu der Zeit wohnte noch die Oma bei uns, die hat auf mich und meine Schwester aufgepasst, wenn meine Mutter zur Arbeit ging.

Meine Mutter hat sich scheiden lassen, als ich im Kinderwagen lag. Wir waren im Kindergarten, Barbara und ich. Meine Mutter hat dann noch mal geheiratet. Uns hat sie so erzogen, selbst die Zügel in die Hand zu nehmen. Sie hatte garantiert nicht immer nur fröhliche Zeiten und hat bestimmt auf vieles verzichtet. Ich musste nicht viel verzichten in meinem Leben. Bei Barbara ging es ja viel rauf und runter, aber sie hat von zu Hause mitgekriegt, dass man alles durchstehen kann. Ja, meine Mutter hat abgefärbt: Starke Mutter, starke Kinder.

Meine Tochter hat immer erlebt, dass ich gearbeitet habe und dass ich glücklich bin mit meiner Arbeit. Nun sehe ich, wie sie sich neben dem Studium in Praktika stürzt, zur Zeit beim Rundfunk, und nebenbei arbeitet sie auch noch für eine Initiative, die sich für afrikanische Frauen einsetzt, für die Aufklärung über die Beschneidung und die damit verbundenen Leiden.

Ich denke, dass mein Kind ähnlich fühlt wie ich, das spüre ich. Es ist doch so: Wir rennen alle nicht jeden Tag trällernd und vergnügt zur Arbeit, aber man ist meist froh und zufrieden über das Geschaffte. Aber eine Hausfrau? Die kann abends vielleicht sagen: «Ich habe heute drei Kuchen gebacken.» Mein Gott, ich backe auch öfter mal einen Kuchen, dann aber zusätzlich zu dem, was ich sonst noch mache.

Wie unterschiedlich Frauen sein können, das sehe ich auch an uns drei Schwestern: Wir hatten die gleichen Bedingungen. Und trotzdem haben meine größere Schwester und ich vieles gemeinsam, mit der kleineren ist es nicht so. Barbara und ich arbeiten beide, ich habe ein Kind, sie zwei. Wir schwimmen auf einer Wellenlänge, wir haben ständigen Austausch und sehen uns so oft wir wollen.

Mit der kleineren ist es anders. Ich sag' mal: Sie ist schon fast eine Westtante geworden. Was das ist? Das ist jetzt kein Schimpfwort und auch nicht abwertend gemeint, aber ein

Teil unserer Verwandtschaft lebte im Westen Deutschlands und kam uns hin und wieder besuchen. Man sah sich für einen kurzen Augenblick, erzählte dies und das und wusste eigentlich doch nicht viel voneinander. Wie denn auch. Die Grenze war das Hindernis. Die Familien konnten ja nicht gemeinsam den Urlaub verbringen oder die Freunde kennen lernen. Es war nur für eine kurze Zeit, unser Besuch aus dem Westen.

Meine Schwester hat Ende der 70er Jahre in den Westen geheiratet, um ausreisen zu können, das haben ja damals etliche gemacht. Sie hat sich gleich scheiden lassen und lebt seit damals in einer Wohnung ganz für sich. Ich glaube, das Lebensglück hängt nicht davon ab, wo und wie man wohnt. Wenn man Kinder hat und Familie ist man insgesamt verantwortungsbewusster und lebt nicht in den Tag hinein. Ich glaube, das Leben von meiner kleinen Schwester ist oberflächlicher, auch wenn sie sicher denkt, dass sie mehr macht als wir, was ja nicht stimmt.

Insgesamt weiß ich wenig vom ihrem Leben. Ich würde mir schon wünschen, mit ihr gemeinsam eine Ausstellung zu besuchen oder ihre Freunde kennen zu lernen. Wir sehen uns nur zweimal im Jahr: zum Geburtstag meiner Mutter und zu Weihnachten.

Ich bin jetzt 51, manchmal hab' ich schon Rückenschmerzen. Ich sage mir: Wenn ich mich jetzt nicht 14 Tage oder drei Wochen im Jahr wie Gott in Frankreich fühle – wann denn dann? Ich fahre gern in Urlaub, aber mein Mann, der ist richtig reisesüchtig. Er hat gelitten, dass er zu DDR-Zeiten nicht überallhin reisen konnte, wo er hinwollte. Nach der Wende, das können Sie wissen, ist er los in die Welt. Er war in London, Paris, Rom … Ich nicht, ich bin eben nicht so versessen auf Städtereisen. Im gemeinsamen Urlaub fahren wir nach Italien, nach Frankreich. In die Provence, die Bretagne, die Pyrenäen. Wir machen Urlaub mit Freunden, mieten uns mit einer Gruppe ein Haus, haben einfach eine schöne Zeit miteinander, unternehmen gemeinsam was. Jetzt, zuletzt, waren wir wieder in der Provence. Frankreich – das war schön. Das ist schon *das* Land für mich, aber umziehen? Nein, je älter man wird, desto mehr muss man kommunizieren, und das ist zu schwer, in einer fremden Sprache, die du lernen musst. Die Franzosen haben eine gewisse Nonchalance und Charme, diese Leichtigkeit, mir gefällt das: sich das Leben so angenehm wie möglich zu machen, nicht so wie wir Deutschen, die immer jammern, stöhnen.

Sich zu freuen war für viele Menschen früher einfacher. Was hat man gejubelt, wenn man ein schönes Buch ergattert hatte, sich aufs Lesen zu freuen war allein schon aufregend, man kannte ja nicht immer den Autor. Oder wenn man eine LP gekauft hat, eingewickelt, man wusste gar nicht: Was ist das nun? Dann packst du die LP aus: Simon und Garfunkel! Da war man high.

Ich finde immer: Was nützt das Geld heute und das Alles-kaufen-Können, wenn man keine Zeit hat und wenn man keine Freunde hat. Für Freundschaften muss man schon Zeit haben, die muss man sich im Zweifelsfalle nehmen. Meine Freundin Ina kenne ich seit meinem 16. Lebensjahr, man hat gegenseitig alles mitgekriegt, wie es sich so entwickelt hat, Höhen und Tiefen, Ängste und Sorgen.

Mein Mann und ich haben einen großen Freundes- und Bekanntenkreis. Viele sind weggezogen, haben gebaut, also: Häuschen im Grünen. Ich kann das verstehen, aber für uns stand das nie zur Debatte. Die, die rausziehen, in die Dörfer der Umgebung, sagen zwar: «Das ist ja alles kein Problem, kommen wir eben zum Kabarett oder zum Konzert in die Stadt.» Aber dann ist da der Garten, das Einwecken, die Frage: Wer fährt? Wer fährt nicht? Da siegt dann oft die Bequemlichkeit. Wir hatten nie 'nen Garten, ich kann das doch auch gar nicht: Am Wochenende in der Erde wühlen, und am Montag dann wieder gepflegte Hände haben, wie soll das gehen? Es gibt eben Menschen, die sind für die Stadt bestimmt.

Dieses Jahr im Frühjahr sind wir viel rumgeradelt, auch am Fluss, da sind viele neue Radwege entstanden. Einmal radelten wir auf einem schönen Asphaltweg, der ging plötzlich in einen unbefestigten Feldweg über. Vor uns fuhr eine Familie, Vater, Mutter, Kind, das Kind hatte einen Wasserball hinten auf dem Gepäckträger. Da dachten wir: Hier kann man bestimmt irgendwo baden, und wir sind hinterhergefahren. Nach zwei, drei Kilometern kamen wir zu einem Gestüt, an einem kleinen See, das lag so idyllisch in den Fluss-Auen, doch, das war schön … Es ist so nah, und trotzdem kannten wir es nicht!

Das Wichtigste ist, finde ich, dass jetzt alle reisen können, das finde ich schwer in Ordnung. Und sonst? Die Menschen kucken hier zu viel in den Westen, es ist die Perspektive: Alles noch schöner, noch größer, noch goldener. Vielleicht sollte man lieber mal nach Osteuropa schauen … Ich persönlich denke ja, dass es den meisten Leuten besser geht als früher. Gut, wenn man keine Arbeit hat, ist es schwierig. Hier waren allein 8000 Leute im Kombinat. Ein großer Teil ist bestimmt ohne Arbeit. Die Menschen waren es gewöhnt, abends zu sagen: «Das ist geschafft. Das und das habe ich heute gemacht.» Das fehlt ihnen. Wer jetzt zu Hause hockt und sich den ganzen Tag diese Talkshows im Fernsehen reinzieht, der kann schon Depressionen kriegen. Der Mensch will etwas tun, etwas leisten. Ich finde es auch gut, wenn Leute sich gesellschaftlich engagieren, da bekommt man auch Anerkennung.

Als Frau nur zu Hause sein und das Kind betreuen, das finde ich zu wenig. In meinem Familien- und Bekanntenkreis sind und waren immer alle Frauen berufstätig. Ich finde es ganz wichtig, dass man selber sein Geld verdient, man ist dadurch einfach selbstbewusster und nicht so sehr auf den Partner angewiesen. Ich habe immer ein Kind gewollt. Im Westen ist es ja schon lange so, dass viele Frauen kucken: Erst der Berufsanfang, die Karriere, dann dies, dann das, das Kinderkriegen verschieben sie. Aber Jutta Limbach, die ehemalige Verfassungsrichterin, hat auch drei oder vier Kinder. Oder Anna Lindh, die schwedische Außenministerin, die umgebracht worden ist: Die hat zwei Kinder. Es geht also beides, Kinder und Arbeit, wenn man es will und mit Unterstützung der Männer.

Ja, so, das ist meine Geschichte – ist die nun so ganz anders als die einer West-Frau?

Heidi, 55, Gastwirtin

Mit Sandalen in den Bundestag

Oder: Karl Marx auf Platz drei

Am Greifswalder Bodden, zwischen Rügen und Usedom, liegt das Seebad Lubmin, an der herrlich unverbauten Uferpromenade recken sich die Kiefern in die Ostseeluft. Investoren fürs schnelle Geld mit neuen Hotels machten bislang einen Bogen – am Rande des Ortes, direkt am Naturschutzgebiet, steht noch ein altes Kernkraftwerk, stillgelegt seit 1989. Naherholer aus Greifswald und Stammgäste schätzen das unaufgeregte Lubmin. Hier, direkt an der Seebrücke, im gleichnamigen Hotel mit 24 Betten und Gaststätte, verwirklicht die ehemalige Lehrerin Heidi Moritz Tag für Tag ihr sehr persönliches Ideal von Gastlichkeit.

Kennen Sie Herrn Grupp? Von dieser Unterhemdenfirma, Unterwäschefirma, Trigema glaub' ich. Dieser Mann hat 'ne Philosophie. Der gibt seinen Mitarbeitern und auch deren Kindern eine Arbeitsplatzgarantie, er hat in seinem Unternehmen eine Mitarbeiterbeteiligung, der Betrieb ist ein kleiner eigener Staat da im Schwabenland. Natürlich, Herr Grupp hat ein größeres Haus als seine Mitarbeiter, ich glaube, das verstehen alle, aber er trägt ja auch die größere Verantwortung. Dieser Mann weiß mit seinem Reichtum umzugehen. Ich bin sicher, der braucht keine Suite im

Hotel, er weiß, auf 20 Quadratmetern kann man auch gut schlafen. Diese Art Unternehmertum, verantwortliches Unternehmertum, das gefällt mir – wir beide wären das ideale Pärchen.

Komischerweise kennt ihn kaum ein Mensch, es wird nicht viel über ihn berichtet. Wenn er mehr in die Öffentlichkeit käme, auch durch Journalisten, würden intelligente Menschen ja merken, wo der grundlegende Unterschied zwischen ihm und anderen Unternehmern oder Konzernen ist, die rücksichtslos Profit abschöpfen.

Es geht auch anders: Man muss Mitarbeitern im Betrieb so viel Verantwortung zutrauen, dass sie ihn wie ihren eigenen vertreten. Wenn Mitarbeiter das annehmen, können sie in einer kleinen Firma, wie wir es sind, alt werden. So ähnlich ist es bei Herrn Grupp. Natürlich muss es eine Wechselwirkung geben zwischen mir und den Mitarbeitern. Wenn zum Beispiel ein Mitarbeiter zu mir sagt: «Die gestreiften Tischdecken passen aber wirklich nicht gut.» Dann ist eine Antwortmöglichkeit die Prinzipielle, weil ich ja der Chef bin: «Die Tischdecken bleiben.» Oder es ist ganz klar, dass ich bei so einer Kritik ernsthaft überlege, ob es stimmt, dass die Tischdecken wirklich nicht passen, und dann kommen andere drauf. Ein Chef, der Anregungen oder Kritik als Angriff sieht und auf seiner Meinung beharrt, entmutigt seine Mitarbeiter und erstickt eigenes Denken.

Im Sommer 89 habe ich mir den Kiosk hier vorne an der Seebrücke gekauft, der stand lange leer. Ich hatte vom Kreisschulrat die Erlaubnis, nebenher zu arbeiten. Als ich jedenfalls dann 1990 den Kiosk eröffnete, kriegte ich zu hören: «Wieso machst du das denn? Das machen doch nur Türken.» Erstens wollte ich das gerne machen, und zweitens: Woher kam diese Herablassung gegenüber Türken? Das habe ich überhaupt nicht verstanden. Ich versuche immer, mich so zu verhalten, dass jeder spürt, er ist wichtig. Es war mir schon in meiner Zeit als Lehrerin ein Anliegen, den Kindern zu vermitteln: Die Arbeit einer Putzfrau ist ebenso wertvoll wie die einer Ärztin.

Ich hatte ein ganz strenges Elternhaus, ich bin als Kind nie in einer Gaststätte gewesen, ich habe immer nur reingekuckt – wir waren fünf Geschwister, wohnten in einem Dorf bei Görlitz, wir hatten nicht viel Geld. Dass wir nicht ins Gasthaus gingen, hatte nichts damit zu tun, dass mein Vater uns da fern halten wollte, vielleicht sogar aus moralischen Gründen. Mein Vater war nicht religiös, er ist aus dem Krieg zurückgekommen nach Stalingrad, er hat gesagt: «Es gibt keinen Gott.»

Kino war Luxus pur für uns. Wir hatten nie einen Urlaubsplatz. Bis wir hier angefangen haben, hatte ich nie in einem Hotel geschlafen – kurz vor der Eröffnung schlief ich in Hannover in einem großen Hotel und war so enttäuscht. Danach war ich mir meiner Sache noch sicherer: Ich mache das hier einfach alles so, wie ich mich wohl fühlen würde.

Eine Außenhandels-Vertreterin sagt immer zu mir: «Sie ticken nicht wie ein Gastwirt, sondern wie ein Gast.» Ich denke immer dran, dass eine Familie mit Kindern sich im *Hotel Seebrücke* wohl fühlen können muss, dass sie sich das auch leisten können muss, hier zu übernachten, hier Mittag zu essen oder am Wochenende zum Kaffee zu kommen. Darum kalkuliere ich meine Preise entsprechend. Wir haben jeden Tag ein Tagesmenü, Suppe, Hauptgang, heute Karottensuppe, Ente, Stampfkartoffel, Buttergemüse für 6,90, ein Stück selbst gebackener Kuchen kostet bei uns einen Euro.

Ich habe einen Betriebsberater aus Kiel, der war skeptisch, ob das wohl geht mit meinen Ideen. Er war gerade neulich wieder hier und hat gesagt: «Eigentlich haben Sie Recht gehabt.» Diese moderaten Preise hier, das ist 'ne Philosophie. Und die funktioniert, gerade in diesen Zeiten, die für die Gastronomie ja nicht so gut sind – wir merken davon wenig. Lubmin ist sicher ein spezieller Ort: Es gibt viele Stammgäste und viele Naherholer aus Greifswald – die Ostsee geht hier flach rein, sie wird schnell warm, und Lubmin kostet keine Tages-Kurtaxe – die, die sich die nicht leisten möchten, wollen wir nicht abschrecken.

Den Kiosk habe ich im Sommer immer noch auf. Hier auf dem Grundstück stand außer dem Kiosk noch 'ne Gaststätte und ein Schuppen, das war seit '72 alles baupolizeilich gesperrt. In den einzigen Räumen, die in Ordnung waren, hat das Besitzerehepaar gewohnt. Schon 1986 hatte ich mich mit ihnen geeinigt, hier wieder eine Gaststätte zu errichten. Aber es zog sich hin.

Jedenfalls: Ich wollte immer meine eigene Kneipe, der Wunsch war immer in meinem Kopf. Weil wir mit der Familie nie in der Gaststätte waren. Bei einer Klassenfahrt, in der 12. Klasse, nach Dresden, aufm Weißen Hirsch, das war unsere Abschlussfahrt – da war ich das erste Mal in einem Lokal: mit einem Blick von hoch oben auf die Elbe, über die ganze Stadt. So wie heute, dass Jugendliche es gut kennen, in der Gaststätte zu essen, war es ja damals nicht.

Ich habe, bevor wir hier eröffnet haben, wirklich wenig gesehen, ich wusste nicht: So muss es in meiner Gaststätte sein. Als wir anfangen wollten, haben wir Bücher gekauft, nachgelesen über Kalkulation, Preise, rechtliche Bestimmungen.

Wir hatten hier von der ersten Nacht an Gäste, das war

am 12. März 1993, die ersten waren ein Berliner Ehepaar, die haben jetzt hier in Lubmin ein Wochenendhaus, ein-, zweimal im Jahr sehen wir uns, und dann lachen wir immer wieder über den Imbusschlüssel. Ich wusste nämlich nicht, was das ist – und unsere Türklinken, die waren ein kleines bisschen locker, man musste sie mit so einem Schlüssel festziehen. Das haben wir mit dem Ehepaar zusammen gemacht, ich habe den Imbus heute noch.

Wir wollten mit Absicht im Frühjahr eröffnen, nicht im Sommer, mit dem Massenansturm, wir wollten uns ganz allmählich einspielen. Es war von Anfang an voll, ganz ohne Werbung – man muss sich das vorstellen: Hier an der Seebrücke gab es nach zwei Jahrzehnten wieder eine Gaststätte, ein Hotel!

Es war damals sicher alles zu viel, mit der Schule und dem Betrieb, da kam es auch zur Trennung von meinem Partner, nach elf Jahren. Auch zur beruflichen Trennung – wir hatten gemeinsam hier angefangen. Ich habe in der Anfangszeit viel gearbeitet, nur drei bis vier Stunden pro Nacht geschlafen. Man denkt, das geht gar nicht, und dass dann irgendwann der Zusammenbruch kommt. Aber mein Arzt, ein Herzspezialist, hat gesagt: «Solange Sie in Bewegung bleiben, passiert nichts, aber bloß nicht plötzlich abbremsen.»

Bis 1996 habe ich als Lehrerin gearbeitet, an der Haupt- und Realschule hier in Lubmin. Die Jahre nach der Wende waren eigentlich eine schöne Zeit: Ich hatte schon mein Hotel und die Gastronomie, aber in der Schule hat mir immer mehr nicht gefallen: Viele Lehrer hatten Angst, ihre Arbeit zu verlieren, es ging ganz viel um Geld, wer kriegt welche Bezahlung, wir sollten nur noch Bildung machen, Erziehung war nicht mehr wichtig. Die Stundenpläne wurden so gelegt, dass sie den Kollegen von der Zeit her passten, es ging nicht um die Kinder. Es kann auch nicht sein, dass der Lehrer immer sagt, Rauchen ist ungesund, und in der Pause sieht man ihn dann selber rauchen. Kinder spüren es ganz genau, wenn die Erwachsenen falsch handeln, das bringt bei Kindern durchaus Aggressionen. Der Leistungsdruck ist bei Schülern allgemein groß, die Angst zu versagen auch, das war allerdings auch zu DDR-Zeiten so.

Die Vorbilder, die Jugendliche heute haben, sind für mich keine. Zum Beispiel Verona Feldbusch: Du musst nichts wissen, kannst falsches Deutsch sprechen – Hauptsache du hast lange Beine und einen großen Busen. Nee, noch mal jung sein möchte ich gar nicht, höchstens mit dem Wissen von heute.

Ich habe als 15-Jährige Dostojewski, Gorki und Tolstoi gelesen, ich habe mir Bücher von Goethe und Schiller gekauft, ich habe die Balladen geliebt. Also Harry Potter jetzt – auch wenn ich keine Geschichte gelesen habe, finde ich das Phänomen Harry Potter doch gut, damit kriegt man die Kinder wieder zum Lesen, sie merken: Es eröffnen sich ihnen neue Welten.

Eigentlich wollte ich Medizin studieren, aber ich hatte kein Abitur mit Auszeichnung. Meine Motivation war Albert Schweitzer, als Kind wollte ich immer nach Afrika gehen. In der elften, zwölften Klasse war ich im Ferienlager als Helfer tätig. Mensch, dachte ich, mit Kindern arbeiten macht dir Spaß. Kurz entschlossen habe ich meinen Studienwunsch geändert. Ich ging zum Studium nach Greifswald. Die Stadt hat mich sofort fasziniert, mich, die Dorfpomeranze. Da war es auch nicht so schlimm, dass ich nur die Kombination Bio und Chemie studieren konnte, Musik wäre nicht gegangen, ich konnte nur ein bisschen Akkordeon.

Ich hätte gerne mit schwer Erziehbaren gearbeitet, ich wäre gern in einen Jugendwerkhof gegangen, das war mein Traum. Man hat mir schon öfter gesagt, ich hätte ein Helfersyndrom. Ich bin hier oben geblieben und habe mich in der Schule besonders um die schwierigen Fälle gekümmert. Ich hatte ja auch meine Familie, zwei Töchter und einen Sohn.

Ich freue mich heute noch, wenn ich meine alten Schüler sehe: Der eine Junge … – keiner hat einen Deut auf ihn gegeben. Als er seine Fahrerlaubnis hatte, kam er: «Frau Moritz, gucken sie mal.» Das macht mich stolz.

Die Arbeit hier ist nicht Arbeit in dem Sinne, die Gaststube ist meine Wohnstube, hier ist mein Zuhause, auf den Fensterbänken stehen meine Orchideen, selbst gezogen. Ich habe hier alles, was ich will, ich muss nicht nach Mallorca, ich muss gar nicht wegfahren, ich hab' das Meer ständig vor der Nase. Ich höre ganz viele unterschiedliche Ansichten von den Gästen. Ich sage jedem Hotel-Gast wenigstens «Guten Tag», wenn Gäste länger hier bleiben, unterhält man sich meistens auch ausgiebiger. Urlaub könnte nicht abwechslungsreicher sein.

Wir haben viel über Bildung geredet in letzter Zeit – jetzt hat die Kultusministerkonferenz endlich einheitliche Wissensstandards für Schüler beschlossen. Nach der Wende konnte man ja den Eindruck kriegen, dass wir in der DDR mit der Schule alles falsch gemacht haben – jetzt, nach *PISA*, geht es wieder in diese Richtung: Ganztagsschule, Hortbetreuung. Hier im Osten ist die Situation ja in der Beziehung noch besser als in den alten Bundesländern, da gibt es das ja viel weniger: Ganztagsschulen, Hort, auch Kindergartenplätze ... Ich habe mich oft mit Frauen aus dem Westen darüber unterhalten, es ist bei vielen wirklich so: Wenn man nicht arbeitet, die ganze Welt also nur aus Fernsehen, diesen Nachmittagsserien, und Haushalt besteht, kann man vielleicht gar nicht verstehen, dass es anderen Frauen wichtig ist zu arbeiten, dass sie entsprechend auch Betreuung für die Kinder brauchen. Umgekehrt ist es für uns Ost-Frauen schwer nachvollziehbar, dass Frauen zu Hause bleiben. In der DDR haben fast alle gearbeitet, und man ist doch gerne zur Arbeit gegangen, der Mensch braucht doch den Austausch mit anderen, wer nur zu Hause ist, lebt doch in einer falschen Welt.

Ich habe noch nie *Sesamstraße* gekuckt oder *Lindenstraße*. Ich habe mich neulich mit einem Gast aus Hamburg darüber unterhalten, auch *Marienhof* kenne ich nicht, das konnte er gar nicht fassen. Ich gucke viel Nachrichten oder Filme. Früher war es so, du wusstest, ab acht lohnt es sich, sich hinzusetzen. So ist es jetzt nicht mehr, obwohl es so viele Programme gibt. Wer nicht rauskommt zu Hause und diesen Medien-Einflüssen völlig ausgesetzt ist, bekommt zwangsläufig falsche Maßstäbe und Vorbilder.

Ich muss allerdings sagen, dass ich neulich bei dieser Wahl zum *Besten Deutschen* völlig perplex war, das war eine Sensation. Ich schalte den Fernseher ein, da lag Karl Marx gerade in Führung. Aber dann hat Adenauer doch noch gewonnen. Es waren ja insgesamt drei Millionen Anrufer – Marx auf Platz drei! Und die Geschwister Scholl unter den ersten zehn, das hätte ich nie gedacht in dieser westlichen Welt. Sophie und Hans Scholl, das waren meine Vorbilder, ich hatte ein Bild von ihnen in meinem Kinderzimmer hängen und viel über sie gelesen.

Auch wenn ich Vorbilder für wichtig halte, muss man

sich doch sehr auf sich persönlich verlassen. Ich denke bei meiner Arbeit immer: Was würde mir gefallen? Hier wird nur gekocht, was mir schmeckt. Der Koch, Martin, ist schon fünf Jahre hier, der ist richtig gut, wir haben beim Kochen dieselbe Wellenlänge. Allmählich lernen unsere Gäste zu schätzen, dass wir sie gesund ernähren. Wir achten auf die Zutaten, vermeiden Massenproduktion, kaufen Produkte, die hier in der Umgebung geerntet werden. Wir bieten heißen Holundersaft oder Sanddorn an, es muss nicht immer Glühwein sein. Wir haben Säfte aus Lassan, Liköre aus Stralsund und Marmelade aus Rostock.

Die Gäste erzählen mir viel – ich erzähle, was hier wächst, wie es früher gewesen ist, dazu gehört auch: Ich bekenne mich zu meinem Beruf als Lehrerin. Es ist ganz klar: Ich möchte nicht die DDR zurückhaben, das wird einem ja oft unterstellt. Ich bin nie in der Partei gewesen, ich hatte aber auch keine Begegnung mit der Stasi – gut, ich hatte keine Westverwandten, vielleicht ist das dann nicht so schwer.

Viele gerade aus den Altbundesländern haben immer sehr anerkannt, dass wir hier von früh bis spät rumwerkeln. Gerade Leute, die selbst kleine Betriebe haben, merken genau, dass wir selber die Straße vorm Haus fegen, sie sagen zu meinen Töchtern: «Sie waren doch früh schon hier, und jetzt am Abend schon wieder?»

Die Hamburger Truppe, die uns das Hotel gebaut hat, die war ein Glückstreffer. Wir hatten schon angefangen, mit einem Bauplanungsbüro in Greifswald, ein Generalunternehmer wollte alles bauen. Aber es ging nicht voran, obwohl wir schon etwas bezahlt hatten. Ich bin hin nach Greifswald, Herr Soundso war nicht da, ich habe gesagt: «Ich warte.» Da kommt irgendwann ein junger Mann rein, fast zwei Meter groß, Regenjacke an, der sah nicht aus wie ein Wessi. Er setzt sich, wir fangen an zu reden: «Warten Sie auch?» Und so. Ich sage: «Ich glaube, der ist hinten raus. Ich sitze hier, weil mein Bau nicht weitergeht.»

Der junge Mann war eine Art Subunternehmer und kriegte auch sein Geld nicht. Als er gesagt hat, dass er aus Hamburg kommt, war ich überrascht, er erfüllte nicht unbedingt mein Klischeedenken. Es waren nicht die besten, die nach der Wende als Erste hier aufgetaucht sind, die Glücksritter. Na, wir sind dann sogar zusammen nach Lubmin gefahren, er wollte uns einen Vorschlag machen.

Ursprünglich war hier ein sehr kompakter Bau geplant, Dirk kam dann mit einem sehr schönen neuen Entwurf, alles anders: keine Land-, keine Seeseite, alle Zimmer schräger Meerblick, eine große Terrasse oben, viel Glas, alle Zimmer im ersten Stock mit einer Decke zugespitzt wie im Zelt, umlaufender Balkon, eine Holzfassade ... Mir hat das gleich gefallen. Das waren drei junge Architekten in dem Büro, ich dachte: Die haben ein neues Büro, die können es sich gar nicht leisten, das hier zu vergeigen, vertraue ihnen einfach. Und das war richtig so. Die haben uns als Neueinsteiger in der Gastronomie völlig ernst genommen, die haben sich nicht lustig gemacht, ich meine, es war ja auch das erste Hotel, das sie gebaut haben.

Ich hab' den Architekten so gut wie gar nicht reingeredet. Umlaufender Balkon, da war ich erst skeptisch – Dirk meinte, da kuckt keiner in die Zimmer des anderen. Aber er kennt die Ostdeutschen nicht, die sehen alles als Volkseigentum und rennen überallhin, fassen alles an – aber das ist nicht Volkeigentum hier. Wir haben das mit dem umlaufenden Balkons gemacht, eine vorgesetzte Holz-Stahl-Konstruktion, und es ist herrlich. Bei der Holz-Fassade hatte ich auch erst Bedenken, hier wollen seit der Wende alle Klinker. An den Vorschlag für die Außenbemalung, Hellblau und Weiß, habe ich mich erst nicht rangetraut – aber zwei Jahre später. Nun ist das Haus gestreift wie eine Markise, passend zu Sommer, Sonne, Ostsee.

Kurz vor der Eröffnung bin ich mit meiner Tochter nach Dänemark gefahren, Möbel kaufen. Wir wollten schlichte Möbel, nicht so schnörkelige Hotelausstattung von den Vertretern, die uns heute noch die Bude einrennen. Andrea und ich haben die dänischen Möbel blind gekauft: Probesitzen, Probeliegen mit verbundenen Augen.

Wir haben vor, noch ein Haus zu bauen, mit 38 Zimmern – hier nebenan, auf dem Parkplatz, im Stil natürlich wie das alte, mit Übergang. Da soll auch eine Sauna rein, oben, durch die Panoramascheibe, Blick auf die Ostsee. Ich hoffe ja, wenn sich erst mal wieder einer traut und richtig anfängt … Lubmin könnte gut noch 400 Betten gebrauchen, aber es ist schwierig hier, Investoren sind oft vor dem ehemaligen Kraftwerksstandort zurückgeschreckt, dabei ist das Atomkraftwerk seit der Wende abgeschaltet. Wir können uns in Deutschland die Energiegewinnung doch wirklich anders leisten – Windenergie, Sonnenenergie … Aber vieles ist ja politisch nicht gewollt, wird von Lobbys verhindert. Natürlich könnte man das Auto mit Drei-Liter-Verbrauch produzieren.

Oder Solarenergie … Für Lubmin haben wir so ein Projekt mal vorgeschlagen: Im ganzen Ort alle Energie aus Photovoltaikzellen auf den Dächern. Da kamen dann Einwände: «Wie sieht das denn aus?» Und: «Was das kostet …» Wir wären mit unseren Sonnendächern Vorreiter gewesen, alle in Europa hätten hergeguckt!

Das Ziel der Politiker mag es ja sein, eine menschliche

Gesellschaft zu haben, aber der Kapitalismus holt uns immer wieder ein, so wie es Marx gesagt hat. Darum gibt's eben das Drei-Liter-Auto nicht, darum geht es immer wieder nur darum, die Gewinne zu erhöhen. Wie es um das System bestellt ist, sieht man doch auch daran, wie wir mit den Sozialhilfeempfängern, den Arbeitslosen umgehen, wir grenzen sie aus. Wir geben ihnen gerade genug Geld, dass sie nicht rebellieren, aber keine Aufgaben. In Dänemark arbeitet jeder mindestens 20 Stunden und fühlt sich so beteiligt am Leben. Die Chance für ein Kind einer allein erziehenden Mutter und Sozialhilfeempfängerin, Abitur zu machen, ist doch gleich null. Die Gleichheit steht leider nur auf dem Papier. Das sind Sachen, über die ich mich wirklich aufregen kann. Aber das hält mich nicht davon ab, in diesem System so zu leben, wie ich es mir vorstelle.

Ich gucke mir bei den Bewerbern für die Lehrstelle die Zeugnisse gar nicht erst an – ich lasse die Jungs und Mädchen 14 Tage kommen, zum Praktikum, und dann sehen wir ja. Manche Hauptschülerin hat mehr Verständnis für die Gastronomie als die Realschülerin, deren einzige Sorge beim Kartoffelschälen ist, dass die angeklebten Fingernägel nicht abbrechen. Und was nützt es, wenn einer in Deutsch eine Zwei hat, aber sich nicht äußern kann. Ich weiß, wie Zensuren entstehen, man kann sich auf das Zensurenbild nicht verlassen. Hat einer eine Eins in Deutsch, können auch die Eltern die Aufsätze geschrieben haben.

Die Hauptschüler, die keiner will – das ist ein heißes Eisen. Ich habe mir immer die erste Stunde am Montag für meine Klasse erkämpft, wir haben uns im Kreis hingesetzt, da konnten die Schüler erst mal Dampf ablassen, erzählen, was sie am Wochenende gemacht haben, das wurde ganz wichtig für sie. Zu DDR-Zeiten gab es zusätzlich noch den

Gruppennachmittag, man hatte in der Kontaktstunde Zugang zu den Schülern. Früher, in der POS, gab es vielleicht mit drei, vier Schülern in der Klasse Probleme, heute, in der Hauptschule, sind es viel mehr. Aber schwierige Schüler sind dankbar, wenn sie merken, durch Anstrengung können sie sich von einer Fünf auf eine Drei steigern, weil man das Arbeitstempo schrittweise anpasst.

Wenn ich Geld hätte, würde ich gerne eine Musterschule gründen, ja, das könnte mein Ziel sein. Das müsste eine Schule sein, in der man sich um schwierige Fälle richtig kümmern kann. Dass Kinder Schulprobleme haben, kommt ja meist von außen, wird durch ihre Umgebung bestimmt. Wie heißt es noch: Das Sein bestimmt das Bewusstsein, das hat Marx gesagt – wo das Umfeld nicht stimmt, kann ich mich nicht entwickeln, und das Umfeld ist ans Geld gebunden. Es kann doch nicht sein, dass manche Vermieter Familien mit Kindern nicht als Mieter wollen, weil andere Mieter sich beschweren könnten! Die Zeit ist wirklich nicht sehr kinderfreundlich, das macht mich traurig.

Bei mir kommt immer wieder der Lehrer durch, vieles aus der Schulzeit ist für mich auch sehr nützlich, zum Beispiel meine Psychologiekenntnisse, mein Allgemeinwissen in Kultur, Wissenschaft, Politik, ich denke, ich kann mich mit jedem unterhalten, man findet immer ein Thema. Aber jetzt bin ich Gastwirt, die Bank sagt Kauffrau. Ich bin Besitzer und Betreiber eines kleinen Familienhotels, nee, Besitzer stimmt eigentlich nicht, es gehört noch der Bank. Manchmal habe ich ein schlechtes Gewissen den Mädels gegenüber – meine Töchter waren von Anfang an dabei, Christiane hat anfangs noch studiert, seit drei Jahren ist sie voll hier.

Vor fünf Jahren war so schlechtes Wetter, das war unser schwerstes Jahr. Deswegen muss man sich für die Gäste noch mehr Mühe geben. Nie würde ich beispielsweise bei den Zutaten sparen, den Frankfurter Kranz – nach einem Rezept von Regine Hildebrandt übrigens – ohne Butter backen, das schmeckt man doch! Ich muss auch die Teller nicht auf Show zurechtmachen: riesengroß mit vielen Salatblättern. Wenn jemand Kartoffeln nachmöchte, bekommt er noch welche. Wir sind nicht die Einzigen, die so, sagen wir ruhig: ganzheitlich, arbeiten.

Ich habe mal einen Bericht über einen Gasthof im Schwabenland gelesen, eine Familiengaststätte seit 200 Jahren, zwei Brüder. Die haben sogar jemanden im Dorf, der ihnen ihre Schweine mit Grünfutter zieht. Sie haben einen Teich, aus dem sie jeden Tag frische Forellen oder Karpfen holen, und wenn die alle sind, gibt es am nächsten Tag wieder fangfrische Fische. Ich habe auch schon einen ehemaligen Bauern an der Hand, der für uns Gemüse produzieren soll.

Ich war zwei Jahre für die F.D.P. im Gemeinderat, da habe ich bemerkt, dass man nicht alles sagen kann. Parteienzugehörigkeit und Parteidisziplin waren in der Gemeinde ein großer Hemmschuh, ebenso wie in der großen Politik, dabei ist der Abgeordnete eigentlich doch nur seinem Gewissen verpflichtet. Im Gemeinderat sitzen jetzt auch drei Vertreter von der Unabhängigen Wählergemeinschaft, man merkt's im Ort, es geht deutlich voran: Die Pflasterung ist neu und sehr vernünftig geworden – wie kaputt die Straße vorher war … Und eine Straßenbeleuchtung haben wir jetzt auch – nicht jedem gefällt das Aussehen der Laternen, aber ist das wichtig? Man könnte sagen: Der Aufschwung Ost erreicht Lubmin: Es gibt Beleuchtung.

Ich versuche immer, das Gute zu sehen, daher kommt auch der Optimismus, den ich ausstrahle. Ich kann schlecht mit Leuten, die nur jammern. Bei der Strandaufspülung, die die Gemeinde in Gang gebracht hatte, war zu hören: «Der Krach könnte sich negativ auf die Gäste auswirken.» Tatsächlich hat das Aufspülen bis in den Sommer gedauert – ich habe meinen Gästen an den drei Tagen, als die Arbeiten hier vorm Haus waren, gesagt, dass es nachts etwas lauter sein kann, und ihnen einen Schlummertrunk angeboten. Jetzt, wo der Strand breit ist, der neue Strandhafer wächst, will jeder die Idee für die Aufspülung gehabt haben.

Ich mache einiges hier im Ort, zum Beispiel, als wir vor zwei Jahren unseren Walking-Day in Lubmin veranstaltet haben, lange, bevor die Walking-Welle losging. Republikweit hat die Presse davon Notiz genommen, und Lubmin mal als Ort von etwas Neuem gesehen, endlich mal nicht als Kraftwerksstandort. Der Olympiasieger Christian Schenk und Dieter Baumann waren dabei und so angetan, dass sie seitdem immer wiederkommen. Und wir haben hier am Ort jetzt auch eine stabile Walkinggruppe.

Mit dem Walken waren wir unserer Zeit weit voraus, das bin ich auch jetzt gerade wieder: Wir haben unsere Fritteuse aus der Küche rausgeschmissen, hier gibt es keine Pommes mehr, sondern Stampfkartoffeln oder Reis oder Nudeln. Der Trend fürs Frühjahr ist auch ganz klar: zurück zur einfachen Küche – wir hatten gerade eine Weile Wirsing auf der Speisekarte, den kennen viele gar nicht mehr.

Wir brauchen in der Tourismusbranche das Miteinander, alle, kleine und mittlere Vermieter, müssen an einen Tisch. Seit Jahren wollte ich ein Heftchen, ein Büchlein, in dem nicht nur Lubmin vorgestellt wird, sondern auch die Ausflugsziele, die Umgebung, ohne unnötige Werbung. Die Kurverwaltung fand das Luxus, da hab' ich's alleine in Auftrag gegeben bei einem Journalisten, mit schönen Fotos: Lubmin, Kirchenstraße, Wolgast, Greifswald – das Heft habe ich dem Bürgermeister gezeigt, der hat gesagt: «Heidi, das machen wir so.»

Ich weiß genau, dass das der richtige Weg ist, unseren Gästen auch die Umgebung ans Herz zu legen, ich lass mich da nicht abbringen. Es ist doch schön, wenn der Lubminer Gast erfährt, dass er in Wolgast das Runge-Museum besuchen kann, Philipp Otto Runge, der Maler mit den Familienbildern. Alle Welt, Hamburg, Berlin, hat die Bilder, wir haben das Geburtshaus. Und das schöne Heimatmuseum, es sieht aus wie eine Kaffeemühle ohne Kurbel. Hier in der Gegend gibt es so viel zu entdecken: das Oderhaff zum Beispiel, eine so traumhaft schöne Landschaft, für Leute, die die Stille hören wollen, klingt blöde, aber da können Sie wirklich die Vögel mit den Flügeln schlagen hören. Wir haben hier Stammgäste, die kommen, seit wir vor zehn Jahren eröffnet haben.

Wahrscheinlich werde ich im nächsten Jahr zwei Leute weniger beschäftigen, als ich könnte. Das liegt am Arbeitsschutz und an Sicherheitsauflagen. Wenn wir elf Mitarbeiter oder mehr wären, bräuchten wir für jede Schicht einen Sicherheitsbeauftragten, also zwei am Tag, speziell ausgebildet in Erster Hilfe. Wir müssten unsere ganzen Dienstpläne darauf umstellen. Die Sicherheitsbeauftragten müssen selbstverständlich regelmäßig zur Fortbildung, zur Schulung. Das Kuriose ist: Man kann sich von dieser Vorschrift freikaufen, indem man eine höhere Abgabe an die Berufsgenossenschaft bezahlt. Das kann doch eigentlich nicht richtig sein, denn das angebliche Sicherheitserfordernis ändert sich dadurch gar nicht. Solche und ähnliche Vorschriften führen doch nur dazu, dass Initiative erstickt wird oder dass getrickst wird.

Die Politiker merken gar nicht, dass viele Gesetze und Verordnungen fernab der Realität sind. Unsere Regierung weiß nicht mehr, wie die Masse der Bevölkerung lebt, die können auch die Angst der Menschen nicht nachvollziehen, ihren Arbeitsplatz zu verlieren. In der DDR war's vergleichbar: Die Regierung hatte auch den Kontakt zu den einfachen Menschen verloren, es gab diese besonderen Läden, die Regierung wusste nicht, wie es im Konsum oder HO aussah.

Klaus Wowereit, der Berliner Bürgermeister, war gestern im Fernsehen, da hat er was sehr Kluges gesagt – von ihm ist überhaupt der genialste Satz, der in Deutschland in den letzten 50 Jahren gesprochen wurde: «Ich bin schwul, und das ist gut so.» Wie er so allen den Wind aus den Segeln genommen hat! Gestern hat er jedenfalls gesagt, dass sich in der Schule alles um die geistig normalbemittelten Schüler dreht, man vergisst die minderbemittelten – und die Talente. Das stimmt. Und die baden-württembergische Kultusministerin Schavan hat gesagt, dass nur 30 Prozent der Bevölkerung bei der Bildungspolitik ein Problem sehen. Was soll man dazu sagen? Wir haben unseren Goethe, und wir schaffen es nicht, dass sich die Jugend mit ihm vertraut macht? Oder mit der klassischen Musik, in der Schule wird die nicht vermittelt. Wir haben auch Beatles gehört – aber eben *auch* Klavierkonzerte, und es ist doch schön, wenn man sich nett anzieht und in ein klassisches Konzert geht. Die Kinder gehen nicht mehr ins Theater – fahren aber auf Klassenfahrt nach London.

Nach der Wende kamen die Kinder zu spät zur Schule, weil sie morgens schon Trickfilme gesehen hatten. Früher gab es in der Schule für die Kleinen, die erste bis vierte Klasse, Milch, Kakao oder Fruchtmilch – nach der Wende wurden sehr schnell Automaten mit Cola und Kaffee aufgestellt. Da sind wir schon bei der Schulkleidung – wie viele Probleme wären weg, wenn es die gäbe. Konkurrenz, Neid, auch die Beschaffungskriminalität. Die Probleme, wenn die 15-jährigen Mädchen in Tops, die gerade die Brustwarzen bedecken, im Klassenraum sitzen. Ein Direktor musste doch gerade einen Rückzieher machen, weil er einem Mädchen diese Kleidung für die Schule verboten hat, aber ein Gericht hat ihr Recht gegeben – die Lehrer haben verloren. Für sie wird Erziehung, Wertevermittlung immer schwerer.

Wenn bei mir in der Gaststätte Jugendliche sitzen und rauchen und ich denke, die sind noch nicht 16, dann frage ich sie nach dem Ausweis – wenn sie den nicht dabeihaben, müssen sie die Zigarette ausmachen. Ich schenke auch keinen Alkohol an sie aus – die kommen trotzdem zu mir und sagen: «Frau Moritz, da sagt sonst keiner was.»

Wissen Sie, worüber ich mich so doll freue? Über die Studentenunruhen in Berlin. Das ist doch ein Anzeichen, dass sich die jungen Leute doch noch einen Kopf über die Zukunft machen, über ihre Bildung, dass sie nicht nur Drogen und Vergnügen im Kopf haben. Plötzlich sind die da, streiken, tauchen im Stadtbild auf und fordern Bildung, weil ihre Stadt an der Uni sparen will. Und man kann das Ganze bei uns nicht einfach totschweigen, weil Journalisten aus dem Ausland diese Proteste wahrgenommen haben, europaweit wird darüber berichtet, eigentlich weltweit, dass wir hier diese Bildungsmisere haben. Und das Deutschland, das so gerne Vorzeigeland in Europa sein will.

Die Politiker müssen sich jetzt hinsetzen und mit den Studenten reden, auch, wie man das Studium zum Beispiel von fünf auf vier Jahre verkürzen kann, wenn man schon weniger Geld für die Professorenstellen hat. Der Stoff lässt sich sicher auch straffen, wenn man spezialisierter ausbildet, wie in anderen Ländern.

Mein großes Vorbild in der Gegenwart war Regine Hildebrandt, ich hab' ein persönliches Schreiben von ihr – da ging es um Sebastian, einen krebskranken Jungen. Sie hat sich die Zeit genommen zu schreiben, obwohl sie selber schon sehr krank war. Regine Hildebrandt war so geradezu, die stand im Leben, die ging mit Sandalen in den Bundestag. Ich sehe sie heute noch vor mir mit ihrem Satz: «Seid Ihr alle total bescheuert?» Das sagte sie doch auf einer Großkundgebung in Berlin, weil die Massen so gen Westen strömten und glaubten, da flögen ihnen gebratene Tauben in den Mund.

Regine Hildebrandts Kinder gingen zur Schule wie alle anderen, sie hat mit allen geredet, sie kannte die Sorgen der Menschen ganz genau. Das Komische ist ja: Regine Hildebrandt war auch im Westen total beliebt. Wenn sie gesprochen hat, haben die Menschen gemerkt, dass sie mit ihrer Scheinwelt nicht weiterkommen.

Dass es Dinge gibt, die wichtiger sind als Geld und persönliches Fortkommen, haben wir gemerkt, als hier so viele Menschen Anteil genommen haben am Leben und der Krankheit von Sebastian. Er war schon als Kind an Krebs erkrankt, hatte sich aber erholt, man sah ihn hier am Strand und auf der Promenade trainieren, laufen, er war sogar in der Nachwuchsauswahl für die 3000 und 5000

Meter. Vor zwei Jahren hatte er einen fürchterlichen Rückschlag. Mir hat das so sehr imponiert, wie er gekämpft hat.

Am 16. Juni wollten wir eine Benefizveranstaltung für ihn machen, wir wollten das Café Strandläufer nach ihm benennen. Er hatte damals schon einen Gehirntumor, konnte nicht gehen. Sebastian hat sich so an diesen Tag geklammert, er ist für diesen einen Tag so aufgeblüht, es waren auch Dieter Baumann, Hansjörg Kunze und Marita Koch hier, die berühmten Läufer, sie kannten ihn aus den Trainings-Camps und wollten auch helfen. Von da an ging's bergauf für Sebastian, plötzlich lief er wieder. Für den Oktober hatten wir einen Waldlauf organisiert. Sebastian war dabei, aber 14 Tage später bekam er eine Erkältung, eine Lungenentzündung. Im Krankenhaus ist er ins Koma gefallen und gestorben, er war einfach zu geschwächt.

Den Waldlauf machen wir jetzt jedes Jahr, er ist nach Sebastian benannt, und wir erinnern uns so jedes Jahr an ihn. Nächstes Jahr werde ich auch dabei sein, ich habe in der Walkinggruppe angefangen. Ich hatte Sebastian nämlich bei dem Lauf versprochen, beim nächsten Mal mit ihm zusammen zu starten, obwohl das bei meiner Körperstatur damals schwer vorstellbar war. Dieter Baumann hatte vor einiger Zeit gesagt: «Wenn du laufen willst, nimm erst mal fünf Kilo ab.» Habe ich gemacht und ihm geschrieben: Es geht los. Ich hatte es Sebastian doch versprochen.

Sibylle, 43, Ärztin

Frau Doktor, meine Spondylose …

Oder: Betriebswirtschaftlich ist es Unsinn

Dauereinsatz für die Patienten: in Weiß, im Stress, im flotten Porsche – so zeichnen uns Fernsehserien das Bild vom Halbgott mit Stethoskop. Dabei ist das wichtigste technische Gerät der niedergelassenen Ärzte eigentlich der Taschenrechner. Sehr zum Leidwesen von Ärzten wie Sibylle, die statt zu rechnen und abzurechnen lieber das tun würden, wofür sie an der Poliklinik ausgebildet worden sind: Patienten betreuen.

Warum bin ich so geworden, wie ich bin? Das, was man als Kind an Verhaltensmustern lernt, hängt einem an. Ich denke, ich kann stolz sein, dass ich es geschafft habe, mich zu verändern. Ich bin die älteste von drei Schwestern. Meine Mutter ist Kindergärtnerin, mein Vater Lehrer. Ich hatte ein sehr liebevolles, behütetes Elternhaus, ich habe so viele schöne Erinnerungen: unsere Urlaube auf dem großen Zeltplatz, die tollen Weihnachtsabende … Aber ich bin extrabehütet aufgewachsen, ich wurde nicht losgelassen. Ich war schüchtern: Auf dem Spielplatz saß ich lieber alleine auf einer Bank. Natürlich war ich immer nur brav, aber wenn ich doch mal zaghaft versucht habe, Grenzen zu überschreiten, wurde das von meinen Eltern mit Liebesentzug bestraft. Ich habe als Kind nicht gelernt, mir eine eigene Meinung zu bilden und diese durchzusetzen, das war ein großes Manko. Erst als ich 18 war, fiel mir auf, dass ich immer versuchte, mit meinem Verhalten anderen zu gefallen.

Es war für mich lange Zeit schwer, «nein» zu sagen, ohne ein schlechtes Gewissen zu haben. Ich sage mal ein Beispiel: Wenn mir ein Patient von einem Spezialisten geschickt wird ... Der Arzt sagt: «Was, Sie haben keinen Hausarzt? Gehen Sie doch zu unserer Frau Doktor.» Dann habe ich lange Zeit solche Patienten angenommen, auch wenn sie am anderen Ende der Stadt wohnten. Das tue ich jetzt nicht mehr, ich sage klar: «Ich kann Sie nicht behandeln.» Aus einem einfachen Grund: Wenn ich zu einem Patienten quer durch die Stadt zum Hausbesuch muss, dauert das einfach zu lange, und wenn ich dann zwei-, dreimal hinmuss, was ja vorkommt – das ist einfach Unsinn. Das eine ist die Zeit, die ich brauche und nicht für andere Patienten verwenden kann, das andere ist tatsächlich das Betriebswirtschaftliche: Bei so einem Besuch setze ich zu. Obwohl ich es eigentlich schlimm finde, dass das eine Rolle spielt, aber so ist es eben.

Wenn man das so hört, ist es umso erstaunlicher, dass ich es geschafft habe, mein Studium durchzuziehen, den Facharzt zu machen, die eigene Praxis zu eröffnen und zu führen, oder?

Mein Beruf war ganz bestimmt keine Berufung, es gab einfache, ganz schlichte Gründe für meine Berufswahl. Ich war immer eine gute Schülerin, hatte die entsprechenden Leistungen, ich konnte mir vorstellen, mit Patienten umzugehen. Und in der Bekanntschaft meiner Eltern gab es Ärzte, die fand man allgemein toll. Da ist bei mir dann dieser Wunsch entstanden, das war ein schleichender Prozess.

Ich habe damals in so einem kleinen Studienführer gelesen, da stand auch etwas über Bauingenieur drin, das hätte mir auch gefallen, aber diese Idee wurde in der Familie gleich zerschlagen. Und irgendwann war es einfach klar. Meine Eltern haben sich sehr gefreut, dass ihre Tochter Medizin studieren wollte.

Einmal war ich mit einem Arzt aus dem Bekanntenkreis meiner Eltern abends im Auto nach Hause gefahren, der erzählte mir, dass er die Probleme aus der Sprechstunde, die Gedanken um die Patienten nicht an der Praxistür abschüttelt, sondern mit nach Hause nimmt, wie belastend das sei – das passte nicht in mein Arztbild. Jetzt weiß ich, was er meinte.

Mal abgesehen von den ganzen wirtschaftlichen Rahmenbedingungen heute: Arzt ist ein Beruf, der einen aussaugt, wenn man nicht Grenzen setzt für sich selbst. Erstens hat man so eine Urangst, etwas zu übersehen, dem Patienten Schaden zuzufügen. Zweitens hat einem im Studium keiner gesagt, dass es eben nicht so ist: Es kommt ein kranker Mensch zu dir, und du machst ihn wieder gesund. Viele Patienten sind chronisch krank, sei es mit Durchblutungsstörungen, Diabetes oder Bluthochdruck. Diese Krankheiten kann man ihnen nicht nehmen, aber deswegen ist man kein schlechter Arzt.

Ich bin gerne, wirklich gerne Hausarzt, mir macht die Arbeit mit den Patienten Spaß. Viele begleite ich jetzt schon über zehn Jahre auf ihrem Lebensweg, ich nehme Anteil an ihren Sorgen, an ihren Problemen und an ihren Freuden, ich sehe, wie aus Kindern Erwachsene werden, und ich freue mich über jedes Baby, das mit vorgestellt wird. Und es macht mich stolz, wenn so nach und nach weitere Familienmitglieder zu mir als Patienten kommen.

Vielleicht muss man gerade wegen der Freude an der Arbeit aufpassen, dass einen der Beruf nicht auffrisst.

Anfangs habe ich noch Sachen gemacht wie Ernährungspläne ausarbeiten, wenn ein Patient übergewichtig war und seine Gelenkprobleme natürlich nicht unabhängig vom Gewicht zu sehen sind. Aber du kannst nichts machen, wenn der Patient nicht mitzieht, seine Lebensgewohnheiten nicht umstellt, dann kannst du ihm nur die Schmerzen lindern.

Die große Masse der Patienten hat psychovegetative Krankheiten, also hinter den Krankheiten stecken Probleme, die die Patienten nicht erkennen oder nicht erkennen wollen. Sie laufen dann bei mir auf, manchmal immer wieder, und sagen: «Hallo, Frau Doktor, machen Sie mir die Beschwerden mal weg.» Wenn jemand gar nicht für sich herausfinden will, was hinter seinen Kopfschmerzen stecken könnte, würde auch der beste Psychologe nichts nützen. Man lernt allmählich, besser damit umzugehen, dass bestimmte Patienten bestimmte Hilfen nicht wollen. Diese Patienten brauchen ihre Krankheit wahrscheinlich, um bestimmte Dinge in ihrem Leben nicht ändern zu müssen.

Die vielen psychosomatischen Störungen und die depressiven Verstimmungen sind neu. Ich weiß nicht, ob wir Ärzte heute einfach nur mehr sensibilisiert sind, ob wir das früher nicht so wahrgenommen haben, aber nein, das ist es nicht: Die Lebensbedingungen haben sich verändert, und damit auch die Krankheiten. So viele Allergien wie heute haben wir früher auch nicht gehabt, aber es gibt ja jetzt so viele Farbstoffe in Lebensmitteln, Weichmacher, Stabilisatoren ... Auf die Psyche wirken auch die verschiedensten Faktoren: Heute ist rein theoretisch alles möglich. Aber das Geld reicht bei vielen nicht, um alles zu machen, was sie wollen, beziehungsweise sie haben das Gefühl, es reicht nicht.

Wir kennen das Leben von früher anders: Zwar gab's früher keine öffentliche Plattform für vieles, aber der Freundeskreis war umso wichtiger. Die Beziehungen waren früher anders. Ich bin froh, dass ich mir so viele Freundschaften erhalten habe.

Ich kenne das Gefühl, nicht gebraucht zu werden, überflüssig zu sein. Ich war damals ja einige Monate arbeitslos, 1990/91, da hatte ich gerade meine Facharztprüfung bestanden, und mein Vertrag mit der Poliklinik lief aus. Bis dahin war meine Arztlaufbahn geradlinig: Fünf Jahre Studium. Bei der so genannten Lenkung die Entscheidung: In welche Stadt komme ich? Welches Fachgebiet? Dermatologie, Gynäkologie, Innere hätten mich interessiert, dass es dann Allgemeinmedizin wurde, war auch meiner persönlichen Situation geschuldet – meine Tochter war damals noch klein, mein Mann hat viel gearbeitet und war wenig zu Hause. Ich wollte nicht weg aus unserer Stadt. Im Nachhinein bin ich ganz froh, dass alles so gekommen ist.

Das sechste Studienjahr war im Krankenhaus – nach der Nachtschicht gleich eine Tagschicht dranzuhängen, das ist mir schwer gefallen. Die Facharztausbildung dagegen mit den vielen Hospitationen in verschiedenen Kliniken und Spezialsprechstunden für Herz-Kreislauf-Erkrankungen, der Suchtberatungsstelle oder mit Praxisvertretungen hat mir gefallen, auch die Arbeit in der Poliklinik. 1991 war's vorbei.

Damals habe ich mich auch auf dem Arbeitsamt gemeldet – die Sachbearbeiterin hat es noch nicht mal für nötig gehalten, mich mit Frau Doktor anzusprechen. Zu Hause, also arbeitslos zu Hause, habe ich gemerkt, was das für eine komische Zeiteinteilung ist, nur in der Wohnung: Du stehst morgens auf, du putzt ... Ich hätte, wenn dieser Zustand länger gedauert hätte, kein Bein mehr auf den Boden gebracht, da bin ich sicher. Umso besser kann ich Menschen verstehen, die durch die Arbeitslosigkeit krank werden. Man muss in diesen Zeiten aber lernen, begreifen, dass nichts mehr sicher ist, auch und vor allem im Beruf nicht, man darf sich nicht mit Angst verrückt machen. Für mich gab es immerhin eine Alternative: die Niederlassung.

Erst habe ich passende Räume gesucht, dann habe ich mich mit viel Enthusiasmus auf den Aufbau der Praxis gestürzt, Kredite organisiert, die Räume verplant, die Einrichtung ausgesucht. Wir sind jetzt eine ganz durchschnittliche Hausarztpraxis, eine Arzthelferin und ich. Mein Mann hat neulich gesagt: «Es ist toll, dass du deine Praxis hast, auch, wie du das machst. Aber betriebswirtschaftlich ist es Unsinn.» Leider hat er Recht.

Es passt nicht zusammen: Man ist Arzt – auf der einen Seite. Auf der anderen Seite ist man ein Wirtschaftsunternehmen. Bei den Kosten, der Miete, Materialien muss ich knallhart kalkulieren – aber die Einnahmen muss ich nehmen, wie sie kommen, da kann ich nichts machen. Ich erschrecke immer, wenn ich das mal überschlage, das darf man gar nicht machen: Wenn ich von meinen Einnahmen alle Kosten abgezogen habe für die Praxis, also Miete, Arzthelferin, Strom und so weiter, bleiben rund 45 000 Euro. Davon müssen noch ab: Die Kredite für die Praxis, meine Renten- und Lebensversicherung – die Lebensversicherung sichert den Praxiskredit –, meine Krankenversicherung, Steuern. Bleiben – irgendwie glaubt man das immer nicht – nicht mehr als 500 Euro im Monat. Ich bekomme unterm Strich weniger als meine Arzthelferin. Man muss das mal ganz klar sehen: Wenn ich meinen Mann nicht hätte, könnte ich mir meine Arbeit gar nicht leisten. Absurd!

Meine Patienten ahnen ja nicht, dass es so ist, die sehen immer ihre fröhliche Frau Doktor, so erscheine ich ihnen bestimmt, und das macht ja auch nichts. Aber es ist schon ein komisches Gefühl zu wissen, dass in der Öffentlichkeit gerne der Eindruck entsteht, die Ärzte jammern genauso viel, wie sie verdienen. Für die richtigen Spitzenverdiener trifft das sicher sogar zu, aber eben nicht für die Mehrheit der Hausärzte.

Ständig ändert sich unser Abrechnungssystem, natürlich, ohne dass es mehr Geld gibt. Ich vereinfache mal, denn es ist ja kompliziert, die wenigsten Patienten wissen, wie das funktioniert: Eine bestimmte Summe x der Krankenkassenbeiträge steht für alle ärztlichen Leistungen von uns Niedergelassenen zur Verfügung. Wir schreiben alle Leistungen auf, für die gibt es Punkte, und für jeden Punkt so und so viel Cent – nur: Wenn eine bestimmte, für meine Praxis festgelegte Punktzahl erreicht ist, ist Schluss mit Abrechnen. Ich habe heute mehr Patienten als vor einem Jahr, wenn ich also 50 bis 100 Patienten im Quartal mehr betreue, arbeite ich für die kostenlos. Eigentlich müsste ich als Hausarztpraxis sagen: Wenn ich für ein Quartal meine Punkte erreicht habe, mache ich zu. Aber ich kann doch nicht einen Patienten, der Anfang Dezember eine Angina hat, aufs nächste Quartal vertrösten, der ist doch jetzt krank.

Versteh mich jetzt bitte nicht falsch, aber: In der Poliklinik habe ich das gemacht, wofür ich ausgebildet worden bin, nämlich Patienten betreuen. Alles andere haben andere gemacht: sich um mein Gehalt kümmern, dass es

Wasser und Strom gibt und dass das bezahlt wird, dass Schwestern da sind. In der Poliklinik bist du mit dem Patienten auch mal schnell rüber zum Hautarzt gegangen, der hat sich das Problem angeschaut, eine Diagnose gestellt – ich habe was gelernt, und dem Patienten war geholfen. Das geht heute nicht mehr. Natürlich gab es damals Ungerechtigkeiten, dass für bestimmte Leute die Tür für bestimmte Jobs zu war. Die Ungerechtigkeiten sind heute andere. Mensch, manchmal habe ich schon so ein bisschen Verarmungswahn. Dabei macht mir meine Arbeit Spaß, ich möchte überhaupt nicht drauf verzichten.

Aber es ist ja erlaubt nachzudenken. Allein in meiner Praxis haben wir es mit 100 verschiedenen Krankenkassen zu tun, alle haben eigene Verwaltungen – und die sitzen dann in den großen Palästen, die sich die Kassen gebaut haben. Und aus der Politik hören wir: Der Wettbewerb unter den Kassen soll gefördert werden ... Ja, wie soll denn dieser Wettbewerb aussehen? Alle haben die gesetzliche Verpflichtung, bestimmte gesetzliche Leistungen zu erbringen – dann bezahlen die einen zwar auch noch Akupunktur oder Hausgeburten, aber die niedrigeren Beiträge für die Versicherten können nur die anbieten, die die Leute versichern, die weniger krank sind: also jüngere Leute, bestimmte Berufsgruppen wie Techniker oder Selbständige. Und die Kasse, die die meisten Rentner hat, also die AOK, die ist dann teurer. Um das wieder auszugleichen, gibt es den so genannten Risikostrukturausgleich, durch den die Kassen, die gut dastehen, an die anderen was abgeben müssen – auch komisch, wenn es doch Wettbewerb geben soll ...

Ich frage mich zum Beispiel, warum man nicht einfach ein oder zwei Krankenkassen installiert. Wenn Ärzte pro

Patient pauschal eine bestimmte Geldsumme bekämen, würde der ganze Abrechnungsaufwand entfallen, das Geld, das der Arzt bekäme, liefe sicher ungefähr aufs Gleiche hinaus wie heute – nur das komplizierte Abrechnen entfiel, und es wäre mehr Zeit fürs Behandeln da.

Statt große Schnitte zu machen, wird an unserem Gesundheitswesen herumgedoktert, und dabei entsteht immer noch mehr Bürokratie. Das meiste erscheint einem so hilflos – jetzt gibt es zum Beispiel neu *Disease-Management-Programme*, Disease – also: Krankheit. Damit sollen chronische Krankheiten besser in den Griff gekriegt werden beziehungsweise die Betreuung dieser Patienten. Das erscheint ja auf den ersten Blick sinnvoll, zum Beispiel bei Diabetikern, das ist eine wirklich große Gruppe in Deutschland. Alle Krankenkassen beteiligen sich an dem neuen Programm, die Patienten können sich überlegen, ob sie mitmachen, die Ärzte auch. Das Beste daran ist, dass die Kassen, die am meisten Diabetiker haben, einen Ausgleich kriegen. Aber sonst …

Als Erstes muss der Patient einen Bogen ausfüllen, das schaffen gerade alte Patienten nicht alleine, dann sitzen sie bei mir in der Praxis und fragen mich. Die Patienten kennen sich im Formular-Dschungel schon lange nicht mehr aus, das merke ich tagtäglich, was meinst du, wie oft Menschen mit ihren Anträgen für die Pflegeversicherung zum Ausfüllen zu mir kommen?

Ich muss nun also in diesem neuen Programm über den Diabetes-Patienten mehrere Bögen ausfüllen, das dauert 20 Minuten, bringt 25 Euro, aber darum geht es nicht: Durch das Ausfüllen dieses Bogens ändert sich überhaupt nichts in meiner Betreuung des Patienten! Das Einzige ist: Der Bogen frisst Zeit. Und alle Bögen kommen dann in ein

Institut zum Auswerten, was auch wieder Geld kostet. Für Diabetiker gab es in der DDR diese Diabetiker-Dispensaire-Einrichtungen, für die Patienten gut erreichbar, mit Diabetologen und Fachpersonal. Die Dispensaires gibt es nicht mehr, zwar haben sich etliche Spezialsprechstunden daraus entwickelt, aber die betreuen meist Problemfälle. Ich versorge die normalen Diabetiker jetzt sicher auch gut, ich habe mich entsprechend weitergebildet und tue das auch laufend, aber ich kann ja auch nur von mir ausgehen.

Wenn man richtig drüber nachdenkt, können einem nur die Haare zu Berge stehen. Über wen hab' ich jetzt schon geschimpft? Krankenkassen, allgemeine Gesundheitspolitik. Die Pharmaindustrie wollen wir nicht vergessen, die sich so unentbehrlich gemacht hat. Worin liegt der Sinn, dass es viele identische Arzneimittel von unterschiedlichen Anbietern gibt? Früher hatte ich so ein kleines Arzneimittelbuch, das konnte ich fast auswendig. War wirklich mal ein Medikament nötig, das es in der DDR nicht gab, wurde es im Ausland besorgt. Und man war in der DDR nicht kränker als im Westen.

Über meine Patienten kann ich natürlich nicht schimpfen, sie sind ja auch das schwächste Glied in der Kette. Manchmal muss ich innerlich grinsen, kommt ein Patient rein und sagt: «Ich hab' so Rückenschmerzen. Ich denke, wir machen erst mal 'n Kernspin und Massagen, das hab' ich ausm Internet.» Solche Patienten wollen dann meist gar nicht hören, dass organische Krankheiten ursächlich mit Problemen zusammenhängen. Ein anderer Patient kommt und sagt: «Ich hab' so schwer Spondylose, wir haben meine Wirbelsäule schon zwei Jahre nicht mehr geröntgt, das müssten wir mal machen.» Da muss ich dann lachen. Spondylose, was ist denn das? Das ist eine gaaanz häufige Abnutzungserscheinung der Gelenke der Wirbelsäule, das haben wir irgendwann alle.

Ich meine, was dahinter steckt, ist natürlich bedenklich, nämlich: Anspruchsdenken. Die Einstellung der Patienten ist schon merkwürdig, es läuft nach dem Motto: Ich zahle was ein, jetzt muss ich auch sehen, dass ich möglichst viel heraushole. Dabei war der ursprüngliche Gedanke der Krankenkassen ja ein anderer: Es war das Solidaritätsprinzip, es ging darum, sich gegenseitig abzusichern.

Insofern finde ich ja ein bisschen Eigenbeteiligung der Patienten nicht so schlecht, so denken sie dann wenigstens intensiver nach über das, was sie nutzen. Gestern zum Beispiel war ein Patient da, der hatte Rückenschmerzen, von denen er meinte, sie kämen von den Nieren. Darum war er vormittags beim Urologen gewesen, der gleich das volle Programm gefahren ist: Ultraschall, Labor, Termin zur Blasenspiegelung. Da war aber nichts mit den Nieren, darum wurde der Patient weitergeschickt zum Orthopäden. Da ging er hin, der hatte aber keinen Termin frei, was mir der Patient prompt sagte, denn als Nächstes kam er zu mir – da darf man dann nicht beleidigt sein, auch wenn es schwer fällt. Der Mann hatte einfach nur Muskelverspannungen. Das kriegt man mit Physiotherapie und Medikamenten hin, sicher wäre der Weg direkt zu mir besser gewesen und hätte der Kasse Geld gespart.

Ein bekannter Allgemeinmediziner spricht vom «abwartenden Offenlassen», das muss man bei vielen Patienten machen. Wenn jemand mit Bauchschmerzen zu mir kommt, dann muss ich erst mal abklären, ob etwas akut Bedrohliches wie Blinddarmentzündung oder Magengeschwür dahinter steckt. Wenn ich nichts finde, bekommt der Patient Medikamente gegen die Beschwerden und soll sich in ein paar Tagen nochmal vorstellen. Wenn die Probleme dann nach zwei Wochen weg sind, ist es gut, dass sie weg sind, auch wenn du nicht weißt, warum.

Um diese Gelassenheit muss ich mich immer wieder bemühen. Ich weiß noch, wie unbefangen ich anfing mit der Medizin: Nach dem Abi habe ich ein Jahr Pflegepraktikum gemacht. Ich wusste nicht, was mich erwartet im Krankenhaus. Es war toll: Die Stationsschwester hat mir richtig Verantwortung übertragen, ich musste also nicht nur Schieber leeren und Patienten füttern. Nach einer Woche habe ich alleine Blut abgenommen, als völliger medizinischer Laie. Dann kamen schnell die IM-Injektionen, also die Spritzen in den Muskel. Ich sehe mich noch da stehen mit einer Glasspritze in der Hand – Einmalkanülen gab es ja noch nicht, die waren auch später selten, wir hatten diese Glasspritzen und die 130-mal benutzen Nadeln, die wir vorm Einstecken immer über einen Wattetupfer gezogen haben, um zu kucken, ob sie auch keinen Haken haben. Zur Übung habe ich in die Lederpritsche gestochen, dann bin ich mit der Stationsschwester zusammen zum Patienten, in den nackten Popo piksen …

Das Studium war dann für mich die Kehrtwendung. Ich war eine von Hunderten, alles war theoretisch. Ich habe ja weiter im Pflegedienst auf den Stationen gearbeitet, aber je mehr ich wusste, desto unsicher wurde ich. Wissen kann auch manchmal belastend sein. Im Vorpraktikum hab' ich mich gefragt: Warum musst du das Studium machen, warum wirst du nicht Krankenschwester?

Das war mir damals noch sehr eigen, so ein Verhalten. Das Schlimmste am Studium war das Auswendiglernenmüssen, das Ständig-unter-Druck-Stehen. Eigentlich bin ich ein Mensch, der gerne auch mal alle viere von sich streckt und seine Zeit genießt. Aber beim Lernen für den Abschluss wurde wieder mal deutlich: Ich möchte alles perfekt machen, ich lerne auch das Kleingedruckte sozusagen. Wenn mein Mann nicht den Fuß in die Schlafzimmertür gestellt hätte – vielleicht wäre ich dann zu einer Staatsexamensprüfung gar nicht hingegangen. Und nach der Diplomarbeit hätte ich nie an den Doktor gedacht, wenn mein Mann mich nicht gepeitscht hätte. Ich weiß nicht, wie so eine Situation im Westen ausgesehen hätte, ob der Mann einen da auch so antreibt? Das Westlebensmodell ist ja ganz und gar anders. Nur Hausfrau und Mutter sein, das möchte ich nicht.

Nach der Wende war ich bei einer Weiterbildung für niedergelassene Ärzte, mit Kollegen aus dem Westen. Ich habe die Selbstdarstellung der männlichen Westkollegen stark empfunden. In meiner Persönlichkeitsstruktur ist das nicht vorgesehen. Aber das Schärfste war die Begrüßung von einem: dass man sich freut, dass auch so viele Arzthelferinnen erschienen sind. Was meinte der denn? Der Mann war einfach einen kleineren Frauenanteil gewöhnt, und da die Veranstaltung ohne Ehepartner war, mussten die vielen Frauen, und auch noch junge Frauen, zwangsläufig Helferinnen sein und keine Ärztinnen.

Mein Mann hat schon immer noch mehr gearbeitet als ich, und ich habe ihm den Rücken freigehalten, einfach, indem ich hier meine Arbeit, den Haushalt und das Kind organisiert habe. Man kommt letztlich mit allem klar, auch mit größeren Problemen. Ich habe zum Beispiel immer gedacht: Hasch? Dein Kind doch nicht. Plötzlich habe ich mitgekriegt: Doch, Sandra raucht Hasch. Ich habe meine Zweifel, ob das stimmt, dass Hasch angeblich körperlich nicht abhängig macht. Ich habe jedenfalls festgestellt: Sandra hat rote Augen, sie ist in der Schule abgefallen, und wenn ich sie drauf angesprochen habe, wurde das Kiffen abgestritten. Als sich dann abzeichnete, dass sie so durchs Abi rasseln würde oder nur einen sehr schlechten Abschluss machen würde – was nützt der? Da haben wir sie vor die Alternativen gestellt: Du gehst ab – dann hätte sie einen Realschulabschluss mit schlechter als vier gehabt, wo kriegt man damit eine Lehrstelle? Wir hätten Sandra den Unterhalt in Höhe vom Sozialhilfesatz gezahlt.

Die andere Möglichkeit war: Sandra lässt sich körperlich und psychisch durchchecken, macht ein Schuljahr nochmal und hört natürlich mit dem Hasch auf. Darauf hat sie sich eingelassen – und in der Schule läuft es wieder. Ich glaube, nicht unwesentlich dazu beigetragen hat auch ihr Freund, den sie jetzt hat, dass eben alles stabiler ist, da klopfe ich mir schon auf die Schulter. Es ist wirklich nicht einfach, sich erstens Probleme einzugestehen und dann zweitens zum eigenen Kind zu sagen: «Du, so geht es nicht weiter.» Ich glaube, Sandra hat aus diesem Mist 'ne Menge gelernt. Wenn ich bei Freunden mitkriege, wie gut und wie super da alles läuft, denke ich oft: Passt auf, die Probleme kommen vielleicht später. Kinder müssen wohl Fehler machen.

Manchmal muss man einen anderen Menschen reinrasseln lassen, auch, wenn man's besser weiß, denn der Mensch lernt ja nur aus eigenen Fehlern. Bei mir hieß es immer: Sei die liebe, sei die angepasste. Diesen Druck mache ich meiner Tochter nicht. Wenn sie zum Beispiel kein Bedürfnis hat, zu ihren Großeltern zu gehen, dann soll sie es lassen, dann muss sie nicht. Ja, man hat Wünsche für sein Kind, und ich bin froh, wenn ich viele umsetzen kann. Ich habe mir auch immer erhofft, dass Sandra ihren Vater auf eine bestimmte Art und Weise erlebt, dass er eben mit ihr Sandburgen baut, Schwimmen geht, auch mal Überraschungen für die Mutter ausdenkt. Aber so ist mein Mann nicht.

Schade. Das Miteinanderreden ist manchmal schwer: Wenn ich von meinen Problemen im Alltag, in der Praxis erzählt habe, hat meine Mann oft gesagt: «Mach das doch so und so.» Dabei wollte ich gar keine Lösung geliefert kriegen, er sollte einfach nur zuhören. Ich hatte das Gefühl: Wenn er immer alles besser weiß, dann erzähle ich eben nichts mehr. So habe ich's gemacht. Später habe ich in Büchern gelesen, dass das typisch ist für das Gesprächsverhalten von Frauen und Männern: Die Frauen wollen erzählen und dass jemand zuhört, die Männer wollen ein Problem benannt kriegen und helfen, es auszuräumen

Nicht nur Arbeit macht mich glücklich, auch die Zeiten, die ich für mich habe, sind mir wichtig. Zur Zeit führen mein Mann und ich eine Wochenendehe, da habe ich besonders viel Zeit alleine. Ich hatte nie einen Mann, der um 16 Uhr zu Hause ist, jeder hatte immer sein eigenes Leben, ich musste richtig lernen, nicht auf ihn zu warten. Ich treffe mich mit Freunden, ich gehe zweimal die Woche zum Sport, da ergeben sich auch Bekanntschaften, die man eben nicht als Paar geschlossen hat, die sind mir auch wichtig, ich bin kein Anhängsel von meinem Mann, das spüre ich umso mehr, als wir uns im Moment sowieso nur drei Wochenenden von vieren sehen.

Da besteht natürlich die Gefahr der Entfremdung, dass jeder zu sehr mit seinem eigenen Leben beschäftigt ist – das ist eben das Gegenteil von Wir-machen-alles-Zusammen. Ich kann mir vorstellen, dass, wenn man zu wenig Zeit miteinander verbringt, es schon sein kann, dass man sich irgendwann woanders geborgener fühlt. Aber die Gefahr ist umso größer, wenn man es nicht gelernt hat, miteinander zu reden, zu reflektieren, Missverständnisse oder eine Kluft, die sich auftut, auszuräumen.

Gut, ich red jetzt mal ein bisschen Klartext: Mit meinem Mann hatte ich ein schweres Jahr, wir haben viel geredet, ich denke, das hilft. Also, bei ihm, da gab es eine andere Frau. Er war mein erster Mann, wir sind bald 25 Jahre zusammen – ich wollte nie mit 90 sagen müssen: Du weißt gar nicht, wie es ist, mit anderen. Ich hab' also auch ein-, zweimal … Und einmal habe ich mich in einen Kollegen verliebt – Schmetterlinge im Bauch sind etwas Wunderschönes, aber du weißt auch: Die vergehen wieder.

Ich würde meinem Mann Schmetterlinge ja sogar gönnen, aber ich wäre nie bereit, ihn dauerhaft zu teilen. Was mich so verletzt hat, ist, dass er erst nicht zugegeben hat, dass da was lief – ich kam mir so blöd vor, aber am Ende hatte ich ja doch Recht. Die andere Frau war jünger als ich, auch vom Typ her ganz anders, weniger nachdenklich, direkter, ich könnte sie durchaus mögen. Wenn sie nicht … Ja. Ich denke ja, wir haben das jetzt verarbeitet, ich bin zwar immer noch ein bisschen misstrauisch: Sie ist oft in seiner Stadt, sie treffen sich auch, aber angeblich nur freundschaftlich. Durch solche Sachen muss man eben auch durch in einer Partnerschaft – außer meinen Freundinnen weiß keiner davon, es würde auch keiner glauben: Wir sind eins von diesen Traumpaaren, alle beneiden uns. Aber man kann ja auch bei anderen Familien nicht hineinkucken. Ich glaube, dass es bei Ärzten noch zusätzlich so ist, dass man sich vorstellt, dass bei ihnen alles heil und in Ordnung ist. Die Patienten stellen sich kaum vor, dass die Person, die ihnen da hinter dem Schreibtisch gegenübersitzt, auch ein Mensch mit Sorgen und Nöten ist.

Und das Mediziner-Bild in den Medien ist vollends schief: In den Arztserien gibt es den Kinderarzt, der morgens Hausbesuche macht, mittags Visite im Krankenhaus hat – und am frühen Abend macht er dann schnell 'ne Herztransplantation, völliger Blödsinn. Der richtig harte Arztalltag sieht anders aus: Ich kenne eine Kinderärztin im Westen, die arbeitet praktisch Tag und Nacht und Wochenende, weil sie alleine in einem riesigen Gebiet zuständig ist, da kommen die Leute auch nachts oder rufen an, das finde ich schon fast unmenschlich.

Ich bin eine Weile Notdienste gefahren, bis ich mich gefragt habe: Warum mache ich das? In der DDR sind wenigstens die Fahrer noch mit in die Wohnungen gegangen ... Aber jetzt gehst du irgendwo in einen dunklen Hausflur, stößt manchmal auf so eine angetrunkene Truppe, und auf dem Sofa liegt ein Kind und hat 40 Fieber. Mir ist nie was passiert bei diesen Besuchen, aber sie waren mir oft nicht angenehm.

Im Endeffekt kann ich mir durchaus vorstellen, nochmal was anderes oder Zusätzliches zu machen. Durch die Entwicklungen im Gesundheitswesen kommen schon Sachen auf uns zu, die auch meine Arbeit beeinflussen. Der Selbstzahler-Bereich wird wachsen, das mit den zehn Euro Praxisgebühr ist bestimmt erst der Anfang, vielleicht wird es irgendwann so sein, dass es wirklich nur noch eine Grundversicherung gibt und alles andere privat versichert oder bezahlt wird.

Ich habe jetzt eine Akupunkturausbildung fast abgeschlossen, das sind 350 Stunden Ausbildung, macht ungefähr 35 Wochenenden in den letzten drei Jahren. Mich hat dieser Gedanke fasziniert, dass in der traditionellen chinesischen Medizin der Zusammenhang zwischen Körper und Geist als so stark angesehen wird, dass davon ausgegangen wird, da müsse Energie fließen, und wenn diese Lebensenergie nicht richtig fließt, dann kommt es zu Krankheiten. Die Krankenkassen akzeptieren inzwischen, dass man Migräne, Kopf- und Rückenschmerzen mit Akupunktur lindern kann, und zahlen das zur Zeit auch.

In China geht man mit der Akupunktur ja viel weiter, ich meine jetzt nicht, dass unter Akupunktur operiert werden kann, nein, in China wird Akupunktur schon im Vorfeld eingesetzt, damit Krankheiten gar nicht erst auftreten.

Aber noch ist das bei uns nicht so weit, und noch ist eigentlich die Allgemeinmedizin die hohe Kunst. Es hat mich unheimlich gefreut, als neulich ein Patient von einem Nephrologen zu mir geschickt wurde. Der Kollege hatte mitgekriegt, dass der Patient keinen Hausarzt hat, und hat dann mich empfohlen, das hat mich richtig glücklich gemacht, weil ich den Kollegen sehr schätze. Und den Patienten konnte ich annehmen – er wohnt nicht am anderen Ende der Stadt.

Gaby, 53, Fotografin

Warum soll ich zurückstecken?

Oder: Ideen hab' ich wie toll

Wie das Leben ohne Wende verlaufen wäre – das fragen sich viele ehemalige DDR-Bürger. Die Fotografin Gaby nicht – dass für sie alles anders werden sollte, das stand schon Anfang 1989 fest. Die Ingenieurin im Braunkohle-Tagebau wollte auf jeden Fall den Beruf wechseln. Aber sonst? Wäre sie ohne Wende noch verheiratet? Hätte Sie Prinz Charles und Helmut Newton fotografiert?

Wie geht's?
Es geht gut.
Und dem Mann?
Dem Mann geht's gut.
Geht's den Kindern gut?
Es geht ihnen gut.

So habe ich mit den Frauen am Strand von Gambia gesprochen. Auf Wolof oder Mandika, so heißt die Sprache dort. Die Leute freuen sich so, wenn du dir Mühe gibst, ihre Sprache zu lernen und zu sprechen. Allein die Begrüßung, das ist ein ellenlanger, wunderbarer Singsang … Nie im Leben wäre ich, wenn ich Jason nicht kennen gelernt hätte, nach Westafrika geflogen. Jason stammt aus Gambia, er ist Musiker. Mit uns ist es vorbei, aber unsere Begegnung, vieles, was wir gemacht haben, eben auch die Reisen, waren so eine Bereicherung für mein Leben. Ich bereite gerade eine Ausstellung vor mit diesen Fotos aus Afrika.

Seit bald einem Jahr wohne ich hier in diesem Hochhaus, und seit ich hier wohne, fotografiere ich auch immer wieder die Stadtsilhouette von weit oben: die Häuserlinie mit Neuem Rathaus und MDR-Hochhaus – früher war das das Uni-Hochhaus, es hat ein sehr markantes Dach, weil das ganze Gebäude ja einem aufgeschlagenen Buch nachempfunden ist – Bücherstadt Leipzig. Also Rathaus, Hochhaus, davor der Park, immer wieder anderes Licht, anderer Himmel, dadurch andere Stimmungen – 20 verschiedene Fotos habe ich nebenan in einem Bilderrahmen zusammengestellt, ich habe noch so viele mehr, eigentlich müsste man Postkarten draus machen. Ich wohne gerne hier in der Großstadt, alles andere wäre mir langweilig.

Ich habe die unterschiedlichsten Aufträge, ich fotografiere am liebsten Menschen. Gerade arbeite ich an einer Reihe Schriftstellerporträts aus Sachsen für eine Broschüre des Literaturrats e. V. Über die Jahre habe ich viele Schriftsteller und Künstler fotografiert. So richtig angefangen hat es nach der Wende mit einem Auftrag vom Börsenblatt des deutschen Buchhandels, für die mache ich heute noch viel. Dass ich mal so arbeiten und leben würde, wie ich es heute tue, das war nicht absehbar.

Meine Mutter hat immer gesagt. «Einer muss zurückstecken.» Früher hätte ich gesagt: Ja, stimmt. Aber heute käme mir das bestimmt nicht über die Lippen.

Ich habe mich verändert.

Als ich in Gambia war, habe ich viele Dinge gemacht, die man als Frau einfach nicht macht, aber das wusste ich nicht. Ich bin zum Beispiel allein an den Strand gegangen, und plötzlich hatte ich lauter Männer um mich rum. Das wäre nicht passiert, wenn ich das erste Mal mit Jason ans Meer gegangen wäre, dann wär klar geworden: «It's Jason's wife» – Jasons Frau.

Das haben sich auch die Frauen zugeflüstert, wenn ich auf dem Markt war. Den fand ich total faszinierend: Papaya ... Nicht so kleine wie hier, sondern riesengroß. Die Farben, die Gerüche, die Gewürze, die Fische – guck mal das Foto hier ... Sind die nicht schön, wie die so silbern glänzen? Und die Frauen in ihren bunten Stoffen? Da fast alle wussten, wer ich bin, durfte ich fotografieren, worauf ich Lust hatte. Das war schön, auch wie alle die Kinder rausgeputzt haben, wenn ich fotografiert habe, hier die kleinen Mädchen mit den vielen Zöpfchen und den Rüschenkleidern ... Oder dieser Mann mit dem traditionellen muslimischen Gewand – hier der andere Bruder dagegen: Der sieht mit seinem Sweatshirt und der Wollmütze aus wie die Rapper überall auf der Welt.

Hier, dieses Bild mit der Familie, das habe ich extra so gemacht, dass die Cola-Kästen im Hintergrund mit drauf sind. Du kannst hinkommen, wo du willst: Coca-Cola ist immer schon da – in Afrika, in der Ukraine oder bei uns. Ich finde das traurig, wie alles sich immer mehr angleicht. Ich weiß noch, wie entsetzt ich war über die Fußgängerzonen in Weststädten nach der Wende: Mittendrin überall ein großes Kaufhaus, und dann die immer gleichen Läden. Hier in Leipzig können wir ja noch froh sein, dass wir die alten Passagen haben, die Mädler-Passage, Specks Hof, die haben wenigstens ein eigenes Gesicht

So, noch ein Afrika-Foto: Da habe ich die Männer beim Gebet fotografiert, viele, nicht? Alles unter freiem Himmel. Und hier: nur die Gebetsteppiche, die ausgezogenen Schuhe – guck mal genau hin: Auf fast jedem Gebetsteppich liegt ein Handy, irre, nicht? Die Frauen beten auch, aber abseits.

Das war für mich fremd, das zu erleben, dass die Frauen so separiert von den Männern sind. Ich habe manchmal, weil ich Gast war, mit den Männern gegessen, die Hausfrau hat das Essen aufgetragen und ist zu den anderen Frauen in die Küche gegangen, manchmal hat sie auch abseits gesessen. So habe ich das auch in, ja, wir würden sagen, in einer gehobenen Familie erlebt, also der Mann war Direktor einer staatlichen Einrichtung. Für mich war das merkwürdig, aber ich habe versucht, mich an die Lebensvorstellungen, an die Kultur anzupassen. Das ist ja auch alles wahnsinnig interessant, aber leben könnte ich dort nicht. Muss ich ja auch nicht.

Jason und ich hatten uns bei der Arbeit kennen gelernt, ich habe die Band, in der er spielt, bei einem Auftritt fotografiert, und es ist ja so in der Szene, dass man sich immer wieder begegnet. Ich hatte ihm Fotos versprochen. Irgendwann hatte ich dann mal drei dabei, bei einem Jazzfest, das muss vor acht Jahren gewesen sein. In der ersten Zeit haben wir uns nur bei Terminen getroffen, dann wurde es intensiver, und wir waren auch zweimal zusammen in Afrika. Wenn Jason unten in seiner Stadt ist, ist er dort ein Gott. Er hat es in Europa geschafft, ich glaube, so muss man das mal sehen, dafür wird er bewundert, das weiß er auch. Die Verwandten kommen alle, um ihn zu treffen, und wenn da schon zehn sitzen, setzen sich noch zehn dazu. Und mich zu treffen fanden auch alle interessant.

Mein Vater wird 90, er ist sehr tolerant, auch mit meinem afrikanischen Freund hatte er sofort ein Thema: Fußball. Meine Mutter ist vor drei Jahren gestorben, wenn sie Jason miterlebt hätte, ich glaube, sie wäre ausgeflippt, sie war da anders als mein Vater.

Aber ich erzähle jetzt mal, womit ich angefangen habe beruflich, ja? Also: Gelernt habe ich Betonbauer mit Abitur. Ich war nicht auf die EOS gekommen – ich weiß gar nicht, ob ich sagen will, warum … Mein Vater hatte bei einem Elternabend so glorifizierend über die Weimarer Republik geredet … Ich wollte unbedingt Abitur, ich dachte an die Kombination mit Maurer, weil ich Architektin werden wollte. Es hieß damals aber: Mauern ist out. Es ging los mit den Plattenbauten …

Also Betonbau.

Wir waren nur drei, vier Mädchen in der Klasse, meine Freundin und ich, wir waren umschwärmt, sie war schwarz, ich blond. Mein späterer Mann war auch in dieser Klasse, aber die Gleichaltrigen wollten wir nicht. Die in den Klassen über uns, die haben wir angeschwärmt. Bei den Zimmerleuten waren auch viele hübsche, die in ihren schicken Zimmermannsanzügen … Aber sie kamen nicht in Frage, die Berufsfachschüler waren nichts für uns, man war da schon so ein bisschen … Man wollte eben 'nen Abiturienten.

Wir haben richtig auf dem Bau gearbeitet. Damals wurden die Bewehrungseisen noch einzeln mit der Zange zusammengeknüppelt, mit Draht, Stange für Stange, das ist extrem anstrengend. Während der Ausbildung war das Uni-Hochhaus, also jetzt MDR-Hochhaus, Baustelle, die haben wir besichtigt. Das Haus hat einen Gleitkern, der nach und nach hochgezogen wurde, es gab einen Baufahrstuhl, mit dem sind wir hochgefahren, das war schon beeindruckend. Aber als man in der mündlichen Befragung bei der Aufnahmeprüfung für Architektur in Dresden von mir wissen wollte, was für einer Form dieses Haus nun nachempfunden sei – diesem berühmten Buch! –, da konnte ich das nicht sehen. Mein zeichnerisches Talent war auch nicht so, da gab es bessere. Ich bin durchgefallen.

Architekt wäre wahrscheinlich für mich wirklich nicht das Richtige gewesen, ich war nicht so durchdrungen davon, außerdem kam ja gerade die Platte auf, WBS 70, was konnte man da groß entwerfen? Und Bauingenieur, möglichst noch beim Plattenbau? Im Winter ist es auf der Baustelle kalt, im Sommer blendet der Beton unangenehm. Außerdem wirst du ständig von den Bauarbeitern angemacht. Ich habe eine Freundin in Berlin, die ist Bauingenieurin, die hat das Problem nicht, die ist aber auch ein anderer Typ, die setzt sich ganz klar durch, dann respektiert man sie. So ein Typ war ich nicht.

Aus der Baustellenzeit kommt wohl auch meine Ablehnung gegen Skat; ich wollte das nicht lernen, obwohl es ja nicht so schwer ist. Aber im Sozialismus war's doch so: Kaum kam ein Tropfen Regen, sind die Bauarbeiter ab in die Baracke, Skatkarten und Bier raus, und los ging's. Da mochte ich nicht dabei sein. Auf alle Fälle könnte ich mir seit den Betonbau-Zeiten meinen Fußboden selber machen, ich weiß, wie man einen Estrich abzieht. Beim Boden am Kaufhaus am Brühl, der Blechbüchse, da hab' ich mitgearbeitet.

Architekturstudium war also nicht, man hat mir stattdessen vorgeschlagen, Lehrer zu studieren oder sozialistische Betriebswirtschaft. Ich wollte weder das eine noch das andere.

Damals gab es ein völlig neues Studium, Geotechnik, in Freiberg, damit habe ich 1970 angefangen. Wir waren halbe, halbe Männer und Frauen, auch wenn es ein technischer Beruf war. Geotechnik setzt sich zusammen aus Geologie und Geophysik, wir hatten auch Mineralogie, Statik, technische Mechanik und natürlich Russisch. Und wissenschaftlichen Kommunismus – da musste man nur 'ne Vier haben, um durchzukommen.

Das Studium war toll, und in Freiberg waren die Studenten vorherrschend. Es war wirklich ein gutes Klima damals: Wenn wir Hochschulfeste hatten, hat sich der Rektor das Mikrofon genommen und auf der Bühne die Bergmannslieder angestimmt, der Kontakt zu den Professoren war sehr eng, das ist heute an den Unis sicher anders. Als wir 25 Jahre nach dem Diplom Seminargruppentreffen hatten, war es, als wenn wir uns erst gestern gesehen hätten.

Freiberg ist ja immer noch ein sehr guter und begehrter Studienort, die haben immer noch viel technische Studiengänge, Geophysik, Mathematik … Ich war neulich in meinem alten Hörsaal, der sieht noch so aus wie früher, der geht ganz steil hoch. Die Internatszimmer von damals haben sie wohl umgebaut, damals habe ich für zehn Mark in einem Zweibettzimmer gewohnt, immer drei Zimmer waren eine Wohnung mit Küche und Bad. Ich glaube, heute kostet ein Einzelzimmer in diesem Haus so 400 Mark, also 200 Euro.

Zu meinem Studium damals gehörten auch ein paar Wochen Praktikum in Beuna. Ich wohnte da bei einer Frau in einem Einfamilienhaus und wunderte mich – über dem Bett, eigentlich überall, lag so eine leichte Staubschicht. Das war Ruß. Als ich das erste Mal nach Espenhain kam, zum Braunkohlekombinat, BKK, dachte ich: Wie kann man hier 'nen Garten haben? Alles voll Ruß. Die

Kokerei … Das ging alles in die Umwelt, genauso wie bei der Chemie in Leuna und Bitterfeld. Bei Nebel war's besonders übel, dann drückte das alles in Schwaden runter. In Leipzig war mir so was nie aufgefallen, wobei es natürlich nach Braunkohle gerochen hat, das ist ein Geruch, der mit den neuen Heizungen verschwunden ist.

Als ich studierte, gab's meinen späteren Mann schon, er war drei Jahre bei der Armee. Wir waren ja, wie gesagt, in einer Klasse gewesen. Nach dem Abitur bin ich mit Freunden, Mädels und Jungs, rauf nach Norden, nach Lychen, zelten gefahren. Plötzlich kam er angereist. Da hat sich das ergeben mit uns.

Wir waren richtig verlobt, macht das heute noch einer? Ich habe überhaupt das Gefühl, dass kaum noch jemand verheiratet ist, in unserem Alter jetzt sowieso.

Jedenfalls: Im Dezember '73 haben wir geheiratet, mein Mann hat damals noch studiert, im September '74 fing ich an zu arbeiten. Es war doch früher so nach dem Studium: Man musste eine Arbeit annehmen, für drei Jahre konnte man sich das nicht aussuchen. Weil ich in Leipzig bleiben wollte, gab's nicht viel Auswahl. So kam ich als Diplomingenieur für Geotechnik nach Gaschwitz, das ist am Ende der S-Bahn-Strecke, die fuhr auch früher schon alle 20 Minuten. Damals war da im ganzen Gebiet Tagebau, das Braunkohle-Kombinat Espenhain eben …

Ein halbes Jahr, nachdem ich angefangen hatte, wurde ich schwanger, es war nicht ganz unkompliziert, ich musste ins Krankenhaus und liegen, ich war dann krankgeschrieben und wurde mit Spritzen behandelt. Ich weiß gar nicht, was man mir da gespritzt hat, es hat mir keiner erklärt – heute würde ich natürlich fragen, was die Ärzte da überhaupt machen.

Im Dezember '75 war mein Sohn geboren, und ich kriegte Mütterunterstützung, so hieß das damals, ein Jahr. Ich bin drei Jahre zu Hause geblieben. Man hatte mir einen Krippenplatz angeboten im BKK Espenhain, aber das war zu weit weg von Leipzig, das wäre dann eine Wochenkrippe gewesen, also mein Sohn hätte da von Montag bis Freitag auch schlafen müssen, das wäre für mich nie in Frage gekommen. Ich war also drei Jahre zu Hause, ohne Bezahlung, aber mit dem Recht, wieder an meinen Arbeitsplatz zurückzukönnen.

Mit drei ist mein Sohn dann in der Kindergarten gekommen, das war schwierig, er wollte nicht. Er wollte auch mittags da nicht schlafen. Einmal kam ich in den Kindergarten, da sah ich ihn in der Ecke stehen, weil er nicht schlafen wollte, das war natürlich furchtbar, aber das war damals so. Mein Sohn war viel krank, ich denke, weil er den Kindergarten abgelehnt hat, die Psyche spielt da ja eine große Rolle, ich bin dann zu Hause geblieben, das durfte man ja unbegrenzt, wenn das Kind krank war – heute würde man seinen Job verlieren.

Meine Arbeit war damals im Wesentlichen: Ich habe Böschungswinkel für den Tagebau berechnet, wie die angelegt sein müssen, damit nichts abrutscht, die Maschinen arbeiten können. Die Arbeiter wurden besser bezahlt als die Ingenieure, sie kriegten auch Schnaps, was ich irgendwie kurios fand. Wir, die wir drinnen arbeiteten, kriegten natürlich keinen Schnaps – bis auf die Geophysiker, aber die gingen ja auch manchmal raus zu den Kumpels.

Weil ich künstlerisch begabt war, durfte ich das Brigadetagebuch führen. Wir waren selbstverständlich ausgezeichnet als *Brigade der sozialistischen Arbeit*, warst du das einmal, warst du das immer. Immer einen Tag vor Abgabe habe ich mit einer Kollegin losgelegt: Das lustige Brigadeleben musste dargestellt werden. Wir haben aus Zeitungen sozialistische Losungen zusammengeschnipselt: Auf zum soundsovielten Parteitag oder Vorwärts zum blablabla.

Unsere Brigadetagebücher kamen sehr gut an, wir haben regelmäßig Preise gekriegt: eine Urkunde, verbunden mit 20 Mark pro Person, die gemeinsam für Essen und Trinken ausgegeben wurde. Im Gasthaus war speziell für uns eingedeckt, und der Chef machte sich einen Spaß daraus zu rufen: «Und für die Kollegin eine Flasche Essig.» Er wusste, dass ich den süßen Wein nicht mag, und trockenen bezeichnete er als sauer. Genau genommen war er es eigentlich auch …

Wenn ich an die Weine denke, meistens aus Ungarn: Muskat Ottonel – Muskelotto haben wir den genannt – süß! Der Egri Bikaver aus Ungarn, der war trocken, aber der war Bückware. Als wir in Grünau gewohnt haben, hatten wir im Haus eine Kassiererin aus der Kaufhalle, die hat mir immer Bescheid gesagt, wenn sie den trockenen Wein hatten, die hat mir dann eine Kiste mit sechs Flaschen zurückgestellt. Die Flasche hat vielleicht fünf, sechs Mark gekostet, das war im Vergleich zu anderen Preisen viel, das Bier hat in der Gaststätte 49 Pfennig gekostet, aber das Preisgefüge war doch damals anders, die Miete kostete ungefähr so viel wie die ganze Kiste Wein.

Zehn Jahre habe ich in Gaschwitz gearbeitet, mit Unterbrechungen. Die letzte Zeit habe ich viel Bodenwerte ausgewertet, es wurden ja dauernd Bodenproben untersucht auf ihre Zusammensetzung. Auf Endlospapier haben wir von den Rechnern Riesenpapierschlangen mit Daten ausgedruckt, zweimal die Woche bin ich mit Kästen von Papier und Lochkarten nach Borna gefahren zur statistischen Auswertung. Da stand in einem 60-Quadratmeter-Raum eine Großrechenanlage mit allen Geräten. Ende der 80er Jahre hatte ich keine Lust mehr zu dieser Arbeit. Ich wusste, was ich stattdessen machen wollte.

Ich habe immer gezeichnet, im Freundeskreis waren viele Künstler und Maler. 1983 hat mir meine Freundin einen Fotoapparat in die Hand gedrückt, ich hatte selber keinen. Ich glaube, meine Freundin hat gemerkt: Ich war unzufrieden, ich wollte irgendwas machen – vielleicht hab' ich das ausgestrahlt.

Sie kam jedenfalls mit der Kamera. Wir wohnten damals in Grünau, in der Großsiedlung, gruselig … Es war Winter, wir sind raus auf die Felder, die waren immerhin schön, ich habe fotografiert und den Film selbst entwickelt, meine Freundin hat mir alles gezeigt.

Als ich mein erstes Foto in der Hand hatte, selbst vergrößert, sagte die Freundin: «Mensch!» Auf dem Foto war ein Feldweg mit eingefrorenen, überfrorenen Pfützen, weißem Feld, kahlen Bäumen, im Hintergrund, kaum erkennbar, eine Person. Warte, ich hol's dir mal, ich hab's in 'ner Mappe, da sind viele der ersten Fotos drin. Wenn meine Freundin nun gesagt hätte: «Na ja.» Aber so dachte ich: Das könnte was werden.

Meine Freundin hat damals noch studiert und schon an ihrem Diplom gearbeitet, sie hat Punks fotografiert. Auch diese Filme hat sie mir bei sich im Labor in die Hand gedrückt: Ich durfte, ich *sollte* die entwickeln. Ich hab' so geschwitzt: Es waren doch Aufnahmen für ihr Diplom! Meine Freundin hat mir alles erklärt und gezeigt, bei ihr habe ich das Fotografieren von der Pike auf gelernt.

Und ich habe angefangen, nebenbei zu fotografieren: Da war ein Zeitungsredakteur, für den ich immer mal was gemacht habe, sein Gebiet war Kleinkunst, also Kabarett, ich habe dann aber auch Großkunst fotografiert, also Sänger, Konzerte. Es wurde immer mehr. 1989 wollte ich dann richtig aufhören mit Arbeiten, Anfang des Jahres. Da war ja noch nichts mit Wende in Sicht. Im Betrieb bat man mich jedenfalls, erst noch einen Kollegen einzuarbeiten. Ich habe gesagt: «Mach ich, aber nur, wenn ich halbtags arbeiten kann.» So war es dann. Ende '89 war für mich Schluss.

Ich wurde also nicht mehr mit abgewickelt, ich war schon weg. Allein bei uns im Tagebau haben in den 70er, 80er Jahren Tausende Leute gearbeitet. Soviel ich weiß, gibt es jetzt nur noch wenige Kollegen aus Gaschwitz, die sitzen jetzt in Espenhain, ich weiß gar nicht genau, was die machen, Rekultivierung fürs Seengebiet? Da wird jetzt geflutet oder wird später geflutet, der Cospudener See ist ja schon fertig. Einer der Kollegen hat heute ein geotechnisches Untersuchungslabor. Und die Kollegin, mit der ich zuletzt zusammen in einem Zimmer saß, eine Mathematikerin, hat gleich nach der Wende noch Sozialpädagogik studiert und hat jetzt eine leitende Stellung. Fast zehn Jahre hab' ich da gearbeitet, mit Unterbrechungen.

Ich hatte dann gleich – ja, ich glaube es war gleich, so genau erinnert man sich nicht mehr – Aufträge für das Börsenblatt, ist ja auch nahe liegend, die Buchmesse ist ja hier, und ich hatte schon lange Schriftsteller fotografiert. Es gab damals ja auch mehr Tageszeitungen, außer der Leipziger Volkszeitung noch die Union, das Leipziger Tageblatt, die kauften Bilder, und täglich passierte was, gab's was wirklich Neues: Die erste Telefonzelle von der Telekom wird in Markranstädt eröffnet ... Ein Bürgermeister pflanzt einen Baum ...

Ich hatte ja damals nur eine Kamera, meine MTL 5, eine

Praktica, mit der hab' ich alles gemacht, auch Prinz Charles fotografiert. Guck mal, hab' ich rausgesucht das Foto: Wie der sich so mit den ganzen Kumpels aus dem Sozialismus über die Tagebaulandschaft beugt, das sah zu gut aus. Man hatte extra für Charles ein Podest gebaut, damit er besser kucken kann. Und wir Journalisten durften ohne große Sicherheitsvorkehrungen an ihn ran.

Das war schon eine aufregende Zeit damals. In der HGB, der Hochschule für Graphik und Buchkunst, bin ich kurz nach der Wende Helmut Newton begegnet, meine Freundin hatte gesagt: «Den musst du dir unbedingt ansehen.» Newton hatte eine Ausstellung hier, ich wusste gar nicht, wer das war, das habe ich erst später erfahren, dass er ein berühmter Fotograf ist, diese bekannten Frauenfotos von ihm, diese inszenierten Akte, die sagen mir nichts, aber darum ging es ja nicht: Helmut Newton saß da so, hat ein bisschen erzählt, er war richtig nett, ich habe ihn dabei fotografiert, wie er Plakate signiert. Guck …

Es ging also auch nach der Wende gut mit dem Fotografieren, ich habe in einer Fotoagentur gearbeitet und da noch mehr dazugelernt: außer der Laborarbeit eben auch Geschäftsgebaren, wir hatten viele große Zeitschriften als Kunden. Oft haben die Fotos gekauft, gut bezahlt, aber dann nicht gedruckt. Das ist für die Fotografen auch nicht schön. Meine Fotos fürs Börsenblatt kamen immer, dafür gab es bestimmt weniger Geld, aber du willst als Fotograf deine Bilder doch gedruckt sehen.

Ich war durch meine Arbeit immer selbständiger und selbstbewusster geworden. Ich glaube, meinem Mann hat das nicht gefallen. Er war viel zu Fortbildungen in Berlin, dabei habe ich mir nichts gedacht, warum auch, ich hatte immer Vertrauen, das finde ich heute sehr schwer, Vertrauen haben. Am 11. 11. 91 kam er, das Datum kann man sich gut merken, es hätte noch um 11 Uhr 11 sein müssen, dann hätte ich es wenigstens für einen Scherz halten können, er kam und sagte mir, dass er sich von mir trennen will, da gäbe es eine andere Frau. Ich fiel aus allen Wolken, ich hatte doch nicht die leiseste Ahnung gehabt. Ich war so überrascht, ich konnte nicht mal schreien oder weinen. Dann war er weg. Er kam nur noch einmal und hat seine Beatles-Platten geholt und seine Stanislaw-Lem-Bücher. Gut, ihm hat das sicher alles nicht gepasst, meine Selbständigkeit, früher war ich anders gewesen.

Es ging mir schlecht nach dieser Trennung, draußen war alles grau. Da habe ich beschlossen: Ich fahre Silvester mit meinem Sohn nach Paris, ich wollte immer schon dorthin, bei mir war es nicht Rom sehen und sterben, sondern Paris. Gestorben bin ich natürlich nicht, es war herrlich in Paris.

Und so drei, vier Monate später hatte ich einen neuen Freund. Mit ihm war ich auch in Norwegen. Norwegen ... Ich schwärme so für Norwegen, ich war zweimal da, einmal einen Monat, mit dem Zelt und ebendiesem Freund. Wir waren da in einem August, in dem es wirklich viel geregnet hat. Oberhalb vom Polarkreis lag sogar Schnee. Und da wird es im August nie dunkel! Die Fjorde, die sahen wirklich so aus wie auf den Fotos aus Bildbänden und Kalendern, die man so kennt, ich war total fasziniert, auch von Oslo, da kann man sich die Skier unterschnallen im Winter und einfach loslaufen. Oder man kann zur Schanze rauffahren, zum Holmenkollen, da gibt es Langlaufloipen mit Flutlicht ... Ja, Norwegen wäre nicht schlecht mit meinem Beruf, mit dem Fotografieren ginge es vielleicht sogar, in Norwegen zu arbeiten, beim Fotografieren ist die Sprache ja nicht so wichtig. Aber es steht ja nicht zur Debatte – vielleicht würde ich mich auch langweilen da, es wird ja im Winter gar nicht richtig hell. Alleine das Gefühl, umziehen zu können, wenn man unbedingt wollte.

An eins kann ich mich noch ganz genau erinnern: Wir waren zu einer Ausstellungseröffnung von meiner Freundin, heute würde man sagen Vernissage. Wir waren jedenfalls in der Galerie und haben die Maueröffnung versiebt. Wir haben den ganzen Abend gefeiert, kamen nach Hause, machen den Fernseher an, ich dachte: hä? Das war ganz spätabends, da gab es Bilder von der offenen Mauer in Berlin. Meine Freundin ist gleich am nächsten Tag hin. Das hätte ich auch machen sollen. So 'ne Fotos kriegt man nicht wieder! Damals war ich aber noch mit meinem Mann zusammen, da wär' ich gar nicht auf die Idee gekommen. Wär' ich allein gewesen, ich glaube, ich wäre mit nach Berlin gefahren. Zurückstecken …

Wir waren dann ein paar Tage später da, ich habe Fotos von meinem Sohn, wie er mit einem Hammer Stückchen aus der Mauer rauspickt. Ich finde das jetzt ganz komisch in Berlin, ich weiß ja, wo die Mauer stand, aber sie ist weg, bis auf so ein Reststückchen, aber das war ja noch nicht mal die eigentliche Mauer. Wenn man heute da langgeht, wo die Mauer stand, ist da nichts. Ich verstehe nicht, warum man nicht wenigstens Teile hat stehen lassen, das wäre doch Denkmal genug gewesen. Wir sind doch heute auch froh über Bauten, die noch da sind und uns von früher erzählen. In der DDR ist ja Gott sei Dank vieles nicht weggerissen worden, weil einfach kein Geld für den Abriss da war.

Wie kam ich drauf? Ach ja, Unabhängigkeit, zurückstecken …

1994 haben wir uns scheiden lassen, hinterher waren wir

noch zusammen was trinken. Wenn ich meinen Ex-Mann heute angucke, denke ich, ich würde nicht mehr mit ihm zusammen sein wollen. Auch wenn finanziell natürlich alles viel einfacher ist, wenn man zu zweit ist.

Ich bin jetzt 53, in meinem Freundeskreis sind viele jünger als ich, das liegt daran, dass mein Mann damals noch studiert hat. Es ist schon komisch, jetzt feiern so nach und nach alle ihren 50sten. Aber irgendwie ist es auch gut, es passiert ja immer noch so viel. Ideen hab' ich wie toll. Ich kann mir durchaus vorstellen, dass ich vielleicht noch mal was Neues anfange, warum nicht? Was mit Mode vielleicht? Ich kaufe manchmal Hüte oder besondere Schuhe, und dann habe ich gar keine Gelegenheit, die anzuziehen, ich bin eher so der sportliche Typ und gehe eigentlich immer in Hosen. Neulich hatte ich einen langen Strickrock an, ich wollte zu meinem Vater. Da dachte ich: Ich ziehe den schwarzen Persianermantel dazu an, den habe ich mal geschenkt gekriegt. Meinem Vater fiel gleich auf, dass ich anders aussehe als sonst.

Neulich bin ich an einem neuen Stoffgeschäft vorbeigekommen und reingegangen, die hatten da so schöne Stoffe, Organza, mit einzelnen Röschen dran, die so runterbummeln, alles Mögliche, Brokat, tolle Farben. Ich trage ja gerne Schwarz. Aber da hatte ich sofort wieder Lust, was zu nähen – oder ich entwerfe und jemand setzt sich an die Nähmaschine. Müsste man eigentlich machen. Das geht mir die ganze Zeit nicht aus dem Kopf.

Dabei kann ich mit dem Fotografieren wirklich zufrieden sein, ich habe so schöne Sachen gemacht dies Jahr. Hier, das Börsenblatt brachte eine ganze Geschichte über Buchhändler nach der großen Flut. Ich war in Grimma, Döbeln, Dresden, Pirna. Für mein Foto in Pirna stand die

Buchhändlerin mit einem Foto in der Hand so auf der Straße, wie sie im Hochwasser fotografiert worden war. Auf allen meinen Fotos sieht man die Buchhändler schon in ihren wieder eingerichteten Läden, aber du erkennst noch, wie hoch das Wasser ging, zum Beispiel, weil der Putz noch teilweise abgeschlagen ist, die Wände mussten ja noch lange nachtrocknen. Und hier ist noch ein Foto von diesem Raddampfer in Dresden: Der hieß für einen Tag *Buch & Kunst*, die Buchhandlung hatte ihn gemietet, um mit einer Fahrt auf der Elbe allen Helfern zu danken, da habe ich auch fotografiert.

Ich mag meine Arbeit, man lernt so viele interessante Menschen kennen, sieht so vieles ... Buchmesse in Leipzig ist für mich immer Großeinsatz, ein Termin jagt dann den anderen, und einer ist interessanter als der andere. Manche Fotografen kommen ja zum Termin, springen rum mit ihren Geräten, benutzen ein schön langes Objektiv, obwohl das gar nicht nötig wäre, nur um aufzufallen, und dann sind sie schon wieder weg. Ich bleibe gerne zur Lesung, wenn es mich interessiert. Und hinterher entstehen dann meist die besseren Fotos, der Autor ist entspannter, er hat alles hinter sich ... Aber so geht es eben nicht immer.

Wenn ich so drüber nachdenke, wie ich hier so lebe, ich hier allein ... Da bin ich durchaus zufrieden. Oft war ich in den letzten Jahren als Einzelperson Silvester mit vielen Paaren zusammen und habe so bei mir gedacht: Mensch, was für ein Stress zu zweit.

Mit meiner Freundin verstehe ich mich blind. Bei ihr läuft der Job ähnlich wie meiner, wir helfen uns gegenseitig ... Sie hat einen Bauerhof im Havelland, da fahren wir öfter hin. Wenn wir den ganzen Tag was gemacht haben, es abends dann einen Krimi gibt, weiß ich: Sie wird einschlafen. Aber das finde ich amüsant. Sie steht dann früher auf als ich. Wir trinken oft morgens erst mal einen Kaffee im Bett und erzählen uns was. Wir würden uns nie ins Gehege kommen, bei der Arbeit nicht, bei Männern nicht.

Ich habe schon oft gemerkt, dass die Verständigung mit Frauen viel leichter ist, auch als ich in Afrika war. Viele sprechen da ja Englisch, und wenn nicht, hat man sich mit Zeichen verständigt – mit den Frauen geht das leichter als mit den Männern. Jasons Mutter hat mich in den Arm genommen, wir haben uns mit Händen und Füßen verständigt, viel war nicht möglich, wenn keiner übersetzt hat, aber das war so herzlich und so schön. Dafür bin ich richtig dankbar. Und das alles in einer Kultur, die eigentlich fremd ist.

Ich habe mich mit Afrika beschäftigt, auch mit dem Islam, Afrika ist ja in weiten Teilen muslimisch. Im Koran kommen die Frauen eigentlich gut weg, wie ich finde, was ihnen im muslimischem Alltag als Rolle zugewiesen wird, hat meiner Ansicht nach mit dem Koran nichts zu tun. Aber da sieht man es wieder, wie Marx gesagt hat: Religion ist Opium fürs Volk. Ich finde zur Religion keinen Zugang. Als ich beim Evangelischen Kirchentag fotografiert habe – auch das habe ich also gemacht –, interessierte mich ein Vortrag zum Thema: Warum lässt Gott das zu? Also Böses, Kriege. Das fand ich eine gute Frage. Die Antwort war dann in etwa, dass das nicht Gott ist, sondern dass die Menschen das zulassen. Wieso brauche ich dann Gott?, habe ich mich gefragt.

Ach nein, hier in der Wohnung mit jemandem zusammenleben … Ich wüsste nicht, ob ich das aushalten würde. Darum wollte ich auch nicht mehr mit Jason zusammen sein. Mit dem Mann, mit dem ich in Norwegen war, war es auch so: Es war gut, wie er draußen Feuer gemacht hat – bei Regen Feuer gemacht hat –, gekocht hat. Aber in einer Wohnung zusammenleben, Alltag – das ist etwas anderes.

Als wir damals in Norwegen waren, am Briksdal-Gletscher, der ist ziemlich weit nördlich, hat der Mann aus der Pension, wo wir übernachtet haben, gesagt: «Sie müssen unbedingt noch ins Gletscher-Museum gehen.» Ich habe gesagt: «Ins Museum? Ich war auf dem Gletscher! Ich war in der Spalte.» Der Gletscherführer, mit dem mein Freund und ich unterwegs waren, hatte nämlich gefragt, ob wir da mal runterwollen. Dieser Gletscher, das Licht, die Helligkeit und der blaue Himmel ... Ich habe so schöne Fotos gemacht. Ich wollte gerne in das Eis runter – wenn ich schon da bin ... Bungee-Springen oder andere Verrücktheiten, die würde ich nie machen. Aber warum soll es gefährlich sein, sich in einer Gletscherspalte abzuseilen, wenn du gesichert am Seil hängst?

Elke, 43, Architektin

Auch der Westen kocht mit Wasser

Oder: Abends ist die Arbeit Hobby

In der Uckermark erfüllt eine Ingenieurin privaten Bauherren den Traum vom Eigenheim – und redet ihnen ganz nebenbei Kunststofffenster und Rolläden aus, die republikweit um sich greifen. Das ist dann doch etwas anderes als das Fertighaus aus dem Katalog – oder als die Platte mit den grünen, gelben oder roten Balkons, die Elke nie bauen wollte.

Ich hatte einen Wettstreit mit einer Kollegin: Wir haben am selben Tag Geburtstag, wir sind gleich alt. Wir haben zur gleichen Zeit in Leipzig Ingenieurbau studiert. Und wir waren zur gleichen Zeit schwanger – sie hat es morgens dem Chef gesagt, ich abends. Für den war das kein Problem: Zwei Mitarbeiterinnen schwanger, damit sind Chefs damals gut klargekommen. Wer würde nun sein Baby zuerst bekommen? Meine Tochter Maxi ist eine Woche älter als Luise.

Meine Generation hatte es doch gut: Wir sind wohl behütet herangewachsen, anders als unsere Eltern, die schwere Zeiten erlebt haben, und wie es mit der nachfolgenden Generation aussieht, weiß man ja nicht so genau. Wir haben als Kinder nicht gehungert, in der Schule ging es nach einem strukturierten Lehrplan. Ich habe meinen Wunschstudienplatz bekommen: Bauingenieur, Architekt. Schon als kleines Mädchen haben mich Häuser fasziniert, ein kleines Herrenhaus war mein Traumschloss, das hat mir besonders gefallen. Aufgewachsen bin ich auch in einem schönen alten Fachwerkhaus.

Nach dem Studium blieb ich in Leipzig. Als Maxi geboren wurde, war ich gemäß Gesetz fünf Monate zu Hause, mit fünf Monaten kam Maxi in die Krippe. Mit Armin war ich 1988 ein Jahr zu Hause, er war aber sehr oft krank, hatte Bronchitis, er kam mit der Stadtluft nicht klar. Meine Kinder sollten frei und gesund aufwachsen, darum sind wir nach zehn Jahren Leipzig zurück in die Uckermark gezogen, ich bin hier geboren. Lange haben wir gesucht, bis wir unser Haus fanden: ein 200 Jahre altes Fachwerkhaus.

Wir erlebten die ersten Montagsdemos in Leipzig noch mit, dann sind wir umgezogen, noch im Herbst 1989. Ich hatte eine Baufirma ausfindig gemacht, die uns bei der Sanierung unseres Hauses helfen konnte und in der ich auch gleich Leiter der Projektierungsabteilung wurde, das ging Hand in Hand. Nun hatten wir in unserem Dorf Arbeitsplätze – also mein Mann Schule, ich Baufirma –, Krippe und Kindergartenplatz, da kam die Wende.

Unser Chef hat seinen Betrieb sowieso immer sehr, wie soll ich sagen: privat geführt. In Leipzig hatte ich in einer tollen Brigade gearbeitet, wo alle gut zusammenpassten. Wir waren jung, voller Ideale und konnten stundenlang diskutieren. Der neue Chef hier war sehr dominierend, und als Frau kam man für ihn in ein Schubfach: Frauen zeichnen nur in der Projektierung, und das ist sowieso nicht wichtig. Wir sind oft aneinander geraten, ich dachte: So geht's nicht lang.

Gleich nach der Wende bot die Architektenkammer Schleswig-Holstein in Neubrandenburg Fortbildungsseminare an, da bin ich heimlich hin. Heimlich! Mit Urlaubs- und Haushaltstagen, die gab's damals noch. Ich fing an, darüber nachzudenken, mich selbständig zu machen. Mein Chef kriegte mit, dass ich zur Fortbildung war, und wollte mich rausschmeißen, wir haben uns gefetzt, ich habe dann selbst gekündigt. Danach war jahrelang Funkstille.

Ich bin dann acht Wochen zum Praktikum zu einem West-Kollegen nach Eckernförde ins Büro gegangen, wo ich schnell gemerkt habe: Auch im Westen walten dieselben Kräfte der Natur am Bauwerk. Und ich bekam Gewissheit: Unsere fachliche Ausbildung war in Ordnung, wir müssen uns nicht verstecken. Der Kollege war wirklich ganz rührend. Er warnte mich, die großen Autos, die vielen Männer in Nadelstreifen ja nicht all zu ernst zu nehmen, denn nicht allein das Äußere sei entscheidend. Und auch wenn ich demnächst mehr Geschäftsfrau sein müsste, meinte er immer: «Bewahren Sie sich bloß Ihre Liebe zum Beruf.» Ich finde, er hat mir viel beigebracht und mir die Angst vorm Neuen genommen, die hatte ich nämlich, besonders vor Verträgen, den ganzen rechtlichen Sachen.

Am 9. November, als die Mauer fiel, waren wir zusammen, aber wir haben nicht gefeiert. Nein, das kann ja gar nicht sein, da war ich ja gar nicht in Eckernförde. Wann dann? Wann war das, als wir nicht gefeiert haben? Volkskammerwahl? Nein. Währungsunion? Tag der deutschen Einheit? Also, ich weiß das gar nicht mehr. Doch, es muss zur Währungsunion am 1. Juli gewesen sein. Bezahlt hat er mich jedenfalls in D-Mark. Ich wollte gar kein Geld haben, ich war doch nur zum Lernen da, aber er meinte, ich hätte doch schließlich gearbeitet.

Zwischenzeitlich hatte ich beim Gedanken an die Selbständigkeit doch manchmal kalte Füße gehabt: «Schaffst du das?», hatte ich mich gefragt. Und mich deswegen bei der Stadtverwaltung unserer Kreisstadt beworben, in der so genannten Chefetage. Als ich in Eckernförde war, kam abends bei meinem Mann der Bürgermeister vorbei und sagte: «Ich stelle Ihre Frau ein. Wo ist sie denn?»

Der Job hat mich dann auch sehr gereizt, ich bin sofort zurückgekommen. Zwei Jahre hab' ich die Arbeit gemacht, es war eine total verrückte Zeit, niemand kannte Gesetze, bei uns mussten erst neue erlassen werden, wir haben Entscheidungen getroffen, völlig frei, meist ohne Gesetzesgrundlage. Mit wie viel Enthusiasmus wir dabei waren. Einmal wurden mir Fördermittel für ein Projekt bei uns in der Stadt versprochen, dann jedoch abgelehnt, vom Ministerium, zweimal – da bin ich hingefahren nach Potsdam, traf im Büro auf einen arroganten Beamten. «Ich gehe hier nicht raus, bis ich eine verbindliche Zusage bekomme», habe ich ihm gesagt. Er meinte, er würde jetzt Feierabend machen, und ging. Das war aber Bluff, eine Stunde später kam er wieder – mit Bewilligung. Da bin ich aber stolz zurück, ich war mit mir sehr zufrieden.

Nach zwei Jahren in der Verwaltung kamen immer mehr Gesetze und Verordnungen, ich ertappte mich immer wieder, wie ich nach Gesetzeslücken suchte, statt nach Vorschrift zu funktionieren. Es stand auch an: Beamter werden, da fühlte ich mich sehr unbehaglich. Beamtenstatus, sich an Regeln halten, streng nach Vorschrift arbeiten … All das wollte ich nicht. Da habe ich mich selbständig gemacht, anfangs in einer kleinen Räumlichkeit bei uns im Gehöft. Das, was ich zwei Jahre vorher noch so fremd fand: Verträge, der Umgang mit der ganzen Bürokratie, das hatte ich ja nun von der Pike auf gelernt.

Ich war damals und bin heute hier im ganzen Umfeld die einzige arbeitende Frau im Beruf. Ich sage ja: Ich arbeite als Architekt, Statiker und Bauingenieur. Also nicht Archtektin oder Ingenieurin. Egal. Ich habe angefangen und jedes halbe Jahr einen neuen Mitarbeiter eingestellt.

An meinem letzten Arbeitstag in der Stadtverwaltung schenkte mir ein Geschäftsmann einen großen Rosenstrauß und sagte: «Sie bauen mir jetzt mein Haus.» Der ist bis heute mein Lieblingsbauherr. Er war der erste, der mir seinen Traum anvertraute. Dazu kam bald ein Geschäftshaus von einem Berliner Bauherrn. Zwei tolle Aufträge gleich am Anfang – heute baue ich jedes Jahr mehrere Einfamilienhäuser und ein, zwei größere Projekte, Millionenobjekte, also meist Geschäftshäuser. Von der Stadt hätte ich aber nie einen Auftrag angenommen, ich hätte mir nicht nachsagen lassen wollen, dass ich da irgendwas ausnutze.

Der erste Bauherr hat sich dann noch während der Bauphase von seiner Frau getrennt, sie war im Westen geblieben. Als er einzog, ich alles komplett ausgestattet hatte, bis zu den Einbauschränken – so was gefällt mir immer sehr, wenn ich auch bei der Inneneinrichtung beraten kann – da dachte ich: Ich weiß sogar, wo seine Socken liegen.

Wenn ich den Menschen kenne, kann ich die unterschiedlichsten Häuser bauen. Ich sehe mich als Erfüllungsgehilfen bei der Umsetzung eines Traums – für die meisten ist das Eigenheim ja ein Traum. Ich sage meinen Bauherren immer, wenn wir zusammen anfangen: «Symbolisch gesehen sind wir jetzt verheiratet.» Da ist die Basis

Vertrauen, nicht der Ehevertrag, darum mache ich auch mit 90 Prozent der Bauherren keinen Vertrag, man muss sich aufeinander verlassen können, sie, dass ich alles richtig mache, ich, dass sie zahlen.

Manche kommen zu mir, zeigen mir ein Bild: «So ein Haus hätten wir gerne.» Wenn ich finde, das passt nicht zu ihnen, frage ich sie aus, und eigentlich nicht nur dann: «Was für Lebensgewohnheiten haben Sie? Frühstücken Sie gerne lange? Würde es Sie stören, wenn es im ganzen Haus nach Essen riecht?» Dann ist eine offene Wohnküche nämlich sicher falsch. Ich überlege auch: Ist der Bauherr bequem? Wird er viel pflegen?

Wobei klar ist: Kunststoffenster baue ich nicht oft ein. Die Leute meinen zwar, die sind billig und praktisch, die muss man nie streichen – dafür braucht man vielleicht nach 15 bis 20 Jahren neue Fenster, reparieren oder sanieren ist kaum möglich. Die Holzfenster in den alten Schlössern und Herrenhäusern dagegen, die sind jahrhundertealt. Ich habe sogar einen Freund, der eine Firma für Kunststofffenster hat, der will mich immer bequatschen, aber selbst von ihm nützt das nichts. Der Architekt in Eckernförde hat 1990 zu mir gesagt: «Du wirst sehen, jetzt kommen die auch zu euch.» Ich sage meinen Bauherren immer: «Holzsprossenfenster sind doch viel schöner ... Stellen Sie sich mal einen hübschen Menschen mit zwei Glasaugen vor – mögen Sie dem in die Augen sehen?» So empfinde ich Kunststofffenster. Im Westen war der Markt schon abgegrast.

Auch Rolläden: Es werden hier immer mehr. Wenn man die abends runterlässt, strahlen die Häuser Kälte aus. Man muss doch spüren: In jedem Haus spielt sich Leben ab. Ich hasse auch Gardinen: Ein Haus muss Leben zeigen, von innen nach außen und von außen nach innen. Hier haben jetzt schon 60 bis 70 Prozent der Häuser Rolläden, Tendenz steigend, aus Sorge um die Sicherheit.

Ich versuche auch, den Leuten Fernsehanschluss in jedem Raum auszureden. Ich kann unseren Fernseher kaum ordentlich bedienen, wir haben nur ein Gerät zu Hause, ich find's furchtbar, wenn jeder in seinem Zimmer hockt und fernsieht.

Gerade vorgestern hatte ich den Fernseher doch mal ausnahmsweise an und sah gleich eine Sendung, die mich sehr aufregte. Es ging um unsere Kreisstadt. Es ist eine Kleinigkeit, an einem tristen Dezembertag graue Bilder von einer Stadt zu drehen, der traurige Eindruck musste entstehen, sie zeigten eine Schmuddelecke nach der anderen. Das wurde dann kontrastiert mit den Projekten, die die Regierung in Brandenburg in den Sand gesetzt hat: Cargolifter, Lausitzring, Chip-Fabrik in Frankfurt (Oder). Unter dem Motto: Wo sind die Fördermillionen? Um gleich die Antwort zu geben: Hier bei uns nicht. Aber es ist ja Unsinn, dass es bei uns besonders schlimm ist. Es gibt hier eine hohe Arbeitslosigkeit, ja, aber ich kenne niemanden, der jammert. Ich kenne auch niemanden, der rübergehen würde. Durch solche Fernsehberichte wie neulich sieht es immer aus, als wäre das hier ein einziges Jammertal.

Wie kam ich drauf? Fernsehen, ja. Bei uns zu Hause also nur einer, das reicht. Meine Bauherren wissen so was natürlich auch von mir. Letztes Jahr hatte ich Bauherren, die wollten ein sehr großes Haus, mit vier Bädern. Ich habe gefragt: «Werden Sie Hausangestellte haben? Oder wollen Sie nur putzen? Sie haben doch nur ein Kind – und wenn Sie unbedingt Ihr Geld ausgeben möchten – das können Sie doch auch anders tun.» Ich möchte den Menschen nichts hinbauen, was sie gar nicht brauchen. Und im Laufe des Bauens weiß man dann fast alles von den Leuten, wie das Familienleben aussieht.

Ich baue sehr viel für Junggesellen, bestimmt drei, vier Häuser pro Jahr. Das sind meistens sehr extravagante Häuser, in denen eine Familie gar nicht wohnen könnte, aber das soll sie ja auch nicht, neulich ist eins fertig geworden, 400 Quadratmeter Grundfläche, da könnte Platz sein für Kinder, denkt man, aber das ist nicht vorgesehen, im Wohnzimmer gibt es zum Beispiel einen Pool. Bei anderen Einfamilienhäusern kann man ja umnutzen: Das Kinderzimmer später als Arbeitszimmer …

Ich gehe auch mit meinen Bauherren zur Bank und achte auf die Kredite, also das, was sich die Bauherren wirklich leisten können. Das eine ist Fantasie und Traum, aber außer den Kreditraten gibt es ja noch viele andere Kosten: Energie, Instandhaltung, Garten, Einrichtung – wobei ich ja finde, dass man ein neues Haus nicht neu einrichten muss, im Gegenteil, ich frage meistens: «Haben Sie besonders schöne Möbelstücke, die Ihnen am Herzen liegen, die einen besonderen Standort brauchen?» Ein Schrank von der Oma, ein großer Familientisch. Oder ich sage: «Sie müssen sich keine neuen Möbel kaufen, bringen Sie die Maße von ihren alten mit.» Jedes Möbelstück erzählt doch was von Leben. Aber viele wollen sich wirklich komplett neu einrichten. Mein Mann und ich haben in unserer Studienzeit fast unser ganzes Geld für Möbel aus Haushaltsauflösungen ausgegeben: Und wir haben diese Möbel natürlich nach der Wende nicht in den Sperrmüll gegeben, jedes Stück hat doch seine eigene Geschichte. Ich kann nichts wegwerfen, bei uns wandert vieles auf den Dachboden, wie früher bei meinen Eltern. Da habe ich was an meine Kinder weitergegeben, sie haben auch viele Möbel selbst aufgearbeitet und umgestaltet, schon als sie klein waren.

Wenn ich sehe, wie viele Zwangsversteigerungen so in der Zeitung stehen, kriegt man das Grübeln. Die Menschen überschätzen sich, ihre Möglichkeiten, bedenken nicht, was bei einer Trennung passiert – und die Bank sagt einem nicht unbedingt: Passen Sie auf, mit dem Kredit sind Sie aber am Rande Ihrer Möglichkeiten.

Ich entdecke manchmal in einer Nachbarstadt – da gibt es spezielle Förderungen vom Land und vom Bund – ein altes Haus, das leer steht, und denke: Ach wie schade, was könnte man draus machen ... Wenn es mir nicht aus dem Kopf geht, suche ich den passenden Bauherren dazu. Das hat auch schon geklappt. Am Sonntag habe ich gerade für so einen Bauherren ein Haus ausgemessen. Ich weiß: Er hat die Möglichkeiten für die Sanierung, darum habe ich ihn angesprochen – wenn nicht bald etwas unternommen wird, wäre dieses 150 Jahre alte Haus dem Verfall preisgegeben.

Die meisten Aufträge kommen über Mundpropaganda, über Freunde, Bekannte und von Angestellten der Baufirmen, mit denen ich arbeite, was mir sehr gefällt. Ich empfand es richtig als Kompliment, als ein Mann zu mir kam, geschickt von einem Maurer, mit dem ich mich schon öfter gezankt habe – ich kann nämlich auch lauter sprechen. Wenn so einer einen dann empfiehlt ...

Die Jungs auf der Baustelle begegnen mir, so glaube ich, immer mit Respekt. Heute war ich auf dem Bau, wir sanieren da ein denkmalgeschütztes Haus. Die Jungs hatten ein bisschen viel Wand weggerissen, und wir haben vom Denkmalschutz eins auf die Mütze bekommen, zu Recht. Ich musste mir heute also was angucken, was wieder aufgebaut wurde, in drei Meter Höhe hätte ich gucken müssen, aber es stand noch kein Gerüst. Leiter war auch keine da, ich sah die Jungs grinsen. Das ist sicher nicht im Sinne vom Arbeitsschutz, aber ich bin auch ohne Gerüst die Fassade hochgekommen, zwei Männer reichten mir die Hände, das hätten sie bei einem Mann sicher nicht gemacht. Also, wir kommen gut klar.

Was mich ärgert – was früher nie passiert ist –, wenn ich Geschäftpost bekomme, die anfängt: Sehr geehrter Herr XY. Ich unterschreibe meine Briefe immer deutlich mit Vor- und Zunamen. Oder es ruft jemand an: «Ich möchte gern Herrn XY sprechen.» Das ist dir in der DDR nie passiert, Frauen wurden ernster genommen.

Zu DDR-Zeiten, als Studentin, wurde einem auf der Baustelle hinterhergepfiffen. Das passiert heute nicht. Nun bin ich auf der Baustelle auch immer in Jeans, Anorak und mit derben Schuhen. So kam ich mal in eine Boutique, mir war nämlich eingefallen: Heute Abend ist Einweihungsfeier, und du hast gar nichts anzuziehen. Die Verkäuferin guckt mich an und sagt: «Ich glaube nicht, dass das Ihre Preisklasse ist.» Ich war entsetzt, ich weiß nicht, was ich geantwortet habe. Abends war zufällig auch der Inhaber der Boutique bei der Feier. Ich bin ja sonst nicht so, aber das musste ich ihm doch erzählen – so viel Arroganz. Irgendwann rief er mich an und sagte, er hätte die Verkäuferin entlassen.

Hier bei mir im Büro gilt: Ob eine Oma in Kittelschürze kommt und einen kleinen Hühnerstall gebaut haben will, oder jemand plant ein Riesenprojekt – hier werden alle gleich freundlich und aufmerksam behandelt. Dass man jemanden nach seinem Äußeren beurteilt – da kann ich mich bis heute drüber ärgern.

Anzuziehen hatte ich an dem Abend ja nichts Neues, aber es ist mir schon wichtig, zu bestimmten Gelegenheiten extravagant angezogen zu sein, besondere Kleider zu tragen, dass man richtig dolle auffällt. Ich brauch' das manchmal für mich.

Bei mir dreht sich fast alles nur um meinen Beruf, ich fange halb sieben an, arbeite bis 18 Uhr, in der Regel versuche ich, von 18 bis 20 Uhr zu Hause zu sein, mit der Familie zu essen. Um acht wartet dann schon der Hund auf mich, er will mit mir los, ins Büro: Da gehe ich dann meinem Hobby nach: Weiterarbeiten. Das sage ich immer, wenn mich jemand fragt, was ich so spät noch am Schreibtisch mache. Donnerstags gehe ich zum Sport, das ist mein Abend.

Wir hatten eine Weile auch einen Stammtisch, Architekten, Baumenschen, wo man über Aufträge, die Lage und so gesprochen hat, acht, neun Männer und ich, das hat sich aber vor drei Jahren aufgelöst. Die Lage ist ja auch angespannter, es gibt mehr Konkurrenzkampf.

Ich bin ein Einzelgänger, man hat viele, viele Bekannte, aber wenig Freunde. Mein einzig wahrer Freund ist mein Mann. Ich habe natürlich auch noch meine vier Mädels, mit denen ich zusammen im Wohnheim gewohnt habe, wir treffen uns einmal im Jahr, Himmelfahrt, wir verreisen übers Wochenende. Es gibt immer viel zu erzählen, wir arbeiten alle noch im Baubereich. Wir fahren immer an neue Orte, im Harz, in Mecklenburg-Vorpommern, überall, aber wir waren noch nie im Westen, fällt mir jetzt erst auf.

Und dann noch die Mädels aus dem Internat … Ich bin mit 14 von zu Hause weg, zur EOS, die war 30 Kilometer weit weg, und mit Bussen brauchte man dafür auf dem

Land drei Stunden. Montag bis Samstagvormittag waren wir im Internat, vier Jahre lang, im Alter von 14 bis 18, hatten wir eine absolut gleiche Erziehung, das schweißt zusammen, und wir sind auch ähnlich geworden. Wir haben alle den Studienplatz bekommen, den wir wollten. Ich wollte damals nicht Architektur studieren, zu DDR-Zeiten hätte meiner Meinung nach Architekt-Sein nur bedeutet zu entscheiden, ob die Balkons rot, grün oder blau werden. Nach der Wende fand ich es dann richtig gut, dass ich Statik studiert habe, ich kann eben das, was ich mir ausdenke, auch richtig einschätzen, planen und berechnen, bis hin zur Statik. Na, ich bin also Bauingenieurin, die eine von uns ist Staatsanwältin, die andere im Ministerium, eine ist Zahnärztin, eine Chefärztin, eine Sporttrainerin.

Das Auffällige ist: Wir haben alle Männer, die uns sehr im Haushalt helfen, also mehr oder weniger. Auch wenn wir sechs vom Charakter her unterschiedlich sind, haben wir vieles gemeinsam, auch unsere Kinder.

Ich habe wenig Zeit mit meinen Kindern verbracht – doch meinen Beruf für die Familie aufgeben? Nein, ich würde es immer wieder so machen.

Wir haben damals nicht viel nachgedacht, ob wir mit einem Beruf viel Geld verdienen werden oder wenig. Als ich 25 war, da hatten wir POS-Klassentreffen. Ich habe schon gearbeitet. Wir haben damals in einem Abrisshaus gelebt, ich hatte nur ein Fahrrad, kein Auto, ich fand mein Leben toll. Heutzutage merke ich, zum Beispiel auch bei den Freunden meiner Tochter, die sind jetzt so 13. Klasse: Den Jugendlichen ist heute wichtig, wie viel sie verdienen können. Ich finde, man muss, wenn man sich für einen Beruf entscheidet, das Gefühl haben, dass man den sein

Leben lang ausüben kann, man muss jeden Morgen mit einem Strahlen aufwachen können, das muss von innen kommen.

Meine Tochter war ein Jahr lang in England. Wenn mich jetzt andere Eltern ansprechen: «Das wünsche ich mir für mein Kind auch», sage ich: «Das muss vom Kind kommen.» Es ist nämlich für alle, Eltern und Kind, eine schwere Zeit. Mein Sohn will Kunstschlosser werden, warum auch nicht: Er kann stundenlang geduldig rumpfriemeln. Man kann doch froh sein, wenn Kinder wissen, was sie wollen. Mir tun alle Leid, die nur nach dem Geld gucken. Als Maxi in England war, hieß es auch manchmal: «Ihr könnt euch das ja leisten.» Dass Maxi fast die Einzige ist, die zum 18. Geburtstag kein Auto gekriegt hat, sieht keiner.

Ich habe nie das Gefühl, dass ich auf irgendwas neidisch bin. Ich frage mich schon manchmal: Bist du nun 'ne gute Mutter? Die Entscheidung: Beruf oder Familie, die würde ich nie treffen wollen. Wenn Frauen sich nur für eines entscheiden, ja gut, aber ich wollte immer beides. Meinem Mann habe ich, als wir geheiratet haben, gesagt: «Du hast einen großen Konkurrenten: meinen Job.» Für mich wäre es schlimm, wenn ich zu Hause wäre und in dieser finanziellen Abhängigkeit vom Mann. Es können doch beide arbeiten, Kinder erziehen sich doch nebenbei. Obwohl: Mein Mann ist ja Lehrer, also viel zu Hause. Auch wenn er den Unterricht vorbereitet: Er ist da und Ansprechpartner für die Kinder. Ich war manchmal deswegen eifersüchtig, bin ich heute noch.

Ich weiß noch, Maxi war in der zweiten, dritten Klasse, die Kinder sollten in der Schule erzählen, mit wem sie nachmittags spielen, Hausaufgaben machen und so. Bei Maxi stand immer: mit Papi, mit Papi, mit Papi. Die Lehrerin hat gefragt: «Und wenn die Mami auch da wäre?» Maxi hat gesagt: «Dann gäbe es nur Krach ...» Das war schon ein komisches Gefühl.

Jetzt ist meine Tochter 18 und wir haben ein gutes Verhältnis, aber als sie klein war, passierten Sachen wie: Sie sagt: «Die anderen Muttis tragen Schmuck ...» Ich war immer sehr burschikos. «Frauen mit Ohrringen finde ich hübsch», sagte meine Tochter. Da habe ich mir Ohrlöcher stechen lassen. Ich, die ich ohne Angst auf jedes Gerüst auf der Baustelle klettere, hatte Angst vor diesem Piksen, aber ich hab's gemacht, um meiner Tochter zu gefallen.

Wir machen nie Urlaub im Sommer. Die Kinder kennen gar keinen normalen Urlaub. Wir fahren dafür immer Weihnachten weg, vom 20. Dezember bis 4. Januar, jedes Jahr. Ich würde nie zweimal an denselben Ort fahren, ich würde auch generell nie zweimal das gleiche Haus bauen. Weihnachten bedeutet für uns: Wir haben jedes Jahr 14 Tage nur für uns. Es gibt keine großen Weihnachtsgeschenke, jeder nimmt eine kleine Aufmerksamkeit mit, da denke ich das ganze Jahr drüber nach und kaufe was Passendes. Ich kann das nicht, einkaufen gehen, ich kann nicht stundenlang durch die Geschäfte bummeln. Wenn ich etwas brauche, dauert das zehn Minuten: Ich gehe irgendwo rein, gucke, kauf was – oder nicht. Ich arbeite ja wirklich viel – letzte Weihnachten war es ganz schlimm, da habe ich die letzten Bauunterlagen mit nach Tegel zum Flughafen genommen und der Bauherr hat sie da abgeholt, um sie einzureichen.

Für Bauträger würde ich nie arbeiten – die wollen große Gewinne rausholen, darum bauen sie billig, darum lassen sie eventuell Fehler von den Baufirmen durchgehen – zu Lasten des Bauherren, das könnte ich nicht. Ich bin mit meinem Bauherren verheiratet, die Baufirmen, die wir beauftragen sind die Dritten im Bunde.

Ich nehme für meine Baustellen Baufirmen aus der Region. Der Tischler, der eben da war, ist auch von hier. Er soll in zwei Monaten Fenster liefern. Es war auch ein Angebot dabei, das günstiger war als er, ich hatte mich aber gewundert, dass der Anbieter jetzt auch Fenster macht, das wusste ich bisher nicht. Ich habe nachgefragt, und es stellte sich raus, dass er sich die Fenster aus dem Westen zuliefern lässt. Wir waren uns einig, die Bauherren und ich, dass er den Auftrag nicht bekommt. Es geht ja nicht nur ums Prinzip, es geht auch darum, dass ein Handwerker, der vor Ort ist, natürlich auch für seine Arbeit geradesteht, wenn mal was nicht stimmt.

Ich habe im Büro vier Leute und einen Bauzeichnerlehrling, das ist ausnahmsweise mal ein Mann. Er ist der Sohn von einem Schulfreund. Ich arbeite sonst nur mit Frauen, mit Männern ist es meist schwierig, sie drängen sich gerne in den Vordergrund. Die Lehrlinge suche ich nicht nach Schulnoten aus, sondern sie kommen, wir reden, sie machen vielleicht ein Praktikum – sie müssen ihren Beruf richtig wollen, sonst ist es für beide Seiten nicht schön.

Ich habe ja mit meiner Selbständigkeit in dem kleinen Zimmer zu Hause begonnen. Das war bald zu eng. Wir haben 1993 beschlossen: Wir bauen. Ein Büro und dazu einen Sportclub. Den wollten wir selbst betreiben. Als wir aus Leipzig kamen, war uns nämlich aufgefallen, wie ruhig es in unserem Dorf ist. Mein Mann hat immer viel Sport gemacht, aber hier gab es nichts. Ich habe ein Fachwerkhaus entworfen, mit Büro und Sportclub, aber mein Mann fand, ein Sportclub passt nicht in Fachwerk. Da habe ich über Ostern dieses Haus entworfen, auf die Schnelle, am

Dienstag habe ich den Bauantrag eingereicht und es durchbekommen. Na ja. Dieses Haus ist im Prinzip nicht ortstypisch. Es passt nicht in den Ort. Ich würde in so einem Haus nie wohnen wollen. Die Fassade, die auskragenden Dreiecke, das geht zurück auf eine Figur im Kampfsport, den mein Mann betreibt. Wenn man vor dem Haus steht, genau davor, erkennt man die Figur. Es war ein Schnellschuss. Ich hatte auch überhaupt nichts durchgeplant, wenn die Bauarbeiter am Montag kamen, habe ich immer die Zeichnungen für die nächste Woche an die Wand gepinnt. Den Sportclub betreiben wir als Familie jetzt tatsächlich, unter anderem macht meine Tochter mit den Fünfjährigen Turnen auf Englisch, was meinen Sie, wie schnell die Kleinen die neuen Wörter lernen.

Ich finde es eigentlich furchtbar, dass ich jetzt auch so ein vorgeschriebenes Auto habe … Als ich mal ein schickes Hotel gebaut habe, sagte die Bauherrin zu mir: «Na, wenn Sie weiter für uns bauen wollen, brauchen Sie aber ein anderes Auto.» Das sagte sie so halb im Scherz. «Was für ein Auto braucht man denn?», habe ich gefragt. «Na, einen der gehobenen Klasse.» Jetzt hab' ich einen Mercedes. Ich merke auf der Baustelle: Die Jungs gucken nach dem Auto. Ich habe die Angewohnheit, den Wagen im Weg abzustellen, ich lasse aber den Schlüssel stecken. Es findet sich immer jemand, der den gerne mal schnell wegfährt, immer wieder werde ich gefragt: «Wie viel PS hat der denn?» Das weiß ich gar nicht. Ach ja, ich muss noch sagen: Das Auto habe ich gekauft, weil mein altes sowieso ersetzt werden musste. Und ich hatte einen Fernsehbericht gesehen, in dem der Wagen bei der Sicherheit mit am besten abgeschnitten hat. Das ist für mich wichtig. Ich lebe so schon gefährlich genug, ich kann vom Gerüst fallen, und ich bin auch schuld, wenn jemand anderem was passiert auf der Baustelle, so ist das mit der Haftung, darum haben Ingenieurbüros auch immer entsprechend hohe Haftpflichtversicherungen …

Ich fahre im Jahr 45 000 Kilometer. Einmal war meine Fahrerlaubnis vier Wochen eingezogen, wenn man viel fährt, summieren sich eben auch schnell die Punkte in Flensburg. Ohne Auto fühlte ich mich so hilflos, so abhängig, mich musste ja ständig jemand fahren oder mitnehmen. Damals hatte ich gerade eine Baustelle in Heringsdorf auf Usedom, die Bauherrin war schon älter, aber was für eine agile Frau! Die Baubesprechungen mit ihr dauerten bis 3 Uhr nachts, und wenn man dann um fünf zu Hause war, klingelte das Telefon: «Elkchen, kannst du auch nicht schlafen? Pass mal auf, ich hab' mir da noch Folgendes überlegt.»

Wenn ich abends die 200 Meter nach Hause gehe, habe ich meinen Hund dabei. Hunde konnte ich nie leiden, und ich hatte mal Bauherren, die hatten zwei. Ich habe mich vor denen gefürchtet, darum bin ich vor der ersten Baubesprechung beim Fleischer vorbeigefahren und habe ihnen Würstchen gekauft. Das hat denen gefallen, und ich habe ihnen immer welche mitgebracht. Ein Jahr lang hatte ich bei jeder Besprechung eine Schnauze auf dem linken Knie, eine auf dem rechten. Als der Bau fertig war, hatte ich Entzugserscheinungen. Die Familie war begeistert: Wir kaufen einen Golden Retriever! Jango ist so ein Wo-du-bist-bin-auch-ich-Hund, nur in Bad und Schlafzimmer darf er nicht rein. Meine Eltern wohnen zwölf Kilometer entfernt, zu Fuß über die Äcker acht – wenn ich am Sonntag sage: «Wollen wir zu Oma gehen», dreht der Hund sich vor Freude im Kreis.

Meine Eltern sind für mich ganz wichtig, sie sind jetzt über 70 Jahre alt. Neulich habe ich mich geschämt, als es hieß: Nullrunde für die Rentner. Das ist die Generation, die so viele Entbehrungen erlebt hat. Es gibt heute Menschen, denen es sehr gut geht, und ich finde, eine richtige Vermögensteuer für gut Verdienende wäre schon in Ordnung, ich glaube, dass die meisten damit auch sehr einverstanden wären: Es müsste nur gerecht sein und das Geld auch richtig ausgegeben werden.

Mein Zimmer in meinem Elternhaus ist noch so, wie ich es verlassen habe mit 14. Es ist mein Zimmer. Solange man Eltern hat, ist man auch Kind. Ich habe zwei Brüder. Ich weiß, dass mein Elternhaus nie verkauft werden wird, solange ich lebe. Man muss ein Zuhause haben.

Die Häuser, die ich baue, sind ein Teil von mir, und trotzdem würde ich in den meisten selbst nicht mit meiner Familie wohnen können, jeder hat ja seine Vorstellungen davon, wie er wohnen möchte. Und wie er leben und arbeiten möchte. Mit meinem alten Chef hatte ich ja nicht zuletzt deswegen die Türen geschmissen, fachlich fand ich ihn in Ordnung. 1994, 95, 96 – egal, jedenfalls kam er dann und fragte, ob ich für ihn bauen würde … Das tue ich seitdem wieder, aber als selbständiger Diplom-Bauingenieur.

Kiki, 45, Verwaltungsangestellte

Mein Amt, mein Mann, mein Liebhaber

Oder: Geht nicht gibt's nicht

Sie dachte, Verwaltung sei nichts für sie. Der Mann vom Arbeitsamt dachte, sie sei nicht die Richtige für den Job. Die Leute denken, Beamte sind träge. Als Kiki aus dem Internet sprengt sie die Klischees von der langweiligen Behördenmaus und treuen Ehefrau. Nur leider ist der Tag zu kurz.

So wie ich rede oder mit den Leuten umgehe, das fällt vielen im Amt durchaus auf, gerade Bürger aus den alten Bundesländern sagen oft: «Das sind wir ja gar nicht gewöhnt.» Das ist doch eigentlich schlimm. Ich meine, ich will mir ja nicht selbst auf die Schulter klopfen, aber …

Ich habe als kleine Sachbearbeiterin angefangen, als Springerin war ich in den unterschiedlichen Abteilungen, habe viel abgearbeitet, was sich angesammelt hatte. In der Liegenschaftsabteilung ging es darum, volkseigene Grundstücke zuzuordnen, also was gehört zu welcher Gemeinde oder zu Privaten, in der Meldestelle wurden wir irgendwann von einer wahren Antragsflut überschwemmt …

Ich bin wirklich durch die praktische Seite in ganz verschiedene Bereiche reingewachsen, und so war es nur logisch, dass ich mich um die Bürgerberatung kümmere.

Wir sind eine Anlaufstelle für alle, die nicht genau wissen, welches Amt oder welche Abteilung für sie zuständig ist, die grundsätzlich etwas wissen wollen oder sich manchmal auch beschweren wollen.

Bis vor zwei Jahren hatte ich eine Chefin, mit der ich mich super ergänzt habe, sie hat mehr das Organisatorische gemacht, ich habe mich um die Bürger gekümmert. Sie ist mit ihrem Mann nach Westdeutschland gegangen – sie hat ihn hier kennen gelernt, er ist von dort und hat hier in den ersten Jahren nach der Wende mitgearbeitet. Das war aber keiner von denen, die nur wegen der Buschzulage kamen, so hieß das doch. Der war wirklich gut, interessiert und aufgeschlossen – sonst wäre er mit der Kollegin auch nie zusammengekommen, das ist nämlich eine ganz Nette, wir waren eigentlich Freundinnen.

Er musste sich auch nicht extra für sie scheiden lassen – das gab es ja manchmal, dass Männer aus dem Westen zum Arbeiten herkamen und eine Neue kennen gelernt haben. Der war nie verheiratet, der war so ein typischer West-Mann, alleine, 40, keine Kinder. Mit Steffi passte er gut zusammen: Sie war auch 40, aber ihre Tochter war schon groß. Er hätte gerne Kinder gehabt, hat er gesagt.

Ich erinnere mich genau dran: Einmal saßen Steffi und ich beim Italiener, der ganz neu aufgemacht hatte, der schicke junge Kellner kam immer wieder an unseren Tisch: «Die Signorinas sind zufrieden?» Da fing sie an, über ihre Babypläne zu reden: «Man könnte ja noch mal …» Ich hab' gesagt: «Bei aller Liebe: Willst du das wirklich? Alles noch mal von vorne?» Ich meine, Frauen aus dem Westen kriegen ja oft spät erst ihr erstes Kind, bei ihr wäre es immerhin das zweite gewesen. Und er verdient sicher genug, sie hätte sogar zu Hause bleiben können, aber ich kann mir diese Frau nicht zu Hause vorstellen. Steffi arbeitet jetzt in einer Krankenkasse – das Thema Kind hat sich durch Alter erledigt. Das ist eben ein Unterschied zwischen Ost und West: In unserem Alter, über 40, hat man schon große Kinder.

Ich kenne mehrere solcher Ost-West-Paare, meistens ist es: Mann aus dem Westen, Frau aus dem Osten. Ein Pärchen kenne ich, da ist es umgekehrt: Da hat die Frau mit Ende 30 ihr erstes Kind gekriegt, der Mann hatte zwar schon zwei aus erster Ehe, aber unsere Männer sind da irgendwie cooler, nicht so ängstlich, Kinder gehören für sie zum Leben mehr dazu als bei Wessis.

Als meine Kollegin jedenfalls wegging, war vorher schon klar, dass ich ihre Nachfolgerin werde. Erst hatte ich Angst: Packst du das? Weil ich mich ja wirklich nur reingearbeitet habe. Bis heute frage ich mich immer, wenn ich unsicher bin: Was würde Steffi machen? Dann weiß ich es meist sofort.

Ich hasse es, wenn Kollegen den Bürgern sagen: «Da bin ich nicht zuständig.» Das ist mehr als der Wink mit dem Zaunpfahl: «Sie stören.» Nicht zuständig kann man auch anders sagen: «Ich sehe gerne nach, wer Ihnen da helfen kann, hier sind Sie leider nicht ganz richtig.» Oder wenn Bürger anklopfen – die denken ja sowieso oft, dass wir uns in unseren Büros verschanzen und Kaffee trinken, was ja Unsinn ist. Ich rufe immer: «Moment bitte», wenn ich schon einen Bürger am Schreibtisch sitzen habe, und wenn ich den Eindruck habe, draußen hat man mich nicht gehört, gehe ich an die Tür und rufe kurz raus. Das gehört dazu, zu Service, Dienstleistungen. Aus meiner Sicht, die eigentlich die Sicht aller Mitarbeiter sein sollte. Viele Kollegen haben noch nicht begriffen, worauf es bei der Arbeit ankommt, es geht ihnen zu gut. Das muss man wirklich mal so sagen. Das betrifft eigentlich alle im öffentlichen Dienst.

Auch bei uns sind in den letzten Jahren Leute entlassen worden, vor drei, vier Jahren war es besonders schlimm, da haben sich alle nur angefeindet. Der Personalrat hat sich damals sehr eingesetzt. Manche haben ja vereinbart, dass alle ein paar Stunden weniger arbeiten, dafür gibt es zwei oder drei Jahre Kündigungsschutz. Natürlich müssen die dann auch auf Gehalt verzichten, da haben viele gesagt: «Das schöne Geld.» Und: «Wir schaffen unsere Arbeit nicht in der Zeit.» Die meisten sehen nur den eigenen Kuchenteller. Aber mal ehrlich: Die Arbeit schafft man auch in kürzerer Zeit.

Bei uns ist die Stimmung wieder besser jetzt. Eigentlich muss man heute froh sein, überhaupt ein regelmäßiges Einkommen zu haben. Ich kenne so viele Leute in der Baubranche, die oft drei Monate kein Geld sehen. Wenn du da krank bist, musst du dir richtig Sorgen machen. Dagegen ist es bei öffentlichen Arbeitgebern doch richtig gold.

Bei uns ist es übersichtlich mit den gut 300 Leuten, und zu unserem Chef können wir Vertrauen haben. Er ist noch relativ neu hier und hat dazu beigetragen, dass die Arbeit besser läuft. Er fragt sich: Sind meine Mitarbeiter zufrieden? Er kümmert sich, ob auch die kleinste Sachbearbeiterin motiviert ist. Er hat allen Einzelgespräche für Verbesserungsvorschläge angeboten – das ist viel leichter als in der großen Runde.

Klar jammere ich manchmal auch, aber ich verdiene gutes Geld. Trotzdem ist mein Geld weg am Ende des Monats. Ich weiß gar nicht, wofür. Nun sind unsere Kinder gleichzeitig von zu Hause weg, beide in den Westen. Der

Sohn zum Studium, die Tochter in die Ausbildung. Sie ist ja erst 16, sie könnte gut zu Hause wohnen, aber sie hat hier keine Lehrstelle bekommen. Jetzt zahlen wir 200 Euro zu für ihre Wohnung, die sie sich mit einer Freundin teilt. Unser Sohn kriegt auch 300, den Rest verdient er sich selber.

Meine Kinder sind schon als Westkinder großgeworden, das heißt Westfernsehen, KiKa, Kinderüberraschungseier und alles, was dazugehört. Vielleicht der Familienzusammenhalt, der ist vielleicht noch Ost. Die Mitbewohnerin meiner Tochter hat gesagt, als ich zu Besuch war: «Bei euch ist das irgendwie anders, ihr telefoniert viel mehr miteinander als wir, Saskia redet auch ganz anders über euch, also dich und deinen Mann, mehr wie über Freunde.» Das hat mich gefreut.

Ich komme ja eigentlich aus einem ganz praktischen Beruf, ich bin Elektronik-Facharbeiter, ich habe viel draußen gearbeitet, viel mit Männern. Ich konnte mir nie vorstellen, irgendwann irgendwo in der Verwaltung zu sitzen. Nach der Wende wurde ich arbeitslos und dachte sofort: Nee, arbeitslos sein, das geht nicht, ich mache eine Umschulung, und dann muss ich mich ganz schnell bewerben. Ich bin damals zum Eignungstest beim Arbeitsamt, und ich weiß noch, wie entsetzt ich das Ergebnis bekommen habe: EDV, Büro stand da. Stand da vielleicht ja bei allen … Mir hat man eine Weiterbildung zur Bürokauffrau angeboten. Das habe ich gemacht und zusätzlich noch EDV-Kurse und Maschineschreiben gelernt, ich hab' mich viel selber gekümmert. Ich habe wirklich mit der Computerei bei Null angefangen. Nach der Weiterbildung habe ich mich beworben und bestimmt 30, 40 Absagen bekommen, manche haben gar nicht geantwortet.

Irgendwann hatte ich das Einstellungsgespräch hier. Ich hatte mir extra neue Sachen gekauft, saß da in Büroklamotten, die ich früher nie angezogen hätte: Rock und helle Bluse. Es gab drei Stellen zu besetzen und insgesamt mehr als 200 Bewerber. Wenn ich das gewusst hätte, hätte ich mich vielleicht gar nicht getraut, hinzugehen. Ein paar Tage später kam Post, ein kleiner Umschlag – meine Bewerbungsunterlagen kamen also nicht zurück! Ich war angenommen.

Nun musste ich mich beim Arbeitsamt abmelden. Da war nur der Gruppenleiter da, und der sagte tatsächlich zu mir: «Das hätte ich nie gedacht, dass Sie den Job kriegen.» Ich fand das ziemlich frech, was dachte der sich? Er hatte wohl auch Bewerber direkt hingeschickt.

Ich hatte Probezeit und habe mir richtig Mühe gegeben – meine Kollegen waren nett, mir hat es vom ersten Tag an Spaß gemacht. Mir, der Praktischen. Die Zufriedenheit der Bürger spornt mich heute noch an, nicht nachzulassen. Ob einer zu mir kommt und eigentlich zum Finanzamt muss mit seinem Anliegen oder auch nur Laubsäcke für das Gartengrün braucht – ich schicke ihn freundlich weiter, schreibe auch Adressen, Telefonnummern, Öffnungszeiten auf, im Zweifelsfalle rufe ich auch direkt bei der zuständigen Stelle an und mache einen Termin aus. Mein Sohn hat mir mit einem Programm aus dem Internet einen Spruch so ausgedruckt, dass er aussieht wie früher eine alte Kreuzstich-Stickerei: «Geht nicht gibt's nicht», dazu ein Smiley, das habe ich mir im Bilderrahmen an die Wand gehängt. Ich sammel' solche Sprüche: «Wunder erledigen wir sofort, Unmögliches dauert etwas länger.»

Ich erlebe es ja selbst, wie es ist, wenn es auf dem Amt schlecht läuft: Neulich habe ich mich für meinen Schwager um einen Erbschein gekümmert, weil er da nicht weiterkam, telefonisch – am liebsten hätte ich mich ins Auto gesetzt und wäre den Sachbearbeitern auf die Bude gerückt: So was Unfreundliches mit «Da müssen Sie …» Und «Wenn Sie die Bescheinigungen nicht beibringen …» Da war ich wirklich auf 180. Das Verrückte ist ja: Wie man in den Wald hineinruft, so schallt es wieder raus. Das ist auf dem Amt auch nicht anders, aber wir dürfen als Amtspersonen nicht anfangen mit der schlechten Stimmung, und wenn uns jemand gegenübertritt, der schlecht drauf ist, muss man dem doch mit Extra-Freundlichkeit den Wind aus den Segeln nehmen.

Früher, als Mädchen, habe ich alles angenommen, wie es kam: die Ausbildung, die Tatsache, dass wir in einen Betrieb delegiert wurden zum Praktikum. Aber da, wo ich meine praktische Zeit gemacht habe, gefiel es mir, da waren viele junge Leute. Eigentlich wäre ich nach der Lehrzeit zum Arbeiten in einen Betrieb woanders hingeschickt worden, aber ich dachte: Hier, wo du jetzt bist, gefällt es dir, hier bewirbst du dich. Und es hat geklappt. Ich war dann aber eine der ersten, die flogen, wir waren damals 120 Leute in unserem Betriebsteil, so würde man heute sagen, jetzt sind es gerade noch neun oder zehn.

Immerhin hatte ich bei der Arbeit meinen Mann kennen gelernt, er ist ein ganz anderer Typ als ich, viel ruhiger, häuslicher, aber wir leben seit über 20 Jahren ganz gut miteinander, er war ein guter Vater für unsere Kinder, das ist er immer noch. Ich habe aber auch immer gemerkt, dass mir irgendwas fehlt mit ihm, und wusste lange nicht, was das ist. Ich hab's dann erst durch Vergleichen gemerkt: Mit meinem Mann war es nie leidenschaftlich. Sie ahnen sicher schon, was kommt. Ja, es ist nämlich nicht so, dass alle

Beamten graue Schreibtischmäuse sind, wie heißt es immer so schön? Stille Wasser sind tief.

Also … Ich habe mich sicher auch körperlich verändert, als ich mit meiner neuen Arbeit anfing. Ich steckte nicht mehr in Arbeitshosen, wie früher, ich fing auch an, Röcke zu tragen, hab' mir die Haare flotter schneiden lassen. Mit einer Kollegin fing ich an zum Sport zu gehen, dann auch noch privat zu joggen, ich habe sogar abgenommen, das ging ganz von alleine. Das ist es ja aber nicht wirklich, das Äußere, es war mehr die innere Veränderung.

Und als dann bei einer Weiterbildung, so ein Wochenseminar, ein Kollege mich umworben hat, dachte ich: Jetzt wollen wir doch mal sehen, ob ich als Frau nicht attraktiv bin. Der Mann wusste ja nichts von mir: Was ich früher gemacht habe, dass ich Familie habe, was ich genau arbeite, dass ich auch politisch aktiv bin. Er sah mich nur als Frau, als blonde Frau noch dazu.

Wir waren aus, Wein trinken und reden, und ich merkte: Ich wirke! Das hat mir schon gereicht. Ich habe mich dann vorm Hotel ganz schnell verabschiedet, er hatte sich wahrscheinlich was anderes vorgestellt … Ich meine noch nicht mal unbedingt schnellen Sex, nein, der war vielleicht wirklich verliebt und suchte 'ne Partnerin, er lebte allein, das hatte er gesagt. Mir war das zu bedrängend, außerdem hatte ich meinen Mann und die Familie verschwiegen, es war schon ein bisschen ein Spiel. Aber: Ich wusste nun, dass ich als Frau wirke.

Ich fing damals an, mich richtig als Frau zu fühlen. Das war zwar nach der Wende und in meinem neuen Job – aber mit dem Westen hat das nichts zu tun. Eher mit den Veränderungen überhaupt, auch mit der Tatsache: Du bist bald 40, dann 40 plus – was kommt da noch? Ich habe viel darüber nachgedacht.

Also ich sag's jetzt mal: Ich habe angefangen, im Internet auf Kontaktanzeigen zu antworten und zu chatten. Da kann man richtig süchtig werden, es zieht einen mehr und mehr rein, und irgendwann will man den netten Mann, mit dem man da schreibt, dann auch kennen lernen. In den letzten Jahren habe ich bestimmt elf, zwölf Männer kennen gelernt.

Jetzt habe ich gerade einen neuen Liebhaber: mein erster Wessi. Ich meine, was heißt das jetzt? Er hat ein anderes Auftreten als meine Männer vorher, aber sonst? Ich halte diese Sachen, dass es Unterschiede gibt zwischen Sex in Ost und West, für Blödsinn, jedenfalls merke ich nichts davon.

Also das Einzige, was ich wirklich glaube, ist, dass wir in der DDR lockerer mit der Sache umgegangen sind. Nicht leichtfertiger, aber es gab zum Beispiel problemlos Schwangerschaftsabbruch bis zur 12. Woche. Ich hatte so was nie, Gott sei Dank, aber alleine die Vorstellung, heute nach so einem Beratungsschein rumbetteln zu müssen – eine Abtreibung ist heute nicht rechtmäßig, aber straffrei – wie muss man sich da als Frau vorkommen, wie eine Verbrecherin. Also es war in der DDR nicht die Abtreibungsmöglichkeit oder die weit verbreitete Pille, die ja nichts gekostet hat! Wenn ich daran denke! Es war das ganze Umfeld: Ehen waren nicht so auf materieller Grundlage, beide Partner waren finanziell selbständig – da vögelt man nun nicht durch die Gegend, aber die gesamte Einstellung zur Liebe ist dadurch lockerer. Du weißt, wenn ein neuer Partner auftaucht, kannst du dich trennen ohne finanzielle Katastrophe wie: Das Haus muss zwangsversteigert werden.

Im Osten wandelt sich das ja auch allmählich: In der Nachbarschaft hat sich jetzt ein Paar getrennt, sie hat einen Neuen ... Die hatten nach der Wende gebaut, die Kinder sind aus dem Haus, er kann sich das Haus allein nicht leisten, es ist nicht bezahlt, es kommt untern Hammer. Und die Preise sind unten. Sie können froh sein, wenn sie plus minus null rauskommen, immerhin wird keiner für den anderen zahlen müssen, sie verdienen ja beide. Wäre das nicht so, würden die beiden bestimmt auch noch um Geld streiten, und das Handtuch wäre ganz zerschnitten, dann könnten sie sich nicht mal mehr gemeinsam mit den Kindern treffen, was ich furchtbar finde. Auch wenn man sich trennt: Man bleibt doch Eltern.

Also, ich glaube, zu DDR-Zeiten gab es mehr Seitensprünge und Affären als heute, weil man nicht solche Angst vor möglichen Folgen wie Scheidung haben musste. Und heute ist in dieser Hinsicht im Osten sicher auch mehr los als im Westen.

Als nach der Wende in der Presse Berichte erschienen: «Ost-Frauen haben mehr Orgasmen», musste ich lachen. Auf der anderen Seite war das damals so ziemlich das Einzige, was im Osten als gut durchging. Heute glaube ich sogar, dass das sein kann: Wenn man lockerer ist, nicht so unter Druck, läuft der Sex auch besser.

Aber was rede ich, so viel Ahnung hatte ich damals ja gar nicht. Außer mit meinem Mann hatte ich nur mit drei anderen Männern geschlafen: vor ihm mit einem Jungen aus der Parallelklasse, während unserer Ehe mit einem Kollegen, in den ich auch verliebt war, und dann war da noch ein Mann vom Sport.

Ich hätte nie gedacht, dass ich in der Hinsicht mal so aktiv werden würde ... Mit dem Ersten habe ich mich im

Restaurant von dem Hotel verabredet, vor dem ich meinen ersten Flirt, die Test-Person sozusagen, verabschiedet hatte. Wir wissen bis heute nur die Chat-Nicknames voneinander, Archie und Kiki. Wir hatten keine Fotos ausgetauscht, nur telefoniert.

Mit ihm hatte ich den ersten Telefonsex meines Lebens, ich lag zu Hause in der Badewanne, das Handy in der Hand – ich weiß ja im Gegensatz zu vielen anderen, dass da nichts passieren kann, wozu ist man Elektronikexperte? Ja, ich also in der Wanne … Er hat beschrieben, wie er mich überall streichelt. Ich hatte eine Kerze an, ein bisschen Wein getrunken und konnte mich mit seiner Stimme im Ohr so richtig schön gehen lassen, wahrscheinlich hätte ich noch nicht mal gemerkt, wenn jemand ins Bad gekommen wäre, aber die Familie war bei den Schwiegereltern.

Mit seinem Erzählen hat er mich rumgekriegt: «Du setzt dich in dein Auto und hast nichts an unterm Mantel. Du kommst ins Restaurant, fängst an, den Mantel oben aufzuknöpfen, wir steigen in den Fahrstuhl, wo ich niederknie und mit meiner Zunge spüre, wie feucht du bist. Im Hotelzimmer ziehst du nur den Mantel aus und legst dich mit Hackenschuhen aufs Bett.» Das hat er mir nur erzählt! Klar hat mich das angemacht.

Und bei unserem ersten richtigen Treffen bin ich im Mantel auf ihn zugegangen, er hat mir den Mantel vor allen Leuten ausgezogen, wir haben uns angegrinst, aber ich hatte natürlich ein Kleid an. Dass ich *darunter* nichts anhatte, konnte er vielleicht vermuten. Wenn wir keinen Draht zueinander gehabt hätten, hätte er es nicht erfahren, aber es lag sofort so was in der Luft, so eine Spannung. Wir sind dann nach dem Essen mit einer Flasche Sekt aufs

Zimmer, und ich hatte dann wirklich nur die Schuhe an. Das war so unglaublich – aber ich konnte das damals nur, weil ich das Hotel ja schon kannte, wusste, da begegnest du niemand Bekanntem.

Heute bin ich viel cooler, fordere schon auch manchmal das Schicksal ein bisschen raus, wenn ich mit jemandem zum ersten Treffen im Café in der Nachbarstadt verabredet bin und da am Tisch sitze.

Ein Jahr, nachdem ich meine neue Arbeit angefangen hatte, war ich zur Fortbildung, wieder ein halbes Jahr später hatte ich dieses Treffen, ja, Archie treffe ich jetzt seit neun Jahren, wir sehen uns so alle vier, fünf Monate und denken uns meistens was aus. Zwischendurch gab es immer mal andere Männer, meistens auch länger – ich hatte schon ein bisschen was nachzuholen. Mit meinem Mann war es die letzten Jahre eben nicht mehr leidenschaftlich, also, man kann auch sagen: Er hatte keine Lust. Ich weiß, dass ich da nicht die Einzige bin, die so was beklagt, es spricht ja keiner richtig drüber, aber warum gehen Leute denn fremd? Weil ihnen zu Hause was fehlt, Männern wie Frauen. Ich habe da kein schlechtes Gewissen, hat mein Mann ja auch nicht, wenn er abends sofort einschläft … Ich möchte nur nicht, dass er erfährt, was ich mache, das würde ihn zutiefst treffen und enttäuschen, wir haben nach außen so eine gute Ehe, und wir verstehen uns ja auch wirklich. Bis auf so Sachen wie spontan sein und Lust erleben. Man könnte denken, er ist der Beamte. Ich fühle mich überhaupt nicht so, so bieder, langweilig, wie man sich das eben von Beamten denkt.

Von Beamten und Verwaltungsleuten erwarten viele ja überhaupt nicht, dass sie eigene Ideen haben. Was ja Quatsch ist. Neulich saß ein Bürger bei mir im Amt und fragte, warum er einen Bescheid über 12 Cent bekommen hätte – das Porto dafür sei ja schon 55 Cent. Was soll ich dem Mann sagen, er hat ja Recht. Ich habe dann versucht, ihm zu erklären, dass nach dem Gleichbehandlungsgrundsatz alle, die betroffen sind, einen Bescheid bekommen müssen, ob sie nun 12 Cent zu zahlen haben oder 12 000 Euro. Natürlich kann man sich mit spitzer Feder hinsetzen und sagen: Die Summen zu berechnen, die Bescheide für alle zu machen kostet so und so viel, 10 Prozent der Bescheide bringen 90 Prozent der Einnahmen, schicken wir also nur die raus und lassen nicht drei Mitarbeiter zwei Monate an der Sache arbeiten, und Verdruss bei den Bürgern bringen diese Läpperbeträge ja auch. Aber das geht nicht, wir haben ausführlich darüber diskutiert im Amt, natürlich kommen solche Vorschläge, sozusagen betriebswirtschaftlich sinnvoll ranzugehen. Es gab schon Fälle, wo Ämter es so versucht haben und dann per Gericht gesagt bekamen: Das dürfen sie nicht, auf Einnahmen verzichten, selbst wenn die Aufwendungen, die der Einnahme gegenüberstehen, höher sind. Erscheint widersinnig, ist aber Amtsschimmel. In Magdeburg wollen sie ja jetzt den Eintritt für die Museen freigeben, weil sie festgestellt haben: Die Personalkosten für den Kartenverkauf fressen mehr Geld, als die Eintrittsgelder einbringen.

Ich finde, man darf nicht aufhören, mitzudenken und neue Ideen wenigstens auszuprobieren. Ich bin da egoistisch, ich finde: Dir muss die Arbeit Spaß machen. Wenn ich das schön finde, strahlt das auch aus, auf die Familie, die Freunde.

Wobei das mit den Freunden so eine Sache ist: Ich habe einfach zu wenig Zeit. Neulich rief mich meine Freundin auf Arbeit an, ich habe gleich gemerkt, dass etwas los war, dass sie aber auch nicht so reden konnte. Ich war abends eigentlich mit meinem neuen Wessi verabredet, aber ich habe gemerkt: Sie braucht dich jetzt. Da habe ich das Treffen abgesagt und habe stattdessen sie zum Weintrinken und Reden getroffen. Ihr Mann hatte solche Probleme auf der Arbeit, ihm stand mal wieder die Kündigung ins Haus. Es ist doch alles noch mal gut gegangen, aber ich denke, das dauert nicht mehr lange, er arbeitet in einer Baufirma, das ist ein ständiges Auf und Ab, das mürbt.

Mit dieser Freundin und ihrem Mann waren wir auch im Herbst im Urlaub, ich bin froh, dass die beiden mit waren. Mit meiner Freundin habe ich so eine lange Paddeltour, eine geführte Fahrt mit Übernachtung im Zelt, mitgemacht, unsere Männer hatten darauf keine Lust. Wir mussten auch durch kleine Stromschnellen durch, wir sind da immer und immer wieder durchgefahren, die Gischt spritzte nur so, wir hatten Helme auf. Es kostet erst Überwindung, aber wenn du's gemacht hast, fühlst du dich klasse. Wir hatten eine Digitalkamera dabei und haben die Fotos unseren Männern gezeigt. Die haben das überhaupt nicht verstanden: Warum tut ihr euch das an? Blöde Frage, nicht? Für mich war das wieder mal eine wichtige Erfahrung: Du traust dir etwas zu, du machst es, du schaffst es, du bist zufrieden.

Ja, ich bin zufrieden, als Mensch, als Frau. Man kann sagen: Ich bin stolz darauf, Ossi zu sein. Ich hatte keine Stasigeschichten, zumindest weiß ich nichts davon, warum sollte da bei mir was sein: Ich wollte nicht ausreisen, ich hatte keine Westverwandtschaft. Unsere Tante hat manchmal einen Katalog aus dem Westen mitgebracht, den haben wir dann ausführlich studiert. Und sonst: Die Schulausbildung früher war besser als heute, wir hatten genug Kindergartenplätze, die Kinder kamen aus Kindergarten und Vorschule vorbereitet in die erste Klasse. Heute klagen die Lehrerinnen der Schulanfänger, dass die Hauskinder, also die, die nicht im Kindergarten waren, nicht mit der Schere umgehen können, nichts falten oder basteln können.

Was ich ganz übel finde: Wenn eine junge Mutti ihr Kind unterbringen möchte im Kindergarten, vielleicht auch, um endlich wieder anzufangen zu arbeiten, wenn dann kommt: Willst du dich nicht lieber selbst um dein Kind kümmern? Diese Frage scheint zuzunehmen, und natürlich umso mehr, je länger eine Frau mit dem Kind zu Hause bleibt. Ich habe mich auch gerne um meine Kinder gekümmert, aber ich brauchte auch die Arbeit, für mich, für mein Selbstwertgefühl. Ich bin nach Hause gegangen, habe eine Stunde meinen Haushalt gemacht, alles vorbereitet und dann die Kinder abgeholt, dann hatte ich aber auch wirklich Zeit für sie. Heute habe ich das Gefühl, alle sind irgendwie auf der Flucht, so gehetzt. Manche *müssen* ja wirklich so viel arbeiten, sie machen sogar einen zweiten Job, damit das Geld reicht, das ist natürlich hart. Das ist die eine Seite, die andere ist: Selbst wenn ich eine Million hätte, würde ich nicht zu Hause bleiben, ich brauche die Bestätigung durch die Arbeit, die Kollegen, die Bürger.

Anfangs, als ich noch nicht so viel Verantwortung hatte, konnte ich um drei zumachen, die Chefin blieb noch da und musste noch Dinge erledigen. Dafür hat sie dann auch die ganzen Lorbeeren eingeheimst, die seien ihr noch nachträglich gegönnt. Jetzt bin ich selber in leitender Stellung, jetzt mache ich auch oft länger, um etwas noch fertig zu kriegen. Aber ich habe mir vorgenommen, dass ich das wieder ändern muss, es geht zu sehr auf mein Privatleben, es drohen schon Freundschaften auf der Strecke zu bleiben. Ich komme allmählich rein zeitlich an meine Grenzen: Job, Familie, Freunde, Sport – und meine Liebhaber.

Meiner Freundin habe ich neulich eine Riesenmail geschrieben, in der ich ihr lang und breit erklärt habe, wie es im Moment bei mir aussieht. Ich hatte sie nämlich einen Tag vorher angerufen und gesagt, am Wochenende könnte ich mal wieder mit ihr schwimmen gehen. Da war sie beleidigt: «Fein, dass du mal wieder Zeit hast.» Sie denkt, ich habe kein Interesse mehr, so oft etwas mit ihr zu unternehmen, auch bei den gemeinsamen Gymnastik-Stunden bin ich jetzt nämlich hinterher nur noch selten mit im Lokal. Aber es ist wirklich die Arbeit, und am Wochenende die Kinder: Es ist noch so neu, dass sie in der Woche weg sind, wenn sie dann am Wochenende mal da sind, konzentriert sich alles …Wenn die Kinder erst Freund oder Freundin in ihren neuen Städten haben, wird das sowieso anders.

Aber die letzten Wochen war das echt viel mit ihnen: Eine Weile musste ich beide motivieren, den Sohn zum Studium, die Tochter zur Ausbildung. Ich habe auch gemerkt: Mutti hat immer alles gemacht. Wäsche waschen, einkaufen. Mein Sohn hatte Anlaufschwierigkeiten an der Uni, ich dachte, vielleicht gewöhnt er sich gar nicht ein, vielleicht wäre es doch besser, wenn er erst mal eine Lehre macht als Bankkaufmann oder etwas Ähnliches, ich hatte schon angefangen, die Fühler auszustrecken. Das kostet auch Zeit. Aber er hat sich gefangen, und ich denke mir: Ich muss da gelassener werden, auch bei meiner Tochter.

Es ist schon wichtig, sich auch Zeit für die Freunde einzuräumen. Wir sind seit ewigen Zeiten fünf, sechs Pärchen, die sich regelmäßig treffen. Der Mann mit der größten Klappe ist nach der Wende mit seiner Frau in den Westen gegangen und hat da einen Betrieb aufgemacht, aber er wollte alles auf einmal. Nun sind sie seit einem halben Jahr wieder zurück, haben drüben alles mit Schulden verkauft, und er ist jetzt arbeitslos. Sie hat eine Stelle. Erst waren ja alle neidisch auf ihn, jetzt sind viele ein bisschen hämisch, aber ich finde, dafür gibt es nicht wirklich einen Grund.

Im Westen ist es ja weit verbreitet, dass die Frauen zu Hause sind. Neulich habe ich eine Reportage im Fernsehen gesehen, über eine dreiköpfige Familie, der Mann verdiente so viel wie mein Mann und ich zusammen. Klar kann die Frau da zu Hause bleiben. Aber ich würde das nie tun, es geht, wie gesagt, nicht ums Geld: Wir Ost-Frauen sind aufgewachsen mit dem Bewusstsein, wir stehen auf eigenen Füßen. Auch wenn ich finanziell unabhängig bin: Ich habe natürlich überhaupt nicht vor, meinen Mann zu verlassen. Könnte man ja denken. Aber ich muss doch nicht auf alles verzichten, nur weil er nicht ausgehen mag, nicht gerne verreist und im Bett auch schon lange kaum noch was läuft.

Früher habe ich gedacht: Fremdgehen, das machen hauptsächlich Männer, das ist ja Quatsch, weil ja immer ein Mann und eine Frau dazugehören. Ich hatte wirklich die verschiedensten Männer, unterschiedliches Aussehen, manche jünger als ich – aber einer zum Verlieben war nie dabei, da war ich auch froh drüber. Und nun ist es doch passiert, vor zwei Monaten. Mit dem Wessi.

Das ist eine ganz verrückte Sache. Archie hat immer davon geredet, wir sollten mal mit einem anderen Pärchen … Und ich fand die Idee auch nicht schlecht, ich hab' gesagt: «Dann organisier' das mal.» Ja, und dann hat er Henning und Ute im Internet gefunden, wir haben Fotos ausgetauscht, das war alles irgendwie ganz nett. Wir hatten gesagt, wir treffen uns mal unverbindlich, beim ersten Mal gibt es keinen Sex, wir beschnuppern uns nur mal. Henning und Ute sind auch kein offizielles Paar, also: Sie haben auch nur eine Liebhaberbeziehung und wollten das Gleiche wie wir … Jedenfalls war Ute beim ersten Treffen plötzlich nicht da, aber das war auch völlig egal, es wäre sowieso passiert, was passiert ist: Wir kommen rein in Hennings Wohnung, er wohnt alleine, und ich denke: Oh Mann. Er hat mich angeguckt, und das war's. Er ist größer als ich, auch ein bisschen jünger, und er hat mich die ganze Zeit so ein bisschen angeflirtet. Wir haben uns heimlich, ohne dass Archie das gemerkt hat, für abends im Chat verabredet.

«Was hast du denn gedacht, als du mich gesehen hast?», habe ich ihn gefragt, und er hat geschrieben: «Ich habe gedacht, dass du Augen wie Sterne hast und dass ich da von ganz nahem reinkucken möchte. Wenn ich ehrlich sein soll, habe ich auch drüber nachgedacht, wie es wäre, wenn du unter deinem Rock nichts anhättest, also nur Strümpfe …» Diesmal hatte ich wirklich Strumpfhosen an. Aber ich habe mir natürlich gemerkt, was er gesagt hat.

Wir haben uns für eine Woche später wieder verabredet, alleine, bei ihm. Meinem anderen Liebhaber habe ich das nicht gesagt, mir ist das irgendwie blöd, aber ich kann ihm das nicht sagen. Muss ich ja auch nicht. Jedenfalls: Henning ist voll auf mich abgefahren, das geht jetzt seit zwei Monaten und es ist anders als mit den anderen Männern, bei denen ich wusste: bis hierher und nicht weiter, ich ertappe mich, wie ich zu Hause an Henning denke, viel mehr, als gut ist. Dass ich mich auf unsere Treffen freue, einmal die Woche, ist ja o. k., aber dass er mich so beschäftigt, ist eigentlich zu viel.

Dass ich mit jemandem richtig vergnügt ausgehe, dass mich auch mal jemand richtig betüdelt, das habe ich mit manchen Liebhabern gehabt. Wenn es zu viel Spaß gemacht hat, hatte ich anfangs ein schlechtes Gewissen meinem Mann gegenüber, aber nicht wegen dem anderen Mann, sondern weil ich alleine so viel Spaß hatte.

Es geht mir oft so, dass ich denke: Ich möchte zu Hause, in Familie und in der Ehe nicht immer die Betriebsnudel, die Oberorganisatorin, sein, ich genieße es dann, wenn ich mich beim Liebhaber einfach mal entspannt zurücklehnen kann und sagen kann: So, und was machen wir nun? Und er hat sich dann was ausgedacht ... Aber es ist eben so: Dieser Lebensbereich darf nicht überhand nehmen, da muss ich aufpassen, Gott sei Dank ist mir noch keiner untergekommen, mit dem ich leben möchte.

Henning ... Ja ich weiß nicht, da habe ich durchaus ein bisschen Sorgen, wie sich das entwickeln könnte, er lebt allein ... Aber warten wir mal ab. Es ist schon so: Durch die neue Arbeit, die Liebhabergeschichten habe ich mich sehr verändert, mein Selbstbewusstsein ist noch gewachsen, ich fühle mich rundum wohl, ich habe auch das Gefühl, dass die Kolleginnen und Kollegen mich ganz anders sehen. Nun muss ich nur sehen, dass ich die Balance wiederherstelle und auch die Freunde wieder wichtiger nehme, auch mein Tag hat nur 24 Stunden. Die Zeit vergeht seit der Wende doppelt so schnell, finde ich. Man muss sie nutzen.

Ich hatte mir doch Hennings Fantasie vom Tag, als wir uns das erste Mal gesehen haben, gemerkt ... Die Sache mit dem Rock ohne Wäsche. Ich habe mir eine ganz tolle Corsage gekauft, sündhaft teure Strümpfe. Das habe ich morgens angezogen und bin so zur Arbeit, ich sage Ihnen, das war ein Gefühl, ich fand das so aufregend und kam mir vor wie eine Göttin. So aufgeheizt kam ich dann bei Henning an am Nachmittag. Ich hatte eine Broschüre für ihn dabei, zur Gesundheitsreform. Das ist doch mal richtige Bürgernähe, oder?

Carolin, 23, Studentin/Politikerin

Ich haue nicht ab

Oder: Berufsziel Politik

Dass sie jung, charmant und hübsch ist, wird sie ungern hören – Politiker sollten klug, engagiert und beharrlich sein. Die Studentin Carolin Steinmetzer aus Massen bei Finsterwalde ist noch einiges mehr, und im Zweifelsfalle gehört sie zu einer neuen Politiker-Generation, die sich ihre Ämter nicht durch Ausharren und Dransein ersessen hat, sondern die wirklich fragt: Was wollen die Menschen, was brauchen sie?

Dass wir zu Hause immer viel über Politik geredet haben, hat mich geprägt. Man redet von der Nullbockgeneration, die ist auch da, aber nur ein Teil der Jugend ist so, überall gibt es schwarze Schafe. Man kriegt es so oft mit, dass die Jugend bereit ist, etwas zu machen, oft scheitert sie dann einfach an bürokratischen Hindernissen, das unterscheidet sie nicht von älteren Bürgern.

Als ich 16 war, sagte unser Lehrer: «Jetzt stellen wir mal alle Parteien vor.» Ich habe mir damals die PDS ausgesucht. Immer wenn es hieß: «Referate sind zu vergeben», war meine Hand auch schon oben. Als wir die Referate gehalten hatten, alle Parteien durch waren, hat der Lehrer gefragt: «Und? Könnte sich einer von euch vorstellen, in eine Partei einzutreten?» Ich war die Einzige, die sich gemeldet hat. Dadurch, dass ich mich so intensiv mit dem Programm beschäftigt hatte, habe ich gemerkt: Das sind deine Punkte, dafür setzt du dich ein, dafür stehst du.

Mit 18 bin ich also in die PDS eingetreten, das war nach der Bundestagswahl, die PDS hatte 5,1 Prozent erreicht – 21 Prozent im Osten, ein Prozent im Westen. Sie war im Bundestag. «Jetzt erst recht», dachte ich. Die PDS vertritt moralische Werte, die hier im Osten noch wichtig sind: Sinn für Familie, Solidarität. Das sind Werte, nach denen ich lebe, für die ich immer wieder streiten würde, von denen ich nie abrücken würde. Außerdem verkörpert sie Ideale, von denen ich mir etwas verspreche: soziale Gerechtigkeit und konsequente Friedenspolitik. Mein Berufswunsch ist mittlerweile ganz klar: Politik.

Ich fahre zwei Tage die Woche zum Studieren nach Potsdam, Dienstag um viertel acht geht es los, ich fahr' mit dem Zug, viertel zwölf beginnen die Seminare, davon nehm' ich zwei Stück am Tag mit. Zwischendurch erledige ich meine Bibliotheksarbeit, Literaturrecherche, lesen … Danach renne ich zum Bus, um die Bahn zu kriegen, um viertel neun bin ich wieder hier. Mittwoch genau das Gleiche. Man kommt nach Hause und ist total geschlaucht. Aber: Ich möchte halt hier bleiben. Viele gehen fürs Studium woanders hin. Jeder haut ab … Ich möchte das nicht mitmachen.

In unserem Verwandtenkreis sieht man es ja: Viele Junge sind weggegangen, nach München, Köln, sonstawohin. Man möchte sich verwirklichen, was erleben, was aus seinem Leben machen. Und wenn die Chance nicht hier ist, geht man dahin, wo die Chance ist. Man wird aber aus seinem gewohnten Umfeld gerissen, und die, die zurückbleiben, sind traurig. Wir haben Verwandte in München, die haben einen kleinen Sohn – und die Großeltern hier bedauern, dass sie den Enkel nicht aufwachsen sehen. Die Politik treibt die Familien auseinander, es entsteht so viel Unzufriedenheit dadurch. Geldverdienen ist das eine, aber das Weggehen bringt seelisch oft keinen Gewinn.

Ich hatte mich in Leipzig beworben und in Potsdam, in Leipzig haben sie mich nicht genommen für Journalismus, der Numerus clausus war sehr hoch. Jetzt bin ich froh darüber, dass ich in Potsdam studiere. Philosophie, Politikwissenschaft und Neuere Geschichte, seit vier Jahren. Ich habe das Glück, dass sich bei mir alles vereinbaren lässt: Studium, politische Arbeit, Familie, alles hier.

Lange habe ich es so organisiert, dass ich die Woche über in Potsdam war und am Wochenende zu Hause. Ich hatte in Potsdam eine Wohnung. Zuletzt habe ich mit meiner Freundin in einer WG gewohnt. Diesen Sommer wollte ich meine erste Abschlussprüfung machen, es war klar, ich werde nicht mehr so viel an der Uni sein, da dachte ich: Dann kann ich auch wieder nach Hause ziehen, also hierher.

Meine Großeltern haben ein Haus. Darin wohnen wir alle gemeinsam. Da ist genug Platz, da habe ich mein Zimmer. Wir verstehen uns gut in unserer Familie, wir haben einen super Familienzusammenhalt. Ich habe einen jüngeren Bruder, er ist fast acht Jahre jünger als ich, der ist mein Ein und Alles. Wir haben eine einzigartige Geschwisterbeziehung. Er ist wild, lebhaft und technisch sehr begabt. Ich bin gewissenhaft, aufgeschlossen und eher der musische Typ.

Mein Vater war, als ich klein war, mit dem Studium fertig, meine Mutter wurde '84 zum Fernstudium delegiert, dann hat sie '87 meinen Bruder bekommen, '89 war ihr

Studium fertig. Als klar war, dass ich noch ein Geschwisterkind bekomme, habe ich gesagt: «Ich wünsche mir einen Bruder.» Und ich wollte, dass er Tobias heißt. Ich habe alles bekommen, was ich wollte. Ich habe mich viel um meinen Bruder gekümmert, das fand ich toll, wir haben ihn alle sehr verhätschelt.

Als er anfangs zu Hause war, war ich auch eifersüchtig. Einmal hatte ich schon meine Sachen gepackt und wollte weg, ich hatte keinen Plan, wohin, an der Straßenecke haben mich meine Eltern wieder eingefangen.

Als ich zwei war, hatte mein Opa einen Schlaganfall, kurze Zeit später saß er im Rollstuhl. Die Ärzte haben damals gesagt, wahrscheinlich hätte er noch drei Monate. Aus diesen drei Monaten sind aber mehr als 20 Jahre geworden, denn jeder im Haus hat sich nämlich um ihn gekümmert. So wurde mein Opa 82.

Ich habe ein Bild von ihm vor Augen, als er noch laufen konnte, er hat mich zur Kinderkrippe geschafft, ich bin vor ihm hergerannt und habe immer gerufen: «Fang mich doch, fang mich doch.» Das ist die einzige Erinnerung aus meiner Kindheit an die Zeit, als mein Opa noch laufen konnte.

Dadurch dass mein Opa im Sessel saß, hat er sich sehr mit mir beschäftigt, es war eine besondere Beziehung zwischen mir und meinem Opa. Wir haben auch viel Kaufmannsladen gespielt, und wenn er nicht so wollte wie ich, habe ich ihm gesagt: «Opa, kauf doch mal das und das ...»

Er hat mir immer viel erzählt von früher. Durch die Kriegserfahrungen, die er hatte – er war bei Stalingrad, nicht direkt im Kessel, aber in der Nähe –, hat er auch von dieser Zeit viel erzählt, als 7-Jährige verstehst du das natürlich nicht so. Heute bedaure ich das, dass ich nicht noch mehr gefragt habe, ich sage mir aber auch: Du warst sieben!

Politisch war mein Opa sehr interessiert, er war vor seiner Krankheit in Betten, einem Ort bei Finsterwalde, Bürgermeister gewesen. Er war ein sehr, sehr kritischer Geist, und er hat sich immer sehr für andere eingesetzt. Es kamen immer Leute ihn besuchen, sie wollten seinen Rat hören. Das wurde dann mit der Zeit weniger.

Es fiel mir schwer, im Oktober '99 nach Potsdam an die Uni zu gehen, anfangs hat mir das sehr wehgetan, mir fehlte die Familie. Ich wohnte in einem Neubaugebiet, das ist ja schon allgemein nicht so gemütlich, und der Kontakt war automatisch weniger, sonst war ich ja jeden Tag zu Hause gewesen, nun blieb nur das Telefonieren, und die Telefonkarte war immer so schnell abtelefoniert.

Mein Bruder hatte im November einen schulfreien Tag, da wollten er und meine Eltern mich besuchen kommen. Ich weiß noch, es fing an zu schneien, sie kamen und kamen nicht, ich habe mir Sorgen gemacht und zu Hause angerufen: «Wo bleibt ihr denn?» Mutti war ins Krankenhaus gekommen, sie sollte schon am nächsten Tag operiert werden, Krebs ... Ich bin in der Telefonzelle in Tränen ausgebrochen und losgerannt zur Straßenbahn, es war abends. Die Bahn, die kam, war eine Betriebsfahrt, aber die nächste fuhr mich zum Bahnhof. Ich bin mit dem Zug nach Berlin, und da war ein direkter Anschluss nach Finsterwalde. Mitternacht kam ich an.

Ich habe die ganze Nacht mit meinem Vater dagesessen und gequatscht. Die Operation war wirklich am nächsten Tag, wir waren gleich nachmittags im Krankenhaus. Für meinen Vater war eine Welt zusammengebrochen, das habe ich an seinen Blicken im Krankenzimmer gesehen.

Mein Bruder war zwölf, ich dachte: Für die musst du jetzt da sein. Mein Opa hat sich dann auch noch das Bein gebrochen, er lag mit meiner Mutter auf einer Station.

Diese Zeit war die schlimmste, als wir noch nicht wussten, was wird. Es war schnell klar: Es wird eine Chemotherapie geben. Ich habe zu Hause im Internet die neuesten Forschungen gesucht, die Unterlagen zusammengetragen, die ausgedruckt. Meine Mutter hat gesagt: «Ich will davon nichts wissen!» Ich fand das schwer. Meine Mutter hat nur geweint, ich konnte das ja verstehen, es kam viel auf sie zu. Chemo, Bestrahlung, Hormone. In diesem Jahr war Weihnachten anders.

Ich habe meiner Mutter gesagt: „Wenn du nichts dagegen hast, würde ich gerne Fotos von dir machen die nächsten Monate.» Ich habe mich gewundert, dass sie einverstanden war. Erst kam die erste kahle Stelle am Hinterkopf, dann waren es nur noch Flusen. Ich habe fotografiert, meine Mutter mit Glatze. Dann wuchsen die Haare wieder, erst Stoppeln ... Zu dem Zeitpunkt ist das schönste Foto entstanden: Wir haben meine Mutter ein bisschen geschminkt, dass es nicht so fad aussieht, und dann diese ganz kurzen Haare ...

Meine Eltern waren damals über 22 Jahre verheiratet, die beiden waren noch nie lange auseinander gewesen, nun sollte meine Mutter vier Wochen zur Kur. Wir haben sie gemeinsam nach Bad Elster gebracht. Die Ärzte haben ihr zugeredet: «Das kriegen wir hin, das wird schon.» Das hat meiner Mutter gut getan, das hat ihr Mut gemacht. Die Haare wuchsen weiter, das sind ja ganz besondere Haare, die wuchsen so lockig ... Da bei der Kur gab es einen Friseur, der war spezialisiert auf diese Haare, der hat ihr einen Schnitt verpasst: klasse, so einen Kurzhaarschnitt, meine Mutter hatte die Haare vorher immer so halb lang.

Ich hatte dann in Potsdam bald Telefon und konnte von der Wohnung aus telefonieren. Aber nach all diesen Sachen war mir bewusst geworden: Alles kann ganz schnell vorbei sein. Die Erfahrung mit einer lebensbedrohenden Krankheit verändert das Leben von heute auf morgen komplett. Was man früher vielleicht für wichtig hielt, wird auf einmal unwichtig, und Kleinigkeiten, vor allem Selbstverständlichkeiten, bekommen einen neuen Wert. Da wird einem klar, dass man die gemeinsame Zeit wirklich bewusst erleben sollte. Mir war auch klar: Ich will hier bleiben.

Als ich in die PDS eingetreten bin, habe ich meine Mitgliedschaft in Berlin beantragt. Daraufhin bekam ich Post aus der Geschäftsstelle in Finsterwalde: Am Donnerstag trifft sich eine Jugendgruppe, ob ich nicht mal kommen wollte. Die Gruppe war ohne Zwang, alles so lose, da diskutierte man, was einem gerade gefällt. Das brauch ich nicht, dachte ich, und: Ich will wirklich was machen. Damals sollte gerade unsere Mitgliederzeitung in Finsterwalde umgestaltet werden, es wurde gefragt, wer mitschreiben will. Es haben sich einige gemeldet, aber ich war die Einzige, die konsequent dabeigeblieben ist. Ich war und bin überhaupt die Jüngste in unserem Gebietsverband.

Vor fast drei Jahren war die Kreisvorstandswahl vom Landkreis Elbe-Elster, ich hatte Lust, was zu gestalten. Ich hatte auch schon in der Stadtfraktion Finsterwalde mitdiskutiert, obwohl ich nicht gewählt war, aber ich habe mich in die städtischen Probleme mit eingebracht. Ich wurde in den Kreisvorstand gewählt. Jetzt bin ich seit einem Jahr stellvertretende Vorstandsvorsitzende.

Seit fünf Jahren hab' ich jeden Wahlkampf mit begleitet, Veranstaltungen, Stände organisiert, auch bei der letzten Bundestagswahl war ich im Wahlkampfteam des Wahlkreiskandidaten.

Bei uns gibt es eine Politikmüdigkeit nach '89. Die ländliche Bevölkerung hat bei der Entwicklung nach der Wende verloren, wo kein Speckgürtel einer großen Stadt existiert, stieg die Arbeitslosigkeit. Arbeitslosigkeit kannte vorher keiner, sicher waren anfangs viele geblendet, als die D-Mark kam, aber die Euphorie schlug schnell in Enttäuschung um, zum Teil auch in Verzweiflung. Die Bewegungen von '89, die Bürgerbewegungen, wenn die durchgehalten hätten, das hätte der Demokratie gut getan. Wir haben jetzt nicht mehr diese Aufbruchstimmung, Chaos wie Anfang der 90er Jahre. Jetzt ist es Chaos in einer anderen Form, die Menschen sind mit Fragen beschäftigt wie: Behalte ich meinen Arbeitsplatz? Bekomme ich für mein Kind einen Kitaplatz? Was wird aus unseren Renten? Was kostet mich meine Gesundheit? Die soziale Unsicherheit der Menschen ist mit das Schlimmste, was es geben kann, diese Probleme können uns krank machen.

Für mich oder die PDS heißt das: Wir müssen uns noch mehr kümmern. Ich erlebe es ganz oft, dass Bürger an den Infostand kommen und von ihren Problemen erzählen. Sie sind dankbar, dass ihnen jemand zuhört. Ich rede viel mit Leuten, mit den allerunterschiedlichsten, auch mit Jugendlichen, die im Gefängnis waren, die die Schule abgebrochen haben. Wenn ich Politik machen möchte für Menschen, muss ich doch wissen: Wie sind sie? Was denken und was fühlen sie? Wie leben sie?

Vor zwei Jahren bewarb ich mich bei der Stiftung. Also der Rosa-Luxemburg-Stiftung, das ist eine parteinahe Stiftung, solche parteinahen Stiftungen gibt es bei den anderen Parteien auch. Bei der ersten Bewerbung hat es nicht geklappt, aber bei der zweiten. Ich habe mit dazu beigetragen, einen neuen Arbeitskreis zu gründen, *Zukunft der PDS*. Diese Arbeit in der Stiftung macht mir Spaß, sie ist familiär, freundschaftlich und ehrlich. Es ist eine tolle Möglichkeit, Menschen kennen zu lernen, überhaupt zu lernen. Das bringt mich weiter, das formt mich. Ich wünschte, jeder könnte diese Erfahrungen machen.

Dieses Jahr habe ich mir jedenfalls gesagt: Jetzt reicht's, allmählich willst du dich wirklich *richtig* einbringen. Ich kam schon vor fünf Jahren als Landtags-Kandidatin ins Gespräch, da habe ich aber gesagt: «Leute, hört mal, ich bin 19, ich hab' noch nicht mal mein Abitur fertig.» Ich fand diese Vorstellung sehr vermessen. Interesse, das *jetzt* zu machen, also, für den Landtag zu kandidieren, hab' ich sehr. Man redet immer viel: «Wir brauchen die Jugend.» Aber Jugend ist da für mich kein Wert an sich. Mit geht es um etwas anderes: Ich möchte einen neuen Politikstil mitgestalten. Eine neue Art und Weise, Politik zu machen. Das ist mein Anspruch, und dazu ist wahrscheinlich eine neue Generation notwenig.

Ich weiß, dass es Leute gibt, die mich unterstützen, die mir vertrauen, denen bin ich dankbar. Ich habe wichtige Arbeit in der letzten Zeit mitgetragen. Im September haben sieben Jugendliche vom *Jugendwahlbüro Brandenburg* – das sind junge Leute, die die Jugendwahlkämpfe in unserem Bundesland organisieren – und junge PDS-Mitglieder ein Wahlkonzept ausgearbeitet mit dem Titel *Streiten für die* PDS. Weil das Konzept so gut ist, möchte die Partei dieses Wahlkonzept des Jugendwahlbüros ausgearbeitet haben als Konzept für die Landtagswahl! Ich finde, das ist ein Zeichen, dass die Jugend fähig ist, Politik zu gestalten.

Diesen Herbst waren in Brandenburg Kommunalwahlen. Ich war Kreistagskandidatin, und um mich auf die Wahl vorzubereiten, habe ich Seminare des Kommunalpolitischen Forums Brandenburg besucht. Es war die erste Wahl, zu der ich selbst als Kandidatin angetreten bin. Die PDS hat dann in Finsterwalde Stimmen verloren, und ich habe den Einzug in den Kreistag nicht geschafft.

Da man mich nun beim Kommunalpolitischen Forum Brandenburg kennen gelernt hatte, fragte man mich, ob ich mir vorstellen könnte, im Vorstand des KFs mitzuarbeiten. Am Samstag wurde ich gewählt – das Kommunalpolitische Forum macht Veranstaltungen, Seminare, es liefert den Abgeordneten und Vertretern in den Gemeinden, Städten und Kreisen inhaltliches Rüstzeug für ihre Arbeit. Das ist etwas, was für alle Abgeordneten relevant ist, es ist gerade in den Gemeinden so: Man wählt Leute, die man kennt, denen ist aber vieles neu, da ist es wichtig, ihnen die verschiedensten Zusammenhänge, die für ihre Arbeit unabdingbar sind, verständlich zu machen.

Als die USA den Irakkrieg beginnen wollten, als es kurz davor war, kam mein Bruder und sagte: «Überall gehen die Leute auf die Straßen. Wieso passiert hier nichts?» Wir haben hier knapp unter 20 000 Einwohner, es waren zur Wende über 25 000. Für die große Demo in Berlin sind von hier zwei Busse gestartet, in denen saßen hauptsächlich ganz Junge und Alte, Alte, die sagen: «Das hatten wir schon mal ...» Das Zwischenalter fehlt auffallend, die lassen sich sehr vom Alltag beeinflussen und aufreiben. Jedenfalls: Alle in die Busse und dann ab nach Berlin.

Nach der Frage von meinem Bruder war klar: Wir machen hier auch was. Da stand ich dann zusammen mit den 15-, 16-Jährigen und dachte: Irgendwie müssen wir ’ne

Demo hinkriegen. Zur Polizei gehen, die anmelden, das musste ich machen. Die PDS wollte ich als Organisator rauslassen. Als mich der Polizist gefragt hat: «Wer ist verantwortlich?», habe ich gesagt: «Na, schreiben Sie meinen Namen hin.» Da hat der Polizist gesagt. «Hut ab.» Es hängt ja was dran: Wenn was passiert, wer haftet ... Darüber habe ich in dem Moment aber nicht nachgedacht. Für die Schüler blieb nun noch, das Flugblatt zu kopieren und zu verteilen, das wir entworfen hatten.

An einem Sonntagmittag um 2 ging es los, wir hatten schönes Wetter, es war der 9. März. Ich sollte drei Tage vorher Zwischenprüfung haben, die hätte mich eigentlich genug beschäftigt. Die Zeitungen hatten die Veranstaltung angekündigt – es kamen 300 Leute. Der Wochenkurier hat über unsere Veranstaltung die ganze Titelseite gebracht. Am Stadion des Friedens sind wir gestartet, dann durch die Friedensstraße, kurz vorm Fischladen sind wir auf die Berliner Straße gekommen, das war früher die Thälmannstraße. Ja, dann ging's am Markt vorbei, zum Schloss, da steht am Springbrunnen ein Mahnmal gegen Gewaltherrschaft und für Demokratie. Eine Abschlusskundgebung war eigentlich nicht vorgesehen, aber die vielen Leute, die gekommen waren ... Da hab' ich mich kurz entschlossen hingestellt und geredet, ohne Megaphon und Mikrophon.

Meine erste Erfahrung, vor so vielen Menschen zu sprechen, hatte ich 1999 gemacht. Es war Brandenburger Landtagswahl, die DVU trat an, und ihre überdimensionale Plakatierung fiel richtig auf. Wir wollten das nicht hinnehmen – wir, also die Jugendlichen, die sich damals bei der PDS jede Woche trafen. Also organisierten wir eine Kundgebung auf dem Finsterwalder Marktplatz. Alle demokratischen Parteien wurden dazu eingeladen, und jede erhielt gleiche Redezeit. Für die PDS sprachen unsere Landtagsabgeordnete aus dem Elbe-Elster-Kreis und ich. Ich habe mir tagelang vorher Gedanken gemacht, was ich zu diesem Problem in einer kurzen Zeit sagen möchte. Es tat gut zu spüren, dass ich verstanden wurde, dass die Menschen mir mit Klatschen ihre Zustimmung gaben. Wichtig an diesem Tag war aber auch, dass allen Rednern gleichermaßen zugehört wurde.

Arbeiten würde ich gerne in einer größeren Stadt oder in einer Großstadt, aber leben möchte ich hier, so geteilt, drei Tage hier, vier Tage da. Eigentlich hab' ich keine Grenze zwischen Studium, PDS und Freizeit, das ist alles eins. Ich habe einen sportlichen Ausgleich, Basketball. Früher habe ich Handball gespielt, seit der ersten Klasse, neun, zehn Jahre lang. Da war ich Spielerin und später Tormann – auch wenn ich klein bin, das hab' ich gepackt. Ich habe immer Sport gemacht, Handball, Basketball, Volleyball, Tanzen, Ski fahren. Ich wollte auch Fußball spielen. Wir haben aber in einer Straße gewohnt, wo nur Jungs waren, da hab' ich mit Fußball gespielt, bin Moped gefahren. Langstreckenlauf hab' ich auch gemacht. In Berlin gibt es immer vor dem Marathon einen Minimarathon. Das Bundesfinale der besten Schulmannschaften aus Deutschland über 4,2 Kilometer. Da hat unsere Schule dreimal den ersten Platz gemacht, einmal haben wir dafür oben im Axel-Springer-Hochhaus Preise bekommen.

Finsterwalde war schon immer eine sehr sportbegeisterte Stadt. Wir haben gute Triathleten, Schwimmer. Ein Fußballspieler war bei Energie Cottbus, Detlef Irrgang, und Sonja Kesselschläger war die einzige Siebenkämpferin, die in Paris bei der WM aus Deutschland gestartet ist …

Beim Basketball hat mich kürzlich unsere Trainerin gefragt: «Hast du nicht Lust, die Mannschaft zu übernehmen?» Das ist eine tolle Truppe, Studentinnen, Lehrer, Arbeitslose, Berufstätige, da sind alle vertreten. Es sind auch Spielerinnen dabei, die, bevor sie in Finsterwalde gespielt haben, in einer russischen Liga spielten. Wie wir da alle zusammenpassen und spielen – da sieht man: Im Kleinen funktioniert's. Wenn man das mal auf die große Politik überträgt …

Am Infostand habe ich schon zu hören gekriegt: «Du mit deiner Stasi-Vergangenheit …» Solche Sprüche sind zwar schon eine Weile her, aber auch heute wäre klar: Das kann ja hinten und vorne nicht stimmen, was für eine Vergangenheit soll ich denn haben? Ich war 1989 neun! Ich weiß ja, wie es gemeint ist, dass manche Leute sich auch Luft machen müssen für persönliche Unzufriedenheit, aber: So was kränkt mich, wenn so was Unüberlegtes kommt.

1999 war das noch eine neue Situation für mich, dass Leute mir so entgegenkamen, hat mich geschockt. Mittlerweile begegnet mir so was kaum noch. Ganz im Gegenteil. Viele Menschen freuen sich, dass Junge nachkommen und sich politisch einbringen wollen, Verantwortung übernehmen wollen.

Ich sehe das so: Als Politiker bin ich doch bloß die Ausführende, es ist meine Aufgabe, die Probleme zu erkennen und anzupacken. Wir haben als Politiker eine Vermittlerrolle für die Interessen der Menschen. Es gibt eine neue Generation von Politikern, die das genau so sieht, eben zum Beispiel wir, die Enkel- und Kindergeneration der etablierten Politiker.

Die PDS hat auf kommunaler Ebene einen guten Stand,

man merkt, sie macht Politik für und mit den Menschen, nicht getrennt von den Leuten. Ich sage mir immer: Wenn du Politik machst, dann nur *mit* den Menschen. Otto Normalverbraucher möchte auch, dass Politik so gemacht wird. Aber Otto Normalverbraucher muss da mitarbeiten. Ihn dazu zu bringen, das ist die Herausforderung an die Politik. Ich würde schon sagen: Das ist eine Dienstleistung, unsere Arbeit.

Ich gehe ganz frei an die Dinge. Als Politiker mache ich das, was eigentlich jeder kann, wenn er will: mit offenen Augen durchs Leben gehen und die Probleme der Gesellschaft wahrnehmen. Das gehört bei meinem Beruf dazu. Es ist ganz einfach: Ein Schneider muss nähen können.

Finsterwalde, das war auch mal: die Tischfabrik, Feintuch, das Drahtwerk, das Schraubenwerk, das Glaswerk, die Fimag, die Aggregate gebaut hat – alles weg, bis auf ein paar Arbeitsplätze. Finsterwalde war mal eine kleine Industrie-Stadt. Wir haben hier über 20 Prozent Arbeitslosigkeit, meine Eltern sind auch betroffen, man ist damit, also *ich* bin damit groß geworden.

Meine Mutter ist seit 1990 zu Hause, sie ist Ökonom. Mein Vater ist Tiefbauingenieur und hat zuletzt als Amtsleiter des Tiefbauamtes in der Stadtverwaltung Finsterwalde gearbeitet. Ihm wurde dreimal außerordentlich gekündigt. Ich war bei verschiedenen Gerichtsverhandlungen dabei und habe die Widersprüchlichkeit der Rechtsprechung kennen gelernt. Vor Gericht wurde nicht gefragt, was dahinter steckt, warum wer wie gehandelt hat. Ich dachte: Die können doch nicht urteilen, wenn sie die Gründe für die Handlung nicht kennen – da kann man Zweifel an der Demokratie bekommen, am Rechtsstaat.

Die Probleme, die mein Vater in der Stadtverwaltung

hatte, hat er natürlich auch nach Hause mitgebracht. Einfach nur durchs Zuhören beim Abendbrot habe ich gelernt, mich in Situationen hineinzuversetzen und Probleme zu verstehen. Meine Mutter hat immer Wert darauf gelegt, dass wir wenigstens bei einer Mahlzeit alle zusammensitzen, das war meistens das Abendbrot. Da hat jeder von seinem Tag erzählt. Dann kann sich auch ein Verständnis füreinander in der Familie entwickeln – das finde ich wichtig. Ohne die Unterstützung durch meine Familie, ohne meine Eltern, ginge das alles gar nicht, was ich mache.

Ich hatte Ende Juli meine erste schriftliche Abschlussklausur in Politikwissenschaft, das Thema: *Die PDS – eine temporäre Regionalpartei?* Ich hatte vorher schon eine Hausarbeit zu der Bundestagswahl 2002 geschrieben, ich habe mich sehr, sehr gut vorbereitet. Bei der Klausur hab' ich geschrieben und geschrieben, ich war richtig zufrieden, ich dachte: Das hast du gut gemacht und bestanden.

Eines Tages bekomme ich einen Brief, in dem steht: Sie haben nicht bestanden, Note: Fünf. – Was? Ich konnte das nicht glauben und bin am nächsten Tag zu meinem Professor hin. Es ist kein Geheimnis, dass er ein F.D.P.-Mann ist. Er sagt, nach seiner Bewertung habe ich klar bestanden.

Was er nicht wusste: Sobald einer der beiden Prüfer eine Fünf gibt, ist die ganze Prüfung Fünf. Aber normalerweise redet man miteinander, wenn die Ergebnisse so krass voneinander abweichen – ich weiß ja noch nicht mal, ob der Prüfer selbst die Arbeit korrigiert hat oder an einen Dritten weitergereicht hat. Ich kann noch nicht mal Einsicht in die Arbeit nehmen, mein Prüfer auch nicht, solange ich die Abschlussprüfung nicht bestanden habe, und bestehen kann ich nur, indem ich bis Ende März eine neue Klausur schreibe. Ich erkenne die 5 Komma null nicht an, und die

Art und Weise, wie sie zu Stande gekommen ist, auch nicht. Ich kämpfe um meine Arbeit, ich habe mich mit dem AStA und dem Prüfungsbüro in Verbindung gesetzt. Außerdem habe ich mich mit Prof. Dr. Michael Brie, der ja ein ausgewiesener Vordenker der PDS ist, über den Inhalt meiner Klausur ausgetauscht: Es geht darum, dass ich die PDS an einem Scheideweg stehen sehe und Reformen nötig sind. Er stimmte mir zu. Dies gab mir zusätzlich wieder Sicherheit. Im Zweifelsfalle muss ich ja wirklich eine neue Klausur schreiben, aber das ginge gegen mein Gerechtigkeitsempfinden.

In ein paar Jahren werde ich hoffentlich sagen können: Gut, dass du auch so etwas erlebt hast.

Wenn ich mal so ungefähr zehn Jahre weiterdenke und mir vorstelle, was dann ist, dann sehe ich, dass ich hoffentlich eine Aufgabe habe, die Spaß macht, für die ich Tag und Nacht arbeiten kann, weil es so viel Spaß macht. Und ich möchte 'ne Art Zuhause, Familie oder Kind.

Ich möchte noch so viel erleben, ich sag' ja nicht, dass das mit Kind nicht geht, aber ich möchte einem Kind eine sichere Zukunft bieten können. Kinder, die zweisprachig aufwachsen können, das wünsche ich mir. Mit diesem Beruf ist es bestimmt schwer, das Privatleben auch zu schaffen. Nicht umsonst ist die Scheidungsrate bei Politikern so hoch.

Ich weiß, dass ich so bin, wie ich bin, durch meine Kindheit, meine Jugend, meine Erfahrungen hier. Ich bin ostdeutsch, eine Ost-Frau, das würde ich durchaus sagen. Ich habe von Natur aus ein gesundes Selbstbewusstsein, da brauche ich keine feministische Unterstützung. Und ich brauche auch keine Frauenzeitschriften, Fragen und Themen, die darin behandelt werden, sind nicht meine, mich interessiert eben hauptsächlich Politik, darum lese ich Tageszeitungen, sozialkritische Bücher, Erfahrungsberichte …

Ja, die zehn Jahre, die ich in der DDR gelebt habe, haben mich wirklich geprägt, sie sind ein Teil von mir, auf den ich stolz bin, den ich auch nicht ablegen möchte, den ich Westdeutschen voraushabe, denn er hat mich so gemacht, wie ich bin. Ich sage das so ausdrücklich, weil manche Menschen ihre Vergangenheit in der DDR am liebsten streichen würden. Ich kann das nicht verstehen, egal, was die Menschen erlebt haben, denn die Vergangenheit zu streichen würde doch heißen, dass man einen Teil seines Lebens streichen will. Und das geht nicht. Man kann höchstens Schlussfolgerungen für das Leben heute und die Zukunft ziehen. Für mich ist es vielleicht leichter, das so zu sehen, weil ich ja keine negativen Erfahrungen gemacht habe damals: Ich hatte alles, was ich in meiner Kindheit brauchte.

Meine Wurzeln sind mir wichtig, Ost und West spielen für mich aber im Umgang mit den Menschen keine Rolle mehr. In der Uni habe ich Freunde, die aus Westdeutschland kommen, in der Stiftung arbeitet Ost und West zusammen.

Trotzdem spürt man zwischen den Menschen im Land ja immer noch Vorbehalte: Die einen werfen den anderen Arroganz vor, es gibt Neid und Missgunst: Warum geht es dem Westen besser als dem Osten? Warum zahlen wir noch immer Soli für den Osten? Nebenbei bemerkt: Viele Westdeutsche wissen gar nicht, dass der Solidaritätszuschlag bei der Steuer natürlich auch im Osten fällig wird. Es gibt noch immer Mauern in den Köpfen, und ich möchte nicht, dass die ewig bleiben. So etwas behindert nur alle.

Was ich mir wünsche: dass alle Menschen die gleichen Chancen für ihr Leben bekommen. Politik soll dafür die Basis herstellen, aber die Menschen müssen mitmachen. Politikern wird ja oft vorgeworfen, sie hätten die Bodenhaftung verloren, und da ist ja auch was dran. Ich möchte immer so mit Herz und Verstand arbeiten, dass ich nicht in irgendwelche höheren Sphären entschwebe, ich will nämlich den Menschen um mich herum *gerade* in die Augen sehen können.

Was, Sie sind keine Ost-Frau? Nachbemerkung

«Ich hatte den ganzen Sonnabend auf dem Berliner Alexanderplatz verbracht, hochschwanger, so sagt man das wohl. Es war Solidaritätsbasar der Journalisten, ich hatte an unserem Stand verkauft, bin rumgelaufen, hab' Pressevertreter verarztet. Dann habe ich mich mit dickem Bauch auch noch auf die Bühne gestellt und Grußworte verlesen. Nach diesem Wochenende hörte ich über mich: ‹Typisch Ost-Frau, bis zur letzten Minute dabei, klasse.› Und ich hörte auch: ‹Typisch West-Frau, für die Karriere tut sie alles.› Wie denn nun? Ich fand das ziemlich komisch.»

Das wäre der Anfang meiner Geschichte, hätte mich jemand so befragt, wie ich es mit den Frauen für dieses Buch getan habe.

Ich hätte gewiss erzählt von dem Erlebnis in Hamburg, als ein Fotografenfreund aus Dresden und ich eine Reportage vorlegten. Es ging um Wohnen und Leben der Künstler und Studenten in der Dresdner Neustadt, nach der Wende. Fotos und Text waren bestellt, die Zeitschriftenredakteurin sagte: «Das ist ja alles sehr schön – aber warum sehen die Bilder so trist aus?» Ein unsaniertes Gründerzeitviertel in Dresden ist nicht Paris …

Ich hätte gewiss von meinen Paddeltouren im Müritz-Nationalpark berichtet, auf dem Oberlauf der Havel, dort, wo Motorboote nicht fahren dürfen und der mecklenburgische Urwald wuchert.

Dass ich aus dem Westen bin, hätte wahrscheinlich keiner vermutet.

Wie so oft.

Ich hätte es schon irgendwann gesagt, denn ich sage es eigentlich immer irgendwann. Es ergibt sich, es rutscht mir raus, ich dosiere es. Manchmal wird das Bekenntnis nötig, um eine Situation nicht peinlich werden zu lassen. Manchmal würde eine Situation aber gar nicht erst entstehen, wenn ich mir «Ich bin keine Ost-Frau» auf die Stirn schriebe.

Einmal saß ich, äußerlich unverdächtig, als Magazin-Chefredakteurin tief im Westen im Büro bei einem Mann aus der Werbewirtschaft – wir brauchten Anzeigen für unser Blatt, denn davon leben Zeitschriften. Ich erklärte dem Experten aus der Kommunikations-Branche, in der man meint, alles zu kennen, voller Begeisterung eine Ost-Zeitschrift und ihre Ost-Leser. Beides blieb ihm ein Rätsel: Wieso lesen *die* denn immer noch keine West-Blätter?

Ich wurde belehrt – charmant, gewiss. Ich wurde über Marktwirtschaft aufgeklärt – wir schrieben das Jahr zehn nach der Wende. Auch dieser Gesprächspartner hörte mir zwar nicht richtig zu, aber er hatte einen heißen Tip für die kleine Ost-Frau, die ihm da gegenübersaß. Mit Blick auf meine schwarzen Jeans und unsere Flaute im Anzeigengeschäft sprach er: «Da ziehen Sie sich mal ein schickes Kostüm an, und dann fahren sie nach Düsseldorf, da sitzen die ganzen Media-Planer. Die entscheiden, in welche Zeitschrift Werbung kommt.»

Für solche Gelegenheiten habe ich eigentlich dezente Halbsätze parat wie: «Als ich mir 1982 in Hamburg zum Abitur ein Kostüm kaufen wollte …» Aber bei ihm lohnte sich das Aufklären nicht.

Einen Klassiker der Ost-West-Befindlichkeiten dürfen Wessis im Osten durchaus mithören, wenn die Stimmung locker und vergnügt ist: «Der Fuchs ist schlau und stellt sich dumm, beim Wessi ist es andersrum.» Fällt der Satz in reiner Ost-Runde, verliert er an Leichtigkeit. Im Kern und im Zusammenhang ist der Satz ja oft sehr passend – aber manchmal wird es dann für alle Beteiligten peinlich, wenn du plötzlich sagst: «'tschuldigung, aber ich bin auch so ein Wessi.»

Ich falle schon seit einiger Zeit nicht mehr immer gleich mit der Wessi-Tür ins Haus. Warum? Nicht, weil es mir was ausmacht, dass man mir dann vielleicht sogar das Wort Bückware erklärt. Nein, meistens spielt Ost oder West einfach keine Rolle mehr.

Natürlich lüge ich nicht, wenn mich jemand fragt. Und wenn sich im Gespräch mit jemandem aus dem Osten, den ich mag oder interessant finde – oder beides –, plötzlich rausstellt, wo ich ursprünglich herkomme, und derjenige oder diejenige sagt: «Das hätte ich jetzt aber nicht gedacht …» Dann freue ich mich.

Nicht, weil ich mich so gut verstellen konnte, das tue ich ja nicht. Nein, weil es meistens so ist, dass du durch's Reden weißt, welche Kategorien dein Gegenüber für sich hat, was er gut findet, sei es als Lebenshaltung, als moralische oder politische Einschätzung. Du hast das Gefühl, es ist dieselbe Wellenlänge da – und dann ist es schön, wenn dir eine oder einer zu verstehen gibt: find' ich auch.

Ich habe mich oft gefragt, was mir das Leben im Osten

so angenehm macht. Ich lebe im Osten so, wie ich es im Westen auch tun würde, nur machen es mir die äußeren Umstände hier leichter. Mir persönlich – das wäre nicht für jede so. Ich wollte gleich nach der Geburt meines Sohnes wieder zurück in die Magazin-Redaktion und hatte das große Glück, dass der Vater meines Kindes zu den wenigen Männern gehört, die sich ums Baby kümmern mögen und im Beruf kürzer treten.

Aber hätten Kollegen im Westen es auch so selbstverständlich gefunden, dass ich manchmal den Kinderwagen samt Sohn neben dem Schreibtisch stehen hatte? Hätte ich im Westen auch einen Kindergartenplatz für meinen noch nicht Einjährigen bekommen? Ich hätte auf jeden Fall zu einer Minderheit gehört. Hier genieße ich als Frau zudem das gute Gefühl, dass mein Umfeld, Kollegen, Nachbarn, Freunde, es völlig normal finden, wie wir als Familie leben.

Ostdeutsche können vergleichen: die Gesellschaft, das Leben zu DDR-Zeiten und heute. Für Menschen im Westen hat sich durch die Wende dagegen kaum etwas verändert. Aber für uns Westdeutsche, die gen Osten gezogen sind, hat sich das Leben verändert – wenn wir nach der Landung den fremden und doch vertrauten Planeten *wirklich* betreten haben.

Man bekommt keine DDR-Vergangenheit, wenn man nach Prenzlauer Berg oder Leipzig zieht. Man wird auch kein Franzose, wenn man nach Paris geht. Aber wer lange genug mit Franzosen spricht, wer mit ihnen den Alltag teilt, der fühlt sich unweigerlich wohl – und gehört irgendwann auch irgendwie dazu.

Mir gefällt das immer noch vorhandene, vom Westen verschiedene Lebensgefühl im Osten. Dass man bei der Party von Freundesfreunden wie selbstverständlich dazugehört, dass meist nicht sofort das Abklopfen kommt: «Und was machst du so beruflich?» Dass man insgesamt mehr Zeit für Freunde und Familie hat. Ich erinnere mich, dass das in den 70er Jahren im Westen auch eher so war.

Den Osten der 70er kenne ich nicht aus eigener Anschauung. Ich kannte nur seine Stimme aus dem Radio, das ich in Hamburg gerne gehört habe, weil gute Musik mit deutschen Texten so selten war. Und ich kannte Maxie Wanders Buch *Guten Morgen, du Schöne* – ich habe dessen West-Ausgabe aber nicht als DDR-Buch wahrgenommen, als Berichte aus einer anderen Welt, sondern als Normalität: Frauen leben und arbeiten und denken so, wie sie wollen. Was gab es Selbstverständlicheres! Das war genau die Perspektive, mit der wir modernen jungen West-Mädchen in den 70er Jahren aufwuchsen, wobei unsere Mütter uns das ja nicht wirklich vorlebten. Sie hatten ihre Arbeit meist für uns, die Kinder, aufgegeben, sagten uns aber: «Lerne, mach eine gute Ausbildung, du willst als Mädchen doch nicht nur heiraten …»

1986 ging ich nach Berlin, hier war Heimat, junge Leute aus dem ganzen Land, Studenten, die Jungs, die nicht zur Bundeswehr wollten, Kultur. Das war die Stadt, die damals zu mir passte. Und jetzt ist es klar der Osten des Landes, in dem mehr Bewegung ist.

Ich habe einen Kollegen, einen Freund, in Kairo, der kommt eigentlich aus Zehdenick bei Berlin, wir haben zusammen beim Magazin gearbeitet. Er spricht Arabisch, ist zum Islam konvertiert und trägt auch manchmal die Galabiya, dieses lange Gewand. Wenn er in Berlin ist, treffen wir uns. Er behauptet immer, ich sei total ossifiziert.

Neulich war er wieder da, wir liefen durch die Kleine Hamburger Straße, er im grauen Anzug mit verspiegelter

Sonnenbrille, da sagt er zu mir: «Wie war das eigentlich damals bei euch im Osten, gab es eigentlich Tiefkühlpizza?» Ein Scherz, aber: Ich habe mich ertappt, dass ich richtig ernsthaft drüber nachgedacht habe. Ich hatte das Gefühl, ich könnte mich erinnern! Dann habe ich gesagt: «Klar, was denkst du denn, wir hatten ja auch gefrorenen Fisch! Aber Tiefkühl hieß das bei uns nicht, sondern Feinfrost.»

S24/2

rowohlts monographien

Große Frauen

Elisabeth I.
Herbert Nette
rororo 50311

Frauen um Goethe
Astrid Seele
rororo 50636

Jeanne d'Arc
Herbert Nette
rororo 50253

Frida Kahlo
Linde Salber
rororo 50534

Käthe Kollwitz
Catherine Krahmer
rororo 50294

Rosa Luxemburg
Helmut Hirsch
rororo 50158

Alma Mahler-Werfel
Astrid Seele
rororo 50628

Lise Meitner
Anne Hardy/Lore Sexl
rororo 50439

Marion Dönhoff
Haug von Kuenheim
rororo 50625

Maria Montessori
Helmut Heiland
rororo 50419

Astrid Lindgren
Sybil Gräfin Schönfeldt

rororo 50371

Weitere Informationen in der Rowohlt Revue *oder unter* www.rororo.de